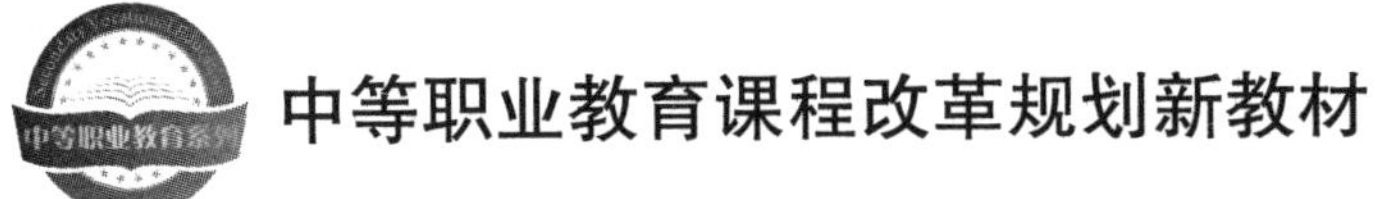

中等职业教育课程改革规划新教材

体育与健康

TIYU YU JIANKANG

主　编／王小平　雷卫东
副主编／张　宇　吴雪松　卢洪俊
侯定清　吴昌涛
编　委／郭泽如　胡香波　刘崇江
彭小能　张春雨　周　林

四川大学出版社
·成　都·

特约编辑:欧风偃
责任编辑:吴雨时
责任校对:朱　洁
封面设计:原谋设计工作室
责任印制:王　炜

图书在版编目(CIP)数据

体育与健康 / 王小平，雷卫东主编. —成都：四川大学出版社，2012.3
ISBN 978-7-5614-5742-9

Ⅰ.①体…　Ⅱ.①王…②雷…　Ⅲ.①体育-高等职业教育-教材②健康教育-高等职业教育-教材　Ⅳ.①G807.4

中国版本图书馆 CIP 数据核字（2012）第 055294 号

书名　**体育与健康**

主　　编　王小平　雷卫东
出　　版　四川大学出版社
地　　址　成都市一环路南一段 24 号 (610065)
发　　行　四川大学出版社
书　　号　ISBN 978-7-5614-5742-9
印　　刷　成都金龙印务有限责任公司
成品尺寸　185 mm×260 mm
印　　张　14.5
字　　数　344 千字
版　　次　2012 年 4 月第 1 版
印　　次　2019 年 8 月第 3 次印刷
定　　价　32.00 元

版权所有◆侵权必究

◆读者邮购本书,请与本社发行科联系。
电话:(028)85408408/(028)85401670/
(028)85408023　邮政编码:610065
◆本社图书如有印装质量问题,请
寄回出版社调换。
◆网址:http://press.scu.edu.cn

前　言

为全面贯彻党的教育方针，认真落实"健康第一"的指导思想，保证《全民健身计划纲要》的全面实施和《学生体质健康标准》的全面推行，积极响应教育部、国家体育总局、中央共青团发出的在全国各级各类学校中广泛深入开展"阳光体育"和"快乐体育"的号召，我们根据中职学生的特点，编写了这本适合中职学校体育教学使用的《体育与健康》教材。

本教材有如下几个方面的特点。

第一，本教材从中职学校的实际情况出发，在编写过程中突破了传统教材的编写模式，以"健康第一、强健体魄"为理念，在注意发挥体育教学活动中教师主导作用的同时，始终以"充分发展学生的个性、极大地激发学生对体育课的主动性和积极性"为指导思想，以"提高学生的体育学习能力、更好地培养学生的健康意识以及在体育项目上的各种技能"为宗旨，以"提高终生锻炼的能力，从而能更好地实现素质教育"为目的。

第二，本教材根据中职学生身体发育特点和心理发展要求，改变传统的以运动技术教学为中心的教学方式，以促进学生身体、心理、社会适应的整体健康水平提高为目标，融合了体育、生理、心理、卫生保健、环境、社会、安全、营养等诸多学科领域的有关知识，真正关注学生的健康意识、锻炼习惯和卫生习惯的养成，确保"健康第一"的思想落到实处，使中职学校的体育教学逐渐向"快乐体育"、"健身体育"、"终身体育"的方向发展，是一本集知识、健身、娱乐、科学、实用为一体的体育教科书。

第三，本教材内容充实、文笔流畅、通俗易懂，适合中职学生的知识层次，具有观念新、内容丰富、方法简便易学、技能性强、易于掌握、易于操作的特色。

第四，本教材的编写者中，既有教学经验丰富的特级教师，也有来自教学一线的中、青年教师。

本书内容分为上、下两篇，共 14 章。上篇为理论知识篇，下篇为实践技能篇。上篇围绕着体育与健康，深入浅出地阐述了体育与文化，体育锻炼与身体健康、心理健康、营养健康和社会适应能力的关系，以及运动中对损伤的预防，生活中的自救、互救常识，不同的职业的体育锻炼等内容。下篇内容不仅包括传统的田径、足球、篮球、排球、健美操、游泳、乒乓球、羽毛球和武术等体育课程项目，而且还有现在学生喜欢的台球、攀岩、健美、轮滑、保龄球等体育欣赏项目。

在本书编审过程中，编者参考、引用了部分国内外同类教材和有关文献资料，同时得到了有关专家和同仁的关心指导和大力支持，在此表示衷心的感谢。

由于编者水平有限，编写时间仓促，书中难免存在疏漏、错误之处，敬请广大读者和有关专家、学者予以批评指正，以便不断修订和完善。

编　者

2011 年 12 月

前 言

目录

上篇 理论知识篇

下篇 实践技能篇

上篇　理论知识篇

第一章　绪　论

健康的体魄是人们工作、生活的基础，是公民建设祖国、为人民服务的前提，而体育锻炼是获得健康身体最直接的途径。学生应通过本章学习形成对体育的基本认识，了解体育锻炼促进人体健康的原理，明确科学锻炼的原则与方法。

第一节　体育与健康的概念

体育与健康课程是一门以身体练习为主要手段、以增进中小学生健康为主要目的的必修课程。它对原有的体育课程进行深化改革、突出健康目标，是学校课程体系的重要组成部分，是实施素质教育和培养“德、智、体、美、劳”全面发展人才必不可少的重要途径。

体育与健康课程对于提高学生的体质和健康水平，促进学生全面和谐发展，培养社会主义现代化建设需要的高素质劳动者，具有极为重要的作用。课程的基本理念是：

（1）坚持“健康第一”的指导思想，促进学生健康成长。

体育与健康课程以促进学生身体、心理和社会适应整体健康水平的提高为目标，构建了技能、认知、情感、行为等领域并行推进的课程结构，融合了体育、生理、心理、卫生保健、环境、社会、安全、营养等诸多学科领域的有关知识，真正关注学生的健康意识、锻炼习惯和卫生习惯的养成，将增进学生健康贯穿于课程实施的全过程，确保“健康第一”的思想落到实处，使学生健康成长。

（2）激发运动兴趣，培养学生终身体育的意识。

学校体育是终身体育的基础，运动兴趣和习惯是促进学生自主学习和终身坚持锻炼的前提。无论是教学内容的选择还是教学方法的更新，都应十分关注学生的运动兴趣，只有激发和保持学生的运动兴趣，才能使学生自觉、积极地进行体育锻炼。因此，在体育教学中，学生的运动兴趣是实现体育与健康课程目标和价值的有效保证。

（3）以学生发展为中心，重视学生的主体地位。

体育与健康课程关注的核心是满足学生的需要和重视学生的情感体验，促进全面发展的社会主义新人的成长。从课程设计到评价的各个环节，本书始终把学生主动、全面的发展放在中心地位。在注意发挥教学活动中教师主导作用的同时，还特别强调学生学习主体地位的体现，以充分发挥学生的学习积极性并挖掘其学习潜能，提高学生的体育学习能力。

（4）关注个体差异与不同需求，确保每一个学生受益。

体育与健康课程充分注意到学生在身体条件、兴趣爱好和运动技能等方面的个体差异，并根据这种差异性确定学习目标和评价方法，提出相应的教学建议，从而保证绝大多数学生能完成课程学习目标，使每个学生都能体验到学习和成功的乐趣，以满足自我发展的需要。

一、体育

体育的本意是指以身体活动为手段的教育，直译为“身体的教育”，简称为“体育"。

1979 年美国的布切尔教授在所著的《体育基本理论》中认为：“体育是整个教育过程的一个不可缺少的部分，是一个通过身体活动的方法努力达到提高人体机能的目的的领域。”前苏联《体育百科全书》认为：“体育，整体来说，是教育的一个方面，是身体能力全面发展，形成和提高人的生活的重要运动技能和本领的有计划的过程。”原德意志联邦共和国《体育百科全书》称：“体育是教育和教育学的一个组成部分，其任务是通过运动和游戏激励人们去提高运动成绩和从事有意义的业余活动，体育是全面教育的一个组成部分。”

由此可见，国外对“体育”一词的理解可以概括出几点共同之处。首先，体育是培养和完善人的一种有意识的活动或过程；其次，体育所借助的手段一般被称为身体活动或过程；最后，体育不仅是通过身体，而且还必须是针对身体所进行的教育。“身体”一词在这里已远远超出了生物学的限定，其含义用辩证唯物主义的身心一元论来解释，应该是灵魂和肉体相互作用、相互依赖和相互影响的统一整体。

“体育”一词大约是一百年前从国外传入我国的，体育史界一般认为其最早是通过留学生从日本传入的。当时还有从德国传入的“体操”一词。新中国成立后，都用“体育”和“体育运动”这些词作为体育的总概念或第一位概念。体育理论界对它有不同的定义，目前比较普遍且较有群众基础的观点是：它是指根据人类社会生活的需要，依据人体生长发育、动作技能形成和机体机能提高的规律，以身体练习为基本手段，达到发展身体、增强体质、提高运动技术水平、丰富社会文化生活的一种有意识、有目的、有组织的社会活动及其在人类社会发展中形成的全部财富。

随着社会的进步和体育事业的不断发展，体育的目的和内容都大大超出了原来的范畴，体育的概念也出现了广义与狭义的解释。广义上，体育是指以身体练习为基本手段，结合自然环境因素和卫生措施，达到增强体能、增进健康、丰富社会文化娱乐生活目的的一种社会活动。体育对于促进身体的正常发育和发展、提高心理健康水平、增强社会适应能力、培养全面发展的人才具有重要的作用。狭义上，体育是指在学校教育环境中，指导学生学习和掌握体育的基本知识与技能，使他们形成体育锻炼意识，提高体育活动能力，增进健康的教育活动。体育既是教育的有效手段，又是教育的重要内容。

依据上述分析，我们对“体育”这一概念作如下定义：体育是以身体活动为媒介，以谋求个体身心健康、全面发展为直接目的，并以培养完善的社会全民为终极目标的一种社会文化现象或教育过程。

二、健康

所谓健康，是由身体健康、心理健康、道德健康等方面组成的。它们之间相互联系、

相互影响。因此，对于维护人体健康而言，上述几个方面缺一不可。

古往今来，人们对于“健康”的解释各不相同。过去，人们总认为无病痛即健康。殊不知，即使没有任何躯体上的疾病，在生活中还会有烦恼、抑郁等不良情绪的存在。长久以来，“没病就是健康”的传统健康观和“人的命天注定”的宿命论在社会人群中普遍存在。因此健康教育的重要任务之一就是向广大人民群众宣传和普及新的健康观。

世界卫生组织明确提出：“健康不仅是免于疾病和衰弱，而且是保持躯体、精神和社会诸方面的完美状态。”因此，只有在身体上、心理上、社会适应上都保持相对的平衡和良好的状态，才能称得上完全的健康。

生理健康是指一个人除了没有需要高度治疗的身体疾病外，还应有余力应付意外的挑战，并有足够的能力满足日常生活的需要。生理健康主要体现为形体匀称，眼睛明亮，头发有光泽，牙齿洁白，睡眠良好等。可以采取科学锻炼的方式来达到这一目的。积极科学的锻炼不仅能提高身体的健康水平，减少疾病的发生，而且能使人延年益寿。

心理健康不仅是指人的精神、情绪和意识方面的良好状态，而且它还要求一个人必须具有情感认识、接受、表达、独立行为以及应付日常各种挑战的能力。心理健康包括情绪健康和思维健康。情绪健康是指情绪稳定乐观，意志坚强，行为规范协调，精神充沛。它涉及我们对自己和对他人的态度，以情绪的稳定性为主要标志，主要是指个体能从容不迫地应付日常生活中的人际关系和工作压力的能力。思维健康是指人们根据实际情况，认识世界，乐于承担责任，作出挑战反应，能面向未来，充满信心，对生活采取理性的策略。

道德健康是指参与社会活动，为社会作贡献，能与他人保持和谐的人际关系的能力，尤其重要的是能够按照社会道德行为规范准则约束自己，支配自己的思想和行为，有辨别真、善、美、荣、辱的是非观念和能力。这种能力可使人更有自信感和安全感，在日常生活中始终保持良好的心情，有益于身心健康。

健康是生命存在的最佳状态，是人的基本权利之一，是人类不懈追求和探索的目标，也是社会发展和进步的重要标志。每一个人都应积极追求健康，都应对个人、家庭、社区乃至全社会的健康承担责任。健康是生活质量的基础，是人类自我觉醒的重要方面。

世界卫生组织认为，衡量一个人是否健康，主要有以下标志：

(1) 精力充沛，能从容应付日常生活和工作的压力而不至于过分紧张；

(2) 处事乐观，态度积极，乐于承担责任；

(3) 善于休息，睡眠充分；

(4) 应变力强，能适应社会、环境的各种变化；

(5) 抵抗力强，能抵抗一般的传染病、流行疾病；

(6) 身体匀称，体重适当，发育良好；

(7) 眼睛明亮，反应敏捷；

(8) 牙齿清洁，无痛无洞，牙龈红润、不出血；

(9) 头发光泽，无头皮屑；

(10) 肌肤有弹性，走路轻快。

心理健康的标志有：

(1) 对现实具有敏锐的知觉；

(2) 热爱他人，热爱生活，热爱大自然；

(3) 能和少数人建立深厚的友谊，并有乐于助人的热心；

(4) 具有真正的民主态度、创造性观念和幽默感；

(5) 在所处的环境中能保持独立和宁静；

(6) 对于最平常的事物如旭日朝阳，都能经常保持兴趣；

(7) 能承受欢乐与忧伤的考验；

(8) 注意基本的哲学和道德的理论。

由此可见，健康没有上限，更不是一种静态的标准。一个人如果想要达到真正的健康，就必须在身体和心理上保持健康状态，并且有良好的社会适应能力。显然，为使人类健康跃上新的地平线，健康概念有不可低估的作用。

三、体育与健康的关系

体育是通过身体运动的方式进行的，它要求人体直接参与活动，这是体育本质特点之一。这个特点决定了体育有健康功能。

随着社会的进步、余暇时间的增多，如何善度余暇时间成为一个社会性问题。丰富多彩、健康文明的余暇生活不仅可以使人们在繁忙的劳动之后获得积极休息，而且还可以陶冶情操，愉悦身心，培养高尚的品格。体育的一个重要目标正是要教会人们去合理有效地利用、保护和促进身体健康，它是一种利用身体而又完善身体的活动过程。人体的发展遵循着“用进废退”的生物学规律，合理而科学的身体锻炼，是保障人体发挥其极限效能的有效途径。身体锻炼引起神经、肌肉的活动，而神经、肌肉的有效活动，既可保证人体的运动器官和其他有关器官保持的良好功能，又会引起多重反应。健康快乐的一生，除了需要身体锻炼以外，还需要热心于身体活动的兴趣和情绪。文明社会在时间、财力和营养方面，为人类的身体活动提供了越来越富裕的条件。文明社会的人类需要体育，就如同原始社会的人类需要饮水和食物一样。适度的身体活动，既健身又悦心。

从上可见，体育是促进健康的基础工作，它着重于增强体质，建立健康的信心，并要求最终实现健康目标。实际上，它已超越了教育的范围，不仅是对个体的要求，更强调全社会力量的参与，而且重视政治和国家行政机构所起的作用。在实现人人享有健康的目标的历程中，体育显然具有积极而广泛的作用。

第二节　体育的产生与发展

一、体育的起源

体育作为人类文化的重要组成部分，是随着人类社会的发展而逐渐形成和发展起来的。据史学家和考古学家的研究，在长期的进化过程中，严酷的生活环境改进了人的体力

和智力，他们不得不学习走、跑、跳、投、攀登、游泳、搏斗等技能。50 万年前的北京猿人能猎获肿骨鹿、斑鹿和羚羊等善跑的野生动物，这需要快速持久的非凡奔跑能力。可以肯定，原始人的体能和技巧比一般现代人要强得多。待到劳动工具出现后，体育便获得了进一步发展的条件。狩猎用的石块演化出了后世的链球运动和其他球类运动，投矛器是现代弓箭的前身。这些重要的生存技能需要尽可能地传授给下一代，这就产生了原始社会的劳动教育，体育因素从而进一步增加了。可见，劳动是体育产生的重要源头之一。劳动教育是人类教学的萌芽，也是体育活动的萌芽。

二、体育的发展过程

体育的发展与教育、军事、科学技术的发展，以及人们的宗教活动、休闲娱乐活动有着密切的关系。必须指出，体育在其整个发展过程中，是受一定的政治经济条件制约的，并为一定的政治经济需要服务的。体育的发展大致经过了以下三个时期：原始的体育萌芽时期、自觉从事体育时期、形成与完善体育制度时期。经过这三个时期，逐步形成了现代的体育体系。

（一）原始的体育萌芽时期

在从猿进化为人的过程中，人的身体动作和行为也随之进化，动物的嬉戏逐渐进化为人类的游戏，劳动（采集、渔猎等）、战争等为这种游戏不断增添着新的形式和内容。到原始社会末期，在原始宗教中，逐渐形成了源于劳动、军事、部落酋长产生过程和游戏性身体活动等的仪式化的活动。这种仪式化的身体活动带有图腾祭祀或祈神的性质，还具有强烈的为劳动或军事等目的服务的功能，但它已经脱离了直接的劳动或军事过程，已经表现出如今人们所认识到的体育的基本外在形式和基本功能，但人们却没有意识到这些活动中的身体活动与结果之间的联系，当然也就无所谓体育的意识或目的。

（二）自觉从事体育时期

进入文明时代以后，人类逐渐积累了大量的有关身体活动与身心变化之间联系的经验知识。古希腊时期对体操学校里的儿童实施的教育、古代奥林匹克祭礼中的竞技和为奥林匹克竞技进行的训练，中国古代的五禽戏、导引术等，都是这种经验知识的体现。它们表明人类已经开始自觉地把这些经验用于改善自己的身体状况。因此，我们可以把这个阶段的体育称为经验体育。

（三）形成与完善体育制度时期

文艺复兴、宗教改革和启蒙运动把人类带入了自觉审视人类自身的新阶段，17—18 世纪的科学技术革命和 19 世纪的工业革命，更是极大地扩展和提高了人类的认识能力，人体活动与人类自身自然变化之间的联系及其规律一步步被揭示、被深化。人类不仅自觉地运用身体活动，而且利用已经获得的对身体活动的科学认识有意识地设计、改革和完善自身。这个时期的体育项目和规模的发展速度都远远超过了前两个时期。

三、现代体育

现代社会力求把每个社会成员都培养成为“德、智、体、美、劳”全面发展的人才。由于体育是培养全面人才的重要内容和手段，所以社会对体育的需求和期望都很高。在这种强烈的社会需求动力推动下，体育事业得到了迅猛发展，对社会的精神文明建设和物质文明建设起到了重要的促进作用。在当今科学技术和社会高速发展的驱动下，体育已成为具有广泛社会性和国际性的大规模的特殊文化事业，它对人类社会生活的发展，将会产生巨大的影响。

第三节　体育锻炼与健康

“生命在于运动”。体育锻炼对人的身心健康起着重要的作用，它是一种最能积极促进身心健康的活动。科学的体育锻炼不仅能增强人体各器官系统的免疫功能，全面促进机体的新陈代谢和身体的正常发育，而且能磨炼意志，培养自信心，提高抗挫力，调节心理状态，维持心理平衡，陶冶美的性情，增强社会适应能力，提高人的生命质量。

一、体育锻炼

体育锻炼就是指运用体育运动内容、手段和方法，结合自然力和卫生因素，以发展身体、增强体质、调节精神、丰富文化生活为目的的身体活动过程。进行科学适度的体育锻炼能够全面地促进人体各器官的生长发育，提高各系统的结构和功能，为身体的成熟发育奠定良好的基础。

二、体育锻炼对身体健康的积极影响

（1）体育锻炼可以改善和提高中枢神经系统的工作能力，使大脑皮层的兴奋和抑制过程更加均衡，提高大脑皮层的分析、综合能力，增强机体对外界环境变化的适应能力；同时改善和提高中枢神经系统对内部器官的调节作用，使各器官和各系统更加灵活协调，提高机体的工作能力。

（2）体育能促进机体的生长发育，提高运动系统的机能。运动可以使骨骼结实、抗压性增强，使肌纤维增粗、肌肉代谢能力加强、血液供应增加，体育活动还可以提高神经系统对肌肉的控制能力。

（3）体育锻炼能促进循环器官机能的提高，加快新陈代谢，增强机体能量物质的供应和代谢物质的排出能力。经常进行体育锻炼，心脏机能和血液循环能都得到锻炼和促进，心肌逐渐增强，心壁增厚，心脏容积增加，心脏每搏输出量增加，使安静时心跳频率（一般人心跳频率每分钟为70～80次，经常从事体育锻炼者为50～60次）减慢。

(4) 体育锻炼对于人体的呼吸系统影响很大。经常进行体育锻炼，能使呼吸肌增强，使胸围、肺活量增大。一般人在安静时每分钟呼吸为12～18次，而经过训练的运动员为8～12次。需要激烈活动时，就能更好地发挥呼吸器官的机能，以保证活动时的能量物质供应。

(5) 体育锻炼能预防疾病。体育锻炼可以显著降低血脂含量、改变血脂质量，有效地防治冠心病、高血压和动脉粥样硬化等疾病。

(6) 体育锻炼能加速机体能量的消耗。因此，运动会促进消化系统的功能变化，使人饭量增多，消化功能增强。

(7) 体育锻炼能改善神经系统的调节功能，提高神经系统对人体活动时错综复杂的变化的判断能力，并及时作出协调、准确、迅速的反应。经常参加体育锻炼，能明显提高脑神经细胞的工作能力。

(8) 经常参加体育锻炼可以使个体的注意、记忆、观察、思维和想象等能力得到充分发展，提高活动效率，还可以使人获得良好的情绪体验，乐观自信、精神振奋、精力更加充沛，从而对人的智力功能产生促进作用。

世界卫生组织估计，全球因缺乏运动而引致死亡的人数，每年超过二百万。不运动会使身体的免疫能力下降，以致对某些疾病不能有效免疫而猝死。还有一个重要的情况：如果青少年不进行足够多的体育锻炼，其大脑发育会受到影响，从而导致轻微的智力低下。因此，培养自己对体育锻炼的兴趣，养成有规律的运动习惯是十分必要的。

第四节 体育运动的原则与方法

一、体育锻炼的基本原则

体育锻炼原则是体育锻炼客观规律的反映，也是参与者安排锻炼计划、选择锻炼内容、运用锻炼方法必须遵循的基本准则。以下五项原则，是人们在体育锻炼实践中总结出来的经验，可为锻炼者达到理想效果提供科学指导。

(一) 自觉积极性原则

自觉积极性原则指体育锻炼者有明确的健身目标，充分认识到体育锻炼的价值，自觉积极地从事体育锻炼活动。体育锻炼是一个自我锻炼、自我完善，克服自身的惰性，战胜各种困难的过程。同时，还要有一定的作息制度作保证，把体育锻炼当做生活中不可缺少的一部分。

如何提高体育锻炼的自觉积极性?

(1) 明确“生命在于运动”的科学道理，树立正确的锻炼目的，把体育锻炼当做日常学习和生活的自觉需要，激发锻炼的主动性，从而调动锻炼的积极性。

(2) 培养兴趣。兴趣是人们认识事物和从事活动的倾向。当一个人对一项体育活动产生兴趣时，他进行锻炼的情绪才是高涨的，感受才是积极的，才会对这项体育活动表现出极大的主动性和自觉性，做到身心融为一体。

（二）讲求实效原则

讲求实效原则是指选择锻炼内容、方法和安排运动负荷时，应根据个人的性别、年龄、职业、健康状况，对锻炼的爱好、要求和原有的基础，以及生活条件等实际情况来确定，按科学方法进行锻炼，以取得最佳的锻炼效果。

如何在体育锻炼中做到讲求实效？

（1）根据个人实际情况，制定一套适宜、可行的锻炼计划或运动方案，执行时应当严格，并注意阶段性地调整。

（2）选择内容时，要注意它的锻炼价值，不要过于追求动作的形式，不要在力所不及的情况下从事高难度技术动作的训练，而应选择简便易行、锻炼价值大、效果好的身体练习，作为身体锻炼的主要内容。

（3）确定运动负荷时，应以锻炼者能承受和克服的难度为准，一般来说，要保证自我感觉舒适和不影响正常学习、工作和生活。

（三）持之以恒原则

持之以恒原则是指体育锻炼必须经常进行，使之成为日常生活中的重要内容。体育锻炼对机体给予刺激，每次刺激都产生一定的作用痕迹，连续不断的刺激作用则产生痕迹的积累。这种积累使机体结构和机能产生新的适应，体质就会不断增强，动作技能形成的条件反射也会不断得到强化。因此，体育锻炼贵在坚持，不能设想在短时间内取得显著效果，必须得长久地积累。

如何在体育锻炼中做到持之以恒？

（1）要保证力所能及，确立一个能够实现的体育锻炼目标（不宜太高），制定一个切实可行的锻炼计划（能长期坚持）。

（2）树立锻炼意识，把体育锻炼列为日常生活内容，保证一定的体育锻炼时间，逐步养成习惯，使体育锻炼成为生活的重要组成部分。

（3）体育锻炼并非一劳永逸，如果锻炼间隔时间过长，效果就会不明显。因此，要安排合理的锻炼间隔。

（四）循序渐进原则

循序渐进原则是指体育锻炼必须遵循人体自然发展、机体适应的基本规律，从不同的主客观实际出发，合理安排运动负荷，在渐进的基础上提高锻炼水平。在体育锻炼过程中，运动负荷的大小直接影响人体机能的变化，负荷是否适宜，对锻炼效果的好坏起很大的作用。运动负荷的大小因人、因时而异。即便是同一个人，在不同的机能状态下、不同的时间，对负荷的承受能力也不尽相同。因此，进行体育锻炼时应循序渐进，随时调整运动负荷，逐步提高锻炼水平。

如何贯彻循序渐进的原则？

（1）锻炼力戒急于求成，必须根据锻炼者自身的实际情况确定运动负荷的大小，做到量力而行，尤其要注意锻炼后疲劳感的适度。

（2）负荷应由小到大，逐步提高。开始从事体育锻炼或中断体育锻炼后恢复锻炼时，

强度宜小，时间宜短，密度适宜。

(3) 逐步提高人体已经适应的运动负荷，使体能保持不断增强的趋势。一般应在逐步提高量的基础上，再逐渐增大运动强度，使自己适应，并感到胜任的愉快，然后作相应的调整。随时加强自我监督，密切注意身体机能的不良反应。

(4) 锻炼开始时，重视准备活动；锻炼结束后，做好放松整理活动。

(5) 缺乏一定体育锻炼基础的人，或中断体育锻炼过久的人，不宜参加紧张激烈的比赛活动。

(五) 全面性原则

全面性原则是指体育锻炼必须追求身心全面和谐发展，使身体形态、机能、身体素质及心理素质等方面得到全面协调的发展。体育锻炼能促进新陈代谢的普遍旺盛，使身体各系统、组织、器官和谐发展，达到相对的完善和完美。

怎样才能做到全面锻炼？

(1) 实现身心的全面发展，要从提高适应环境、抵御疾病的能力，改善机体形态、提高机体功能，陶冶心情、丰富文化生活等方面着眼。

(2) 选择体育锻炼的内容、方法时，要尽可能考虑身体的全面发展，一般宜以一些功效较大、兴趣较浓的运动项目为主，以其他项目为辅进行全面锻炼。

(3) 注意全身的活动，不要限于局部。

(4) 在全面锻炼的基础上，有目的、有意识地加强专业实用性的体育锻炼。

上述锻炼身体应遵循的几项原则，是互相联系、互相制约的，在实际运用中，不可顾此失彼。只有科学地、有目的地、全面地贯彻这些原则，才能不断增强体质，达到预期效果。

二、体育锻炼的方法

体育锻炼的方法，总的说来，是应根据人体发展的规律，运用各种身体练习和自然因素培育和发展体质，实现锻炼身体的目的。

(一) 发展身体素质的方法

它是最基本和常用的练习方法。身体素质练习包括：力量、速度、耐力、柔韧和灵敏性的练习。其中力量、速度、耐力尤为重要，现作简要介绍。

1. 发展力量的因素及发展力量的方法

(1) 负荷。实践证明，开始练习时以身体最大负荷的60%～70%进行练习，增长力量的效果最好，随着练习水平的提高，负荷量应不断增加。

(2) 动作速度。在力量练习中，动作速度不同，练习效果也不同。如投掷需要爆发力，短跑需要快速力量，它取决于肌肉收缩的力量与速度。这就宜采用较少的负荷做快速的运动。

(3) 训练间隔。开始训练时以隔日训练为好。实践证明，隔日训练的力量增长为77%，而每日进行力量训练增长只有47%。每次练习间隔以3～5分钟为宜。发展力量的内容（手段）很多，常见的有投掷重物、举重、引体向上、双臂屈伸、俯卧撑、跳跃、负重下蹲、负重跳等。

2. 发展速度的方法

（1）提高步频。主要是通过加快运动中枢兴奋和抑制的转换速度来提高的。

（2）增加髋关节柔韧性和腿部力量的训练来加大步幅。其练习内容有高抬腿跑、小步跑、加速跑、跨步跑、后蹋跑、折返跑、斜坡跑等。

3. 发展耐力的方法

进行耐力练习应注意以下几个因素。

（1）心血管的负荷量。为了提高耐力，使身体处于较长时间的运动状态下而不产生疲劳，首先应提高心血管的机能，赋予心血管系统一定的负荷和持续时间。在体育锻炼中应使负荷量达到心血管系统最大功能的70%，并要求至少持续5分钟。

（2）运动时应有一定的间隔时间。每次负荷之间的间歇时间，一般是以脉搏频率恢复到120～130次/分，再进行下次负荷练习为宜（通常需要3～4分钟）。

（3）动作速率，即跑的速度。一般来说，进行中速运动或者是匀速跑步而脉搏保持在150次/分的训练对耐力的增长较为有效。

耐力练习内容有定时跑、折返跑、中长距离跑、马拉松跑、越野跑和爬山等。

4. 发展灵敏性的方法

（1）提高神经系统的功能。即通过信号刺激的训练提高大脑皮层的反应能力。

（2）增加力量素质。肌肉力量强大可使动作迅速、灵敏。

（3）熟练地掌握运动技能。消除动作的紧张和僵硬，达到动作灵敏而协调、精确、省力。

发展灵敏素质应采用多种方法练习。常言道："熟能生巧。"动作技能掌握得愈多、愈熟练，就愈灵敏。体操、技巧、各种球类活动、游戏以及一些专门性辅助练习，都是发展灵敏素质的有效手段。

（二）民族形式体育的锻炼方法

民族形式体育是指具有民族传统和民族特点的体育项目，如我国的武术、气功等。

1. 武术

武术运动不受场地、器材、条件等因素的限制，运动量可大可小，内容丰富多彩，是我国的优秀文化遗产。它动作结构、技术要求、运动风格和套路特色各有不同，有较大的锻炼价值，适合不同年龄、性别和体质的人进行锻炼，深受群众喜爱。

初学武术，应从基本功入手，学会一些简单的套路，边学套路边练基本功，经过一段时间练习后再学较复杂的套路和器械，然后再学些对练。这样就能培养自己的兴趣、爱好，并逐步提高和巩固武术的运动技术水平。

2. 太极拳

太极拳是一种合乎生理规律的柔和、缓慢而轻灵的拳术，它不仅在我国流传甚广，在国外也广为传播，现已成为人们增进健康、防病治病的医疗体育之一。

太极拳动作圆活协调，连绵不断，前后贯通，上下相连，虚实分明，重心稳定，意识引导动作，呼吸自然。久练之后，全身血液畅通，身心舒畅，精神焕发，所以特别适合老

年人、体弱和患有慢性疾病者锻炼。

3. 气功

气功是我国医学宝库中的珍贵遗产，是一种具有民族特色的医疗保健体育。

气功是通过练习者发挥主观能动作用，对身体进行自我锻炼的一种良好方法，是一种有效的“生理学预防疾病”的措施。任何一种气功的锻炼方法，都是从调身（调整身体形态）、调息（呼吸）、调心（神经状态）入手。长期坚持气功的练习，可以促进大脑皮质抑制的保护作用和低代谢生理状态的保护作用，提高调整身体的异常反应、改善生理机能的自我控制能力，增强对腹腔的“按摩”作用。

(三) 利用自然因素锻炼身体的方法

人们赖以生存的自然界是千变万化的。人们为了生活和生存，对自然界的适应能力也是很强的。同时，自然界也包括了许多对人体健康十分有益的因素。也就是说，人体不仅要适应外界环境的变化，而且还应该利用各种自然条件进行锻炼，以进一步提高对外界的适应能力，增进健康，增强体质。

1. 日光、空气、水对锻炼身体的作用

日光、空气、水等自然条件，对身体健康具有重要意义。如日光对机体的作用就是多方面的，其中紫外线具有杀菌、抗佝偻病等作用，又能提高皮肤抵抗力和关节的活动性。红外线能起温热作用，提高新陈代谢、改善组织营养。又如气温、湿度、气流对皮肤的刺激，特别是低温的刺激，通过神经的发射作用，能改善体温调节系统，促进血液循环。空气中的阴离子对人体神经系统、血液循环、呼吸及内分泌活动等，都能产生良好的刺激作用。因为机体对外界环境具有巨大的适应性，变化了的环境条件作用于机体，大脑皮层会立刻进行调节，使机体适应变化了的外界环境，保持机体与环境在新的条件下的平衡。新的刺激又形成新的反射，从而进一步提高机体的适应能力。

2. 冷水浴锻炼方法

冷水浴锻炼应从夏天开始，每周至少练习两次，时间以早晨为好，坚持经常锻炼。

(1) 冷水洗脸与洗足。初练冷水浴，可以从冷水洗脸与洗脚开始，特别是洗脚，应泡在水中一至数分钟，用以提高对冷刺激的适应能力。每天最好晨起用冷水洗脸，睡前用冷水洗脚，洗后擦干。

(2) 冷水擦身。冷水擦身伴随按摩动作，对初练者更为适宜。在擦身过程中，要不断地把毛巾在冷水中浸泡拧干再擦，擦身可作为淋浴、浸浴、冬泳的过渡。也可单练擦浴，每天最好睡前进行。

(3) 淋浴与冲洗。淋浴冲的水温，开始不要过低，在锻炼过程中可逐步降低，最后用冷水冲洗。冲洗前先用冷水拍打胸部，再淋上肢，然后从头向全身冲淋，时间不要超过一分钟。经过一段时间锻炼后，再逐步延长时间，每天早晚均可进行。从夏秋开始，浴后用干毛巾擦遍全身。

(4) 浸浴。浸浴在室内外均可进行。浸浴前先用冷水拍胸，浸水后用毛巾不断摩擦全身，特别是胸腹部要用力擦。浸泡时间根据个人情况而定，以不出现寒颤为度。浴后用干毛巾擦腰、肩、膝关节部位，擦到发热为止。

(5) 冬泳。冬泳在天然水域进行，是对日光、空气、水的综合利用，也是冷水浴锻炼的最好形式。下水后不能停止活动，可以进行一定强度的游泳活动，然后再在水中摩擦全身。冬泳的时间应根据个人锻炼的基础而定，以不出现寒颤为标准。由于冬泳能量消耗大，每天进行时间不宜过长，并适当控制运动量。出水后应迅速擦干擦热全身，并立即穿衣。

冷水浴注意事项：

（1）浴前要充分做好准备活动，使身体发热；浴后要适当做整理活动，以使身体尽快恢复温暖感觉。

（2）各种形式的冷水浴，都应从温暖季节开始，一经开始就要坚持，以免减弱效果。淋浴、浸浴、冬泳如因故中断，重新开始时，最好经过一个时期的擦浴后再继续进行。

（3）饭前饭后 1 小时内，不宜进行冷水浴，否则，将会影响消化。

（4）剧烈运动和劳动后，体温较高，不宜立刻进行冷水浴，要适当休息后再进行。

（5）冷水浴虽然对某些慢性病有治疗作用，但必须征求医生意见。如有发烧、急性或亚急性疾病，严重的心脏病，严重的肺结核等病症，都不宜进行冷水浴。

三、体育锻炼十条忠告

（1）不要制定太严格的时间表，体育锻炼贵在参与和坚持，如果所定的时间表过于苛刻，会让人感到压力太大而难于坚持。

（2）经常尝试新的锻炼方式。任何一种锻炼都是片面的、有欠缺的，只有积极参加各项运动的人才能获得全面的锻炼。

（3）不要为追求时尚而改变自己的锻炼习惯，时髦的运动方式并不一定适合你。

（4）合理调整饮食结构，进行锻炼的同时应多吃蔬菜水果，多摄入各种微量元素，从而使自己更健壮。

（5）改变不良的饮食习惯。

（6）思想高度紧张和情绪剧烈波动时不宜进行锻炼，这种滥用体育锻炼的做法往往导致新的精神紧张和情绪波动，严重者还会引起精神疾病。

（7）运动量要适宜，不同季节、不同环境下，运动量应作适当调整。一般来讲，每次锻炼时只要出汗，那么健身的目的就算达到了。

（8）不必去高档俱乐部，这种环境中，锻炼者的心理波动较大，生理节律相对不平衡。

（9）选择的锻炼地点不可过于偏僻或繁华，锻炼地附近应有方便的通讯设施，以便求救或报警。市中心的锻炼者要特别注意交通安全和空气质量。

（10）选择一位好友与自己共同锻炼，他（她）可以起到督促和勉励的作用，而且能避免孤独感带来的负面影响。

1. 健康包括哪些方面？分析自己实际情况，看看哪些条件达到标准，哪些还没达到？

2. 体育锻炼对人体有哪些积极的影响？

3. 发展身体素质的方法有哪些？（举出 3 种以上）

第二章　体育锻炼与职业特点

中职学生的身心发展日趋成熟，指导他们科学合理地进行体育锻炼是职教体育的一项基本任务。通过本章学习，学生能够正确认识自己生理、心理发展特点，并根据职业需要有目的地选择体育锻炼的内容和方法，积极健身，为将来的职业需要打下良好的基础。

第一节　中职学生心理特点与体育锻炼

中职学校学生的年龄一般在15～18岁，这个年龄段属于人类生长的第二高峰期，各组织器官由稚嫩趋向成熟，人的身高、体重、器官等发育很快，其功能趋向健全。学生在这个时期的健康状况如何，不仅关系到他们的体质、将来从事社会劳动的能力，而且也直接影响到他们目前在校的学习效果。在心理上，中职学生往往和普通高中生有一些的差别，主要表现为部分学生缺乏自信、厌学、叛逆。在能力上，他们处理人际关系、抗挫折的能力比较弱。在行为特点上，个别中职学生控制力比较差，容易冲动，行为习惯也较差，但操作能力强。因此根据他们的生理、心理、行为等特点，科学合理安排体育锻炼，将有助于他们身体各部器官成比例地发展，防止身体畸形变化，改善身体机能，预防疾病，促进机体的正常发育，也有利于他们“德、智、体、美、劳”全面发展，并为将来适应社会工作打下良好的基础。

一、心理特点

（一）充满活力、朝气蓬勃

由于中职学生的发育接近成熟，所以内心充满自信，朝气蓬勃，充满青春活力。

（二）成熟与幼稚并存

这个时期中职学生突出的表现是：出现成人感，认为自己已经成熟、长成大人了，因而在行为活动、思维认识、社会交往等方面，特意表现出“成熟”的样子。在心理上，渴望别人把他们看做大人，给予他们尊重和理解。但由于年龄不够，社会经验和生活经验及知识的局限性，他们在思想和行为上往往盲目性较大，易做傻事、蠢事，带有明显的孩子气、幼稚性。

（三）有独立行为

成人感的出现，增强了他们的独立意识。不愿接受父母过多的照顾，不愿言听计从。对一些事物是非曲直的判断，不愿意听从父母的意见，有强烈的表现自己的愿望。对一些事情往往会提出过激之词。但由于其社会经验、生活经验的不足，常常碰壁，又不得不从父母那里寻找方法、途径或帮助，再加上经济上不能独立，父母的权威作用又迫使他们去依赖父母。

（四）想开放但又自我封闭

这个时期的中职学生需要与同龄人，特别是与异性、与父母平等交往。他们渴望别人和自己一样彼此间敞开心灵来相待。但由于每个人的性格、想法不同，他们的这种渴求找不到释放的对象，只好埋在心里不让他人知道。于是就形成既想让他人了解又害怕被他人了解的矛盾心理。

（五）渴望同异性交往

由于性的发育和成熟，他们出现了与异性交往的渴求。如喜欢接近异性，想了解性知识，喜欢在异性面前表现自己，甚至出现朦胧的爱情念头等。但由于学校、家长和社会舆论的约束、限制，青春期的少年在情感和性的认识上存在着既非常渴求又不好意思表现的压抑的矛盾状态。

（六）具有冲动性

在心理独立性、成人感出现的同时，他们的自觉性和自制性也得到了加强，在与他人的交往中，主观上希望自己能随时自觉地遵守规则，力尽义务，但客观上又往往难以较好地控制自己的情感，有时会鲁莽行事。

（七）逆反心理

处于青春发育期的青少年，其生理激素发生的变化使得他们对待事物总是持一种逆反心理，表现为对抗、不服从或者有意违抗父母、长辈或教师的说服和命令，有时还会对一些事熟视无睹，漠不关心。因此，父母和教师应注意引导，使他们能顺利地度过青春期。

二、生理特点

（一）身体形态发育

人体生长突增始于少年期，青年初期生长减慢直到青年晚期才逐渐停止。一般来说，身高从 15 岁开始平均每年增长 1 厘米，18～20 岁基本稳定；体重从 16 岁开始平均每年增长 1 公斤，到 20 岁左右基本稳定，男生肌纤维明显增粗，女生脂肪明显增多；胸围从 16 岁开始平均每年增长 0.51 厘米，到 20 岁基本稳定。

（二）身体各脏器功能趋向成熟

1. 心脏

重量增加至出生时的 10 倍，心肌增厚，心肌纤维比童年时期显著增粗、张力增强，心搏出量明显增加，接近成人标准。心率也与成人相近，约 70～75 次/分钟，女生稍快。

2. 肺脏

重量增加为出生时的 9 倍，肺活量明显增加，14～15 岁为 2000～2500 毫升，到 18 岁后可达 2500～3500 毫升。呼吸功能日趋完善，接近成人水平。

3. 脑

青春期的脑重量和容量增长有限，脑神经细胞基本上也不再增多。然而，重要的是脑发生质的变化。随着实践活动的增多，脑的内部结构和机能不断分化，迅速发展。思考能力进一步加强，理解、分析、判断能力加强，记忆更加深刻牢固。由于大脑兴奋性较强，抑制能力较差，情绪容易激动，意志和思维能力仍较薄弱，容易疲劳。只有到 20～25 岁以后，才能发展到和成人一样。因此，这个时期青少年应该加强锻炼，把脑和神经机能的发展推向更高的阶段。

（三）血压

由于人体血管的发育先于心脏，年龄越小，血管发育超过心脏发育的程度越大，血管内的阻力越小，所以少年的血压比成年人低，而且年龄越小血压越低。青春期以后，心脏发育超过血管的发育，加之内分泌的影响，血压也随之升高。血压的指标，一般 15 岁以后稳定在收缩压 1217.3kpa（90～130 毫米汞柱），舒张压 810.7kpa（60～80 毫米汞柱），且男生始终高于女生。

（四）性发育

随着青春期的发育，男生女生在身体外形上的差别变得更加明显，出现第二性征。女孩的身体外形开始变得具有女性体态特点，表现为乳房增大，骨盆发育、变宽，皮下脂肪增多，使女生全身变得丰满。男生的身体变得高大，肌肉发达，汗毛多而密，长胡须，喉头突出，嗓音低沉等。此时应对学生进行性教育，讲解生理卫生常识，使他们对自己身体、对性有正确的认识。

三、中职学生的体育锻炼

（1）保持正确的身体形态，均衡锻炼身体，避免一侧或局部用力过多造成身体畸形，如脊柱侧弯、驼背等。

（2）全面锻炼身体。

加强骨骼锻炼，特别是加强四肢的锻炼与肌肉力量的锻炼，使骨骼和四肢肌力得到充分发展，加速骨骼的骨化进程，促进身材的增高和体质的增强。同时，还应该加强胸、腰、腹部肌肉的锻炼，使之适应脊椎的增长速度。

心脏的体积和重量显著增长，心血管系统渐趋于成熟。应进行耐力锻炼，发展心脏容积和心肺功能。

肺泡已成熟，肺活量显著增加，并迅速达到成年人水平。应重视呼吸系统的锻炼，促进气管和肺部的健康发育。

性腺开始急速生长，性发育接近成熟。因此，体育锻炼应注意性别的生理特点和男女体质的差异。女同学月经期适当参加体育锻炼，有利于促进新陈代谢，改善盆腔血液循环，可以减轻身体的不适感，但运动量不宜过大，时间不宜过长。

（3）在全面锻炼身体的前提下，着重发展力量、有氧耐力和柔韧性。发展力量应多采用克服自身体重和轻器械的阻力练习，女生要加强腹肌和骨盆底肌的锻炼。发展有氧耐力多采用中等强度的有氧运动练习，增强心肺功能并培养良好的意志品质。发展柔韧性练习多采用主动伸展肌肉练习，预防肌肉损伤。

第二节　中职学校体育教学的现状及其改革

一、中职学校体育教学的现状

（一）中职学校体育教学目标不合理

我国中等职业教育是在高中教育阶段进行的职业教育，目的是在九年义务教育的基础上培养技能型人才和高素质劳动者。这类学校在对学生进行高中文化知识教育的同时，根据职业岗位的要求有针对性地实施职业知识教育和职业技能训练。目前中职学校体育教学目标并没有处理好“健康第一”、“终身体育”的思想与体育基本理论和技能学习的关系，经常顾此失彼，厚此薄彼。因此，培养职业技术人才的中职学校一定要根据中职学生的职业需要，制定科学合理的教学目标。

（二）中职体育教学内容不符合中职学生身心发展的需求

随着中职学校的不断扩招，中职学校的生源质量有所下降，部分中职学生不仅文化基础差，体育基础也差。部分体育教师不了解学生情况，仍然按统一难度的教学内容授课，这就违背了中职学生的个体发展特点，造成了中职学生喜欢体育但上体育课积极性不高的现象，这样必然导致体育教学质量的下降。

（三）中职体育教学观念与教学方法滞后

随着新课程改革的不断深入，传统的以教师为中心，采用“灌输式”、“传授式”的旧教学方式已经严重制约了中职体育教学改革的进程。部分体育教师虽然改变了传统教育思想，进行新课程改革的尝试，但有的老师只重视新课程改革的新形式，没有体现其真正内涵。这种出现偏差的教学方式不利于激发学生的兴趣，不利于中职学生终身体育观的培养和体育技能的学习。

二、影响中职学生体育学习心态的因素

（一）对体育促进健康的含义认识不清

有的学生认为自己身体无病无痛就是健康，无需花时间为身体健康做更多的投资。一些学生认为吃药、打针就可以解除病疼，而平时进补、静养则可增强体质，过分依赖外在的药物和滋补品，而不愿通过适当的健身运动获得机体内部的免疫能力和抵抗能力的提高。还有一部分学生平时忽视健身，有病才想起健身。

（二）不良的思维方式和行为习惯

由于我国的教育体制偏重于知识的传授，缺乏对学生在人生、价值、审美、情感、意

志、信念等方面的引导，部分中职学生缺乏对现代生活的真正理解，缺乏情感、美感和责任感。教育有片面性，与人的生活精神完整性的本质相悖。因此必须加强对中职学生“宿舍、食堂、教室”三点式的生活方式的改革。

（三）教材内容和体育设施的影响

长期以来，体育课程教学从动作的学习到场地器材的配置规格，都是竞技化、成人化的，很少考虑学生的兴趣、需求和可接受性，使得原来的体育课程内容很难突破竞技体育的框架。这一方面导致体育课程的内容极度单调、贫乏，另一方面又使体育课程资源浪费极大。教材内容上也不同程度地存在着多繁、陈旧、重复的现象。例如，从小学到大学，篮球的双手胸前传球一直在学，跑的专门性练习一直在练，致使我们的体育课缺乏生机、活力和吸引力。当然个别中职学校的体育设施比较缺乏，体育设施的建设又出现滞后等现象也是导致学生不参加体育锻炼的重要因素。

三、积极开展对中职学校体育教学的改革

进行中职体育课程改革的途径很多，新的教学方法也层出不穷。但归根到底，所有的教学模式和教学方法都要依据中职学校学生的特点进行改革。

（一）因材施教，有效地加强对中职学生的培养是改革的出发点

由于中职学生个性比较突出，体育教师在教学过程中要学会转变角色，放弃以教师为中心的旧思想，尊重学生的人格，承认学生的个性，引导学生自主、愉悦地进行体育学习和体育锻炼。在教学方法上，教师要从灌输式教学转向以学生学为主的教学方式。另外，中职体育教师要注重教学方法的创新。根据中职学生崇尚新潮的心态，体育教师可以采用不同形式的、新颖的、多变的、独具风格的教学方法，吸引学生的眼球，激发学生对体育的兴趣。在教学模式上，体育教师可以结合学校的实际情况，构建主项选修、配项必修的体育教学模式。这种模式从学生的兴趣出发，让学生自主选择，并将其选择的运动项目作为自己学习的主要内容。这种教学模式可以充分调动师生的积极性和主动性，有利于学生终身体育意识的形成。

（二）根据中职学校不同专业的职业劳动者身体活动特征，确定针对各专业学生的体育教学目标和内容

比如将来从事电脑、文秘、财务、家电维修等职业的伏案型工作者需要增强手指、手腕的力量以及眼手的协调能力，因此，体育教师应有针对性地多安排排球、乒乓球、篮球等运动项目。另外，由于伏案型工作者长期工作会产生颈椎酸痛、脑部供血不足、眼睛疲劳等现象，体育教师还要教会以后从事此类工作的中职学生学会工间操、伸展脊柱、眼保健操，以及全身运动项目如球类、健身跑、游泳等。结合专业选编和搭配体育教学内容有助于各专业的中职学生发展从事职业所必需的身体素质。体育教师有意识地根据专业特点设置运动项目，有助于学生适应本专业工种的要求，提高对职业的适应力。

（三）选择或者编写教材不仅要结合专业特点，还要注意以学生的兴趣和学情为出发点

中职体育教师要以健康第一为指导思想，对传统的体育教学内容进行改造，使实用技能项目和娱乐、休闲、健身项目结合在一起，在课堂中不断引入学生感兴趣的休闲体育，比如跆拳道、网球、街舞、滑板等。有条件的还可以改编学生的教材。教材的改编不仅能激发学生体育锻炼的兴趣，还有助于学生个性发展，使学生养成自主学习、终身锻炼的良好习惯。

（四）加强理论课教学，提高健身意识

理论课教学要针对中职学生在体育与健身方面存在的问题和误区，突出健身的意义、内容、功能以及与中职学校体育的关系，科学锻炼身体的方法与手段，体质评价与医务监督等内容，使学生了解不同的锻炼方法对其身体发展的作用和意义，树立良好的健身参与意识，建立起自我锻炼、自我需求、自我受益的价值观。

（五）在体育教学中渗透心理健康教育

中职生处在学校和社会转换的关键时期，心理还处在不太成熟的阶段，长期生活在校园，缺少社会经验，这使得他们养成了较强的自尊心，在现实生活中稍微遇到一点困难和挫折，就很容易走极端。在体育教学中渗透心理健康教育，通过体育教育的多种方式和方法，将积压在他们心里的不良情绪都宣泄出来，有利于提高中职生的自制力和抗挫折的能力。

第三节　不同职业特点与体育锻炼

一、中职学校体育教学应把握的几个特点

中职学校学生能否快乐地参与到体育活动中来，很大程度取决于体育教师对学生参与活动的先行设计，为此体育教师在教学中应注意如下一些特点。

（一）针对性

针对中职学生不同的专业选择来确定体育教育内容，抑其过而补其缺，全面发展学生的身体素质。职业技术教育受一定实习环境和操作规程的制约，身体活动的部位、动作轨迹大多是局部的、重复的，或是固定持续的。例如，从事服务专业实习的学生多以长时间的站立为主，他们下肢肌肉的持久性好，对小脑的平衡机制有很大的促进作用。但是，他们心血管系统和运动器官的机能较差，特别是上肢的肌力较弱。因此，职业中学的体育教育，应首先根据学生的专业特点，安排教学与课外锻炼的内容。长期静坐的专业，应多选择和安排健身跑、武术、球类等锻炼内容。对从事烹调、油漆、车工、修理工等专业的学生，应注意他们身体的均衡发展，可适当多安排一些体操、健美操和气功等内容。经常用右手工作的人，应多活动左手，反之应多活动右手。这样才能使学生的身体得到比较全面

的发展。

（二）合理性

科学研究与实践告诉我们，合理的运动量对身体是有益的，而过大的运动量则有碍于身体健康。由于职业中学的学生在校的活动量（劳动量）远远大于普通中学学生体育课之外的活动量，因此，职业中学的体育教学应特别注意运动量与教学实习或生产实习活动量之间的协调关系。这种协调关系既要体现在体育教学工作计划、教学进度、单元计划和教案上，更要体现在整个学校的体育活动中。

（三）科学性

培养学生自我锻炼的能力，使其养成经常锻炼身体的习惯，是学校体育教学的重要内容之一，这有利于学生培养终身进行体育锻炼的意识、习惯和能力。要全面培养学生的自我锻炼能力，必须将培养自我锻炼能力始终贯穿于整个教学过程和教师的课堂教学中。除了技术教学外，要着重培养学生的认识能力，使学生真正懂得体育锻炼的意义和有关体育知识，充分激励学生的学习动机。普通中学没有把终身体育教育放在重要的位置上，这是因为学生在结束了本学段的学习之后，还有机会进入高一级学段学习。然而职业学校的学生则不同，他们在结束该学段的学习之后，就走向了专业工作岗位。很多人离开学校这个较好的体育环境之后，就放弃了身体锻炼，或者即使想锻炼，也不懂得科学锻炼身体的方法。当他们从事单一劳动若干年后，一旦发现自己的健康状况不佳或患有某种疾病时，往往为时过晚。

让学生掌握科学锻炼身体的方法，主要是教会他们根据主客观的情况变化，制定科学锻炼身体的计划，合理安排运动负荷，预防与处理运动创伤，运用体育锻炼原则，评价锻炼效果及自我体质等。有关运动技术、技能也应在平时教学中学习、巩固和提高，使体育教育为其终身体育奠定坚实的基础。

（四）实用性

工作岗位上的健身活动，娱乐性较强，简单易学，实用方便，效果明显。原西德出版的《办公室平衡健身法》一书，对人们的身体运动作了如下描述："利用工休时间进行身体运动，不仅在生理方面，而且对解除疲劳和提高工作效率都有积极的作用。坚守工作岗位固然必要，但是一味地重复单一的操作，既容易疲劳，又往往降低工作效率。"工休时的身体活动能减轻工作引起的疲劳和紧张。例如，伏案工作的人，应该做些舒展身体和向后仰身的运动；静坐办公室的人，最好做下蹲起、走步、肩部活动和头部活动，甚至打呵欠、深呼吸也有调节身心紧张疲劳的功效。有条件的地方，可开展工作岗位体操、岗位游戏等，形成一种人人自愿参加体育锻炼的浓厚氛围，使参加运动者精力充沛地去完成自己的工作。

二、适合不同职业劳动者的体育锻炼

不同职业都有不同的劳动形式。根据其身体活动特点可把劳动者分为伏案型、站立型、运动型。各种类型的劳动者身体都会有易伤部位或较弱部位，因此加强体育锻炼，提高这些部位的机能，是增强体质、预防职业疾病的有效手段。

（一）伏案型劳动者

一般从事电脑、文秘、财会金融等工作。由于长时间处于坐位，低头、含胸，易出现佝偻、驼背、颈椎病和下肢静脉曲张等疾病。眼睛长时间近距离注视，易出现视觉疲劳、视力下降，甚至患上近视眼。应多进行以下体育锻炼：

（1）眼保健操，可以放松眼肌。

（2）徒手体操，可以伸展肢体放松肌肉。

（3）增强肩背肌肉力量练习，如俯卧撑、臂屈伸、哑铃、杠铃等。

（4）有氧耐力练习，如球类运动、长跑、自行车等增强心肺功能。

（二）站立型劳动者

站立型劳动者一般从事餐饮服务、烹调、建筑、木工、车工等工作。由于长时间站立，下肢血液回流困难，易出现下肢酸痛、肿胀、静脉曲张；腰背所承受强度较大，易出现腰肌劳损。应多进行以下体育锻炼：

（1）增强肩背肌肉力量练习，如俯卧撑、臂屈伸、哑铃、杠铃等。

（2）增强腰腹力量的练习，如仰卧起坐、悬垂举腿、背肌等练习，预防损伤。

（3）下肢节律性活动，如徒手操、健美操、跳绳、体育舞蹈等，改善下肢血液循环。

（4）全身综合活动，如球类运动、游泳、武术等，加强肢体的协调性。

（三）运动型劳动者

运动型劳动者一般从事维修、农业等工作。劳动强度较大，身体姿势综合，变化较多，腰部和四肢负担较重，对身体的灵活性、协调性要求较高。

运动型劳动者也要进行适当的体育锻炼，这样不但不会增加疲劳感，反而有助于消除疲劳、增强体能、振奋精神。在劳动过程中做几节生产操、工间操，伸伸腿、弯弯腰，或者有意识地做几节与劳动姿势相反或改变体位的活动，能够缓和机体的紧张程度，使机体得到必要的放松和休息。应多进行以下体育锻炼：

（1）提高身体灵活性、协调性的练习，如球类运动、健美操、体操、武术等。

（2）有氧耐力练习，如球类运动、长跑、自行车等，增强心肺功能。

（3）增强力量练习，如俯卧撑、臂屈伸、仰卧起坐、背肌、蛙跳、哑铃、杠铃等，发展身体力量，防治劳损。

1. 简述中职学生的生理和心理特点。
2. 全面锻炼身体包括哪些内容？
3. 试结合自己将来职业特点，选择几种锻炼方法加以实施。

第三章　运动损伤和康复

遵循体育卫生的原则和要求，遵循体育锻炼的基本规律，科学健身，会起到良好的锻炼效果；反之效果则差，甚至会导致各种运动伤病，损害人体健康。通过本章学习，学生应掌握运动损伤的产生原因和预防要领，了解损伤的处理和治疗方法，以及伤后康复的相关知识。

第一节　体育卫生常识

体育卫生是指为达到增强体质、增进健康的目的，改善和创造合乎生理要求的体育锻炼条件和环境所应采取的卫生措施和要求。违反体育卫生原则和要求而盲目地进行体育锻炼，不但不能起到良好的锻炼效果，而且会导致各种运动伤病，损害人体健康。

一、体育锻炼与饮食卫生

（一）体育锻炼与饮水卫生

水是人体的六大营养素之一。人体内的所有细胞和血液基本成分都是水。水分约占体重的70%。在进行体育锻炼时，常常大量出汗，尤其在炎热的夏天，人总觉得口干舌燥，很想喝水。但这时一定要注意饮水量要适当，运动之后立即大量饮水不利于健康，因为运动时胃肠道血管处于收缩状态，吸收能力减退，运动后若立即大量饮水，会使水分积聚在胃肠道，使人感到胃部胀满和不适，同时，一部分水分经肠胃吸收进入血液以后，使循环血量增加，这给刚运动后应该休息的心脏又增加了负担。运动剧烈大量出汗时有大量盐分随汗液排出体外，而人体里的体液要保持一定的浓度，体液中水分与盐分之间需要有一定的比例，如果运动后只大量饮水，而不补充盐，就会冲淡血液里的盐分，人体为了维持体液中的离子浓度，就要将“多余”的水分排出，其结果是越喝水，越出汗，体液损失也越多，口渴得也越厉害。因此，运动后可以用水漱漱口，湿润一下嗓子，然后再少喝些淡盐水，既解渴又补充了身体里盐分的损失，这样才符合饮水卫生。

另外，据研究，人体每小时最多约能吸收0.8升水，所以每小时内饮水不能超过1升，每次150~200毫升为宜，每次应间隔15分钟，以免胃肠中存留过多水分。另外锻炼中或锻炼后不宜喝凉水，更不要立即吃冷冻饮品，因为冷刺激会对胃产生强烈刺激，造成胃痉挛和消化不良。

（二）体育锻炼与进餐

体育锻炼能够提高消化器官的功能，使人的心情愉快，食欲增强，消化液的分泌增多，从而提高机体消化和吸收的能力。但是，如果体育锻炼中不注意进餐卫生，久而久之，就会引起消化不良和慢性肠胃病。

由于在运动时血液相对集中于肌肉和皮肤的血管，消化系统的供血量相对减少，致使消化腺分泌减少，消化道的蠕动减弱。如果食物停留在胃内时就进行剧烈的运动，会因胃肠道的充盈和横膈膜上顶，使呼吸受到影响。运动时食物在胃内震荡，会使人感到恶心、腹痛，致使运动能力下降，甚至中断运动。一般在餐后3～4小时，胃已基本排空。因此，饭后应休息2.5小时，再进行剧烈运动比较适宜。饮食与运动时间也不宜间隔太长，餐后4～5小时，会出现饥饿感或血糖下降，从而影响人体的运动能力，并增加对蛋白质的消耗。此外，应当在运动后休息30分钟以上再进食，大运动量训练后应当休息45分钟以上。由于运动后会产生饥饿感，用餐时应注意不要狼吞虎咽，更不能暴饮暴食。

二、锻炼后的科学洗浴

体育锻炼后洗澡不仅可以除去身体的汗渍和污垢，保持皮肤的清洁卫生，还能使神经系统的兴奋性降低，体表血管扩张，血液循环加快，从而改善肌肤和组织的营养状况，降低肌肉紧张程度，加强新陈代谢，消除疲劳，提高睡眠质量。

洗浴的水温不宜过高，时间也不宜过长。水温以40℃～45℃最为适宜，一般时间为10～15分钟，最长不要超过20分钟。热水浴的时间过长，一方面导致皮肤毛细血管扩张后，大量血液进入毛细血管，使回心血量减少，结果是血液循环速度反而减慢；另一方面，大量毛细血管的扩张引起心输出量减少，会导致大脑供血不足、发生晕厥或心肌供血不足，发生心肌缺血、心律失常，出现心慌、胸闷、胸痛等症状。这时一定要尽快平卧，并马上找医生来检查处理。

桑拿浴和蒸气浴有镇静作用，还能使皮肤毛细血管扩张，加快血液循环，从而加速人体内由于运动而产生的代谢产物的排泄过程，可以帮助消除疲劳。但特别要强调的是，不要运动结束后立即进行桑拿浴或蒸气浴，因为这时人体需要散发掉由于运动体内产生的大量热量，高温环境将影响这一过程，甚至导致热衰竭。因此，运动后至少要休息30分钟以后再进行桑拿浴或蒸气浴。

运动后体表温度较高，不要用冷水洗浴，冷水的刺激会使神经系统的兴奋性升高，体表血管收缩，心跳加快，肌肉紧张度增加，不利于疲劳的消除，并可能引起感冒等疾病。

三、女子体育卫生

女子在正常月经期间，可以参加一般的体育活动。在月经期间一律停止体育活动是不必要的，而完全不照顾到月经期间的生理特点也是不恰当的。月经正常而又经常进行锻炼者，除了应停止游泳及其他可能增强腹压的剧烈运动外，可以进行一般运动项目的锻炼，但运动量要适当减轻。同时，在经期中，运动可促进盆腔血量激增，容易引起月经过多或经期紊乱，故不宜参加体育竞赛。月经不正常者，可酌情不参加体育活动或参加一些轻微的活动。

四、不能带病进行锻炼

体育锻炼可增强体质，提高身体的抵抗力，预防疾病的发生，但不能夸大其作用，把“预防疾病”错误地理解成“治疗疾病”。人体患病时，机体的机能水平会有所下降。研究表明，病毒感染对骨骼肌有直接作用，可以影响运动能力，使肌肉力量明显下降，并影响肌肉利用能量的过程。因此疾病期间要积极进行治疗，并调整运动负荷量或停止身体活动，避免造成更严重的健康伤害。

第二节 运动损伤

在体育运动过程中所发生的各种损伤统称为运动损伤。运动损伤与一般的工伤或日常生活中的损伤有所不同，它的发生与运动项目、训练安排、运动环境、运动者的自身条件以及技术动作有密切的关系。这在我们日常锻炼或参加体育活动中经常发生。因此，我们有必要了解运动损伤的原因、特点和规律，从而能够对其进行积极有效的预防和正确的处理，以指导我们科学地进行体育锻炼。

一、运动损伤的分类

运动损伤的分类方法很多，概括起来有以下几种。

（一）按损伤组织的种类分类

可分为肌肉韧带的挫伤、撕裂、挫伤，四肢骨折、颅骨骨折、脊椎骨折、关节脱位，脑震荡、内脏破裂，烧伤、冻伤，溺水等。根据北京运动医学研究而的统计，由于运动而造成的严重创伤很少，大部分属小创伤，其中以肌肉、筋膜、肌腱腱鞘、韧带和关节囊伤最多，其次是肩袖损伤、半月板撕裂和髌骨软骨病。

（二）按运动创伤的轻重分类

（1）不损失工作能力的轻伤；

（2）失掉工作能力 24 小时以上，并需要门诊治疗的中等伤；

（3）需要长期住院治疗的重伤。

（三）按运动能力丧失的程度分类

（1）受伤后能按锻炼计划进行练习的轻度伤；

（2）受伤后不能按锻炼计划进行练习，需停止患部练习或减少患部活动的中度伤；

（3）完全不能锻炼的重度伤。

（四）按损伤组织是否有创口与外界相通分类

可分为开放性损伤与闭合性损伤。此外，根据发病的缓急，还可分为急性损伤和慢性损伤；根据病因，又可分为原发性损伤和继发性损伤等。

【细节透视】

开放性损伤与闭合性损伤

在体育锻炼中常见的开放性损伤有擦伤、裂伤、切伤和刺伤，开放性骨折也可以归在此类。对于伤口较脏的擦伤可以先用自来水冲洗伤口，然后再消毒杀菌、包扎伤口。在关节部位发生较大面积的擦伤时，注意不要用紫药水。对于大的裂伤和切伤要进行缝合处理，小的裂伤和切伤可用创可贴作简易固定。刺伤的伤口如果较深、较脏，除了进行伤口的彻底清创、止血消炎、包扎外，还要记住去医院打破伤风抗毒素，以防破伤风。对于开放性骨折，在没有进行严格的消毒处理前，绝不能将骨折段送回体内，防止骨髓炎。

闭合性损伤包括挫伤、肌肉筋膜拉伤、关节囊和韧带扭伤、肌腱腱鞘和滑囊损伤等，其特点是皮肤、粘膜完整，由于一次暴力而引起，损伤局部有组织的撕裂、血管损伤等，引起出血、渗出、肿胀等。在闭合性损伤发生后，首先要注意检查有无合并伤，如腹部挫伤后是否合并有内脏破裂，头部挫伤后有无脑震荡等。先要处理合并伤，然后处理软组织损伤。在确定没有严重的合并伤后，在闭合性软组织损伤后的24～48小时内，要进行冷敷、加压包扎、制动和抬高患肢。伤后后24～48小时后可以开始在局部做热敷、理疗、按摩等。当损伤基本恢复后，要开始适当地进行力量训练和肌肉、韧带的伸展练习。

二、常见运动损伤

从发生损伤的部位来看，四肢的损伤率较高，皮肤的损伤率次之。损伤主要原因为与器械的摩擦以及与他人的身体接触。在四肢发生运动损伤时，下肢所占比例较大，主要为踝关节的扭伤，这是由于大多数运动项目由下肢发起，最后以下肢的制动结束，加上踝关节特殊的生理结构、场地不平整和对抗等原因造成的。躯干部位损伤率最低，与学生参加的体育项目的特点和参加体育锻炼时个人的行为习惯有关。女生发生运动损伤的部位主要为皮肤，其次为踝关节扭伤。男生运动损伤的部位较多，而且损伤的程度和频率远大于女生，这与男生喜欢参加对抗性强的项目有关。

（一）运动损伤的基本原因

运动损伤发生场合多为业余锻炼，造成损伤的原因有准备活动不合理、技术动作错误、在主观上对运动损伤的合理预防认识不足、自我保护意识不强等。

1. 思想因素

事实证明，运动损伤的发生，常与体育锻炼参加者对预防损伤的意义认识不足有关。

2. 准备活动方面的缺点

准备活动的目的是使神经系统、运动系统和内脏器官充分动员，以适应正式运动的需要。如果未做准备活动或准备活动不充分，都将使肌肉的力量、弹性和伸展性不够而致伤。如果准备活动量过大、准备活动与专项运动结合得不好、未做专项准备活动，或准备活动未遵守循序渐进的原则等，也都容易受伤。

3. 身体状态不良

这包括生理机能和心理状态。前者如睡眠不好、疲劳患病或伤病初愈等，均可使锻炼者力量及动作协调性下降，注意力不集中，从而导致技术上的错误而致伤。后者如心情不愉快、恐惧、胆怯或急躁情绪等，都容易导致运动损伤。

4. 技术动作不规范

技术动作不规范、缺乏质量保证也是造成运动损伤的一个重要原因。正确的技术动作是锻炼卓有成效的关键。即使完成计划中最后一次练习，也要用正确姿势去做，可以借外力帮助，但决不能改变动作要求。

5. 运动量（尤其是局部负担量）过大

安排运动量时，没有充分考虑到体育锻炼者的生理特点，运动量超过了锻炼者可能承受的生理负担，尤其是局部负担量过大，这常是运动训练特别是专项训练中造成运动损伤的主要原因。

6. 环境因素

（1）场地设备的缺点：运动场地不平，有小碎石或杂物；跑道太硬或太滑；沙坑太硬或有小石子，坑沿高出地面，踏板与地面不平齐；器械年久失修或维护不良，表面生锈，不光滑或有裂痕；器械安装不牢固或安放位置不妥当；器械的高低、大小与轻防器具（如护腕、护踝、护腿等等）不合适；运动时的服装和鞋袜不符合体育卫生的要求等。这些都能成为受伤的原因。

（2）不良气象因素的影响：气温过高，易发生中暑和疲劳；气温过低，易发生冻伤或因肌肉僵硬、身体协调性下降而引起肌肉拉伤；潮湿高温的气候容易使人大量出汗，影响体内水盐代谢，可发生肌肉痉挛或虚脱；光线不良影响视力，使锻炼者在运动中反应迟钝。这些也都可能成为受伤的原因。

7. 教学、训练和比赛的安排不够合理

教师在教学过程中应该根据学生的年龄、性别、健康状况和运动技术水平，认真研究教材，估计哪些动作不易掌握、哪些技术动作容易发生损伤，做到心中有数，事先采取相应的预防措施，加强全面训练和基本技术教学。在学校体育工作中，要运用各种形式的身体练习方法，全面提高学生的身体素质，加强基本技术教学，使学生正确掌握跑、跳、投等动作要领，发展学生的活动能力。合理安排运动负荷，尤其要注意运动器官的局部负担量和伤后体育活动的安排，避免单一训练方法，防止局部负担量过大。在教学过程中要遵守循序渐进、个别对待的教学训练原则，逐渐增加运动负荷，这样才能更有效的减少运动损伤。

（二）常规运动损伤

常规运动损伤主要有骨折、脱位、闭合性软组织损伤（关节韧带、肌肉和肌腱扭伤、撕裂和拉伤等）和开放性软组织损伤（擦伤、刺伤）等。

1. 肌肉拉伤

（1）肌肉拉伤的发生机制与分级。

肌肉拉伤有许多种，大体上可分成主动拉伤和被动拉伤两种。前者是由于肌肉作主动的猛烈收缩时，其力量超过了肌肉本身所能承担的能力；后者主要是肌肉用力牵伸时超过了肌肉本身特有的伸展程度，从而引起拉伤。肌肉拉伤包括从肌纤维的微小分离到肌纤维的完全断裂，临床上一般可分为三度。

一度：只有少数的肌纤维被拉长和撕裂，而周围的筋膜完好无损，纤维的断裂只在显微镜下能见到。运动时感到疼痛，但仍可以进行运动。

二度：有较多数量的肌纤维断裂，筋膜可能亦有撕裂，锻炼者可能有“啪”一声拉断的感觉。常可摸到肌肉与肌腱连接处略有缺失和下陷。在撕裂处周围由于出血，可能发生水肿。

三度：肌肉完全被撕裂。撕裂处可能在肌腹、肌腱或者在肌腱与骨的连接点上。锻炼者基本上不能再活动。受伤后首先产生剧烈的疼痛，但疼痛会很快消退，因为此时神经纤维也被损伤了，这时一般需要外科手术的治疗。

（2）肌肉拉伤的预防。

预防肌肉拉伤，主要针对发生的原因进行。例如，大强度运动前要做好准备活动，尤其是易拉伤部位的准备活动；体质较弱者练习时要量力而行，防止过度疲劳和负荷太重；提高动作技能的协调性，不要用力过猛；改善锻炼条件，注意练习场所的温度，冬季在野外锻炼时要注意保暖，不可穿得太薄；要注意观察肌肉的反应，如肌肉的硬度、韧性、弹力、疲劳程度等。肌肉拉伤后重新参加锻炼时要循序渐进，切勿操之过急，并要加强局部保护，防止再度拉伤。

（3）肌肉拉伤的治疗。

肌肉抗阻力试验是检查肌肉拉伤的一种简便方法。其做法是患者作受伤肌肉的主动收缩活动，检查者对该活动施加一定阻力，在对抗过程中出现疼痛的部位，即为拉伤肌肉的损伤处。

肌肉拉伤的治疗要根据具体情况而定。少量肌纤维断裂者，应立即给予冷敷，局部加压包扎，并抬高患肢，外敷中草药。肌肉大部分或完全断裂者，在加压包扎后立即去医院进行手术缝合。

【细节透视】

常见的几种肌肉拉伤

1. 股四头肌：股直肌是四头肌中唯一跨越两个关节的肌肉，是四头肌中常被拉伤的肌肉，常在跳跃或劲踢时，因突然偏心收缩而引起拉伤，拉伤者可感到大腿前部有撕裂并发生局部肿胀与压缩。

2. 腘绳肌：该组肌肉（即半腱肌、半膜肌与股二头肌）跨两个关节。当快跑与劲踢时，小腿于减速时易发生偏心拉伤。短跑、足球运动者与关节较紧张者三条腘绳肌均有可能损伤，其中以股二头肌常见。

3. 腓肠肌：拉伤或断裂多发于内侧头，锻炼者会感到小腿“啪”一声或像被人打了一下。

4. 内收肌群：常在足球运动时由于用力内收而引起短内收肌、股薄肌、缝匠肌和髂腰肌等拉伤，可在大腿上部内侧摸到肿块。

5. 肩袖：由肩胛下肌、冈上肌、冈下肌及小圆肌四块肌肉组成，拉伤多见于棒球、

排球、网球运动者中。肩袖拉伤者常发生持续肩痛或肩脱位现象。拉伤多位于远侧肌腱或肌与腱的连接处，尤以冈上肌位伤为多见。发生后常经久不愈，影响继续锻炼。

2. 韧带损伤

韧带损伤是指用力过大、过度牵伸而导致不同程度的韧带纤维或其附着处的断裂。韧带附着在邻近骨端上，用以连结两骨，其深面与骨端间附有骨膜组织。韧带有较强的抗张能力，它保护关节在正常范围内活动，防止关节出现异常活动。如果外力使关节异常活动超越韧带所能承受的范围时，就会发生韧带损伤。韧带损伤多发生在受力较强而组织较脆弱的部位，其损伤的程度则取决于所受到作用力的强弱与时间的长短。如果所受外力较小，作用时间较短，往往没有明显的功能丧失，因为只有少量韧带纤维断裂，即所谓的韧带扭伤。如损伤程度较重，则有更多的韧带纤维断裂，表现为一定的功能丧失。如损伤严重，则韧带完全断裂，该韧带的功能也丧失，关节的稳定性受到影响。韧带损伤时一般都有局部水肿，严重时有明显的出血血肿形成。韧带损伤愈合较慢，且不完全，如得不到积极治疗，韧带会被拉长或松弛，丧失正常的韧带张力，并容易引起再度损伤，造成关节不稳定而导致关节的退行性病变或创伤性关节炎。

（1）韧带损伤的级数。

一度（轻度）损伤：韧带只有小部分被拉长或拉断，会产生轻微的疼痛和局部水肿，关节有较小的不稳定性，没有明显的功能丧失。

二度（中度）损伤：大量的韧带纤维被撕裂和分离，有一定程度的功能丧失，关节存在中等不稳定性，有明显的疼痛、水肿，可能发生肌肉僵硬。

三度（重度）损伤：韧带完全撕裂和分离，并完全丧失其功能，引起关节的极大不稳定性，由于神经可能受损，疼痛很快会消失，有严重的水肿。

（2）韧带损伤的预防。

韧带损伤易发生的部位是踝关节、腕关节和膝关节，所以锻炼时可在这些部位加一些支持保护带，例如，在足球运动中运用护膝，在篮球、网球运动时运用护腕。避免在不平整的场地上锻炼。减少在篮球、足球运动中的一些冲撞动作。平常多做加强关节周围肌肉伸展性的练习，以增大肌肉对关节的支持力。

（3）韧带损伤的治疗。

对于轻度韧带损伤，治疗方法主要是止痛与加快消肿。韧带损伤发生后，应进行局部冷敷、加压包扎、抬高伤肢。24～48 小时后对伤部周围热敷或按摩，3 天后对伤部热敷或按摩。中度损伤的治疗关键是制动，使韧带处在避免牵拉的位置，以便加速愈合，可用弹性绷带固定受伤处。对于重度损伤，则应在损伤早期将韧带断端进行良好的对合。

3. 胫腓骨疲劳性骨膜炎

初参加体育锻炼的人其发病率较高。胫腓骨疲劳性骨膜炎的发生是由于跑跳的时间过长，小腿肌肉在胫腓骨的附着点受到过分的牵拉，刺激骨膜引起的非细菌性的炎症。初参加锻炼的人，下肢的肌肉还不发达，缺乏弹性，跑跳时不能协调地收缩和放松，脚落地时，也不会利用缓冲力量，致使骨膜反复受到牵拉。另外，天气较冷时，没有做好充分的准备活动，腿部的肌肉、肌腱比较僵硬，以及在硬地上跑跳时间过长，都容易引起这种损伤。

胫腓骨疲劳性骨膜炎多在剧烈跑跳后十几天发生，有时也发生在坚硬的场地上练习脚尖跑、变速跑、跨步跑、后蹬跑以及上下坡跑等场合。

胫腓骨疲劳性骨膜炎的具体症状是：疼痛、压痛、骨膜下水肿等。

（三）运动误区容易导致损伤

合理的运动可以强身健体，但不合理的运动却会对身体造成伤害。人们由于对运动性质、自身生理阶段及安全锻炼缺乏了解，或对运动存在错误的认识，长期坚持错误的运动习惯和动作，很难达到预期效果，即使有些良性改变，却造成了身体其他方面的损伤。

误区一：集中运动

不少人利用双休日进行集中式健身以弥补锻炼不足。这种方法是错误的，无异于暴饮暴食。他们大多是一个星期前 5 天基本没有运动，周末突然拿出许多时间集中锻炼，这样就打破了已经形成的生理和机体平衡，容易造成运动损伤。

误区二：盲目运动

对自己所适合的运动不了解，盲目跟风运动。如当前练瑜伽已成为都市里的时尚，但专家指出，并不是所有的人都适合练习，这种运动对人体的柔韧度要求比较高，如果柔韧度不够，极易造成拉伤。

误区三：初始锻炼就采取大运动量、大强度锻炼

突然大量运动，机体难以适应，会出现严重的疲劳感，浑身酸痛，还可引起肌腱、肌肉拉伤，很难坚持长期锻炼。应当从小运动量、小幅度、简单动作开始，让机体有个适应的过程，这个过程也叫疲劳期，大约半个月，然后逐渐增加运动量，加大幅度，动作也要慢慢地由易到难。

误区四：大强度运动减肥效果好。

事实并非如此。研究表明，体内脂肪的减少取决于锻炼时间的长短，而不是锻炼的强度。剧烈运动消耗大量糖，脂肪消耗不多，而人在此时多已精疲力竭，难以再继续坚持，如强行坚持锻炼极易导致运动损伤或运动疾病。

误区五：不是专业人士，服装和鞋随意点儿没问题

很多人不管选择什么锻炼项目，都习惯穿一种鞋、穿牛仔裤或者赶上穿什么就是什么，认为习惯了没有问题。其实不然，锻炼健身的穿着一定要注重功能性。首先，参加锻炼要穿运动服。运动服由特殊材质缝制，具有良好的透气性和弹性，适合锻炼时身体的运动。其次，不同项目的运动要穿不同的鞋，鞋要合脚舒适。运动鞋的气垫能防止震动，减轻关节压力，给运动以安全的保障。

误区六：我年轻，只要注意点儿，锻炼前不做热身也可以

不做准备活动就进入锻炼，常会因系统、组织未进入工作状态，身体的柔韧性、协调性、灵活性不足而导致运动损伤。

三、运动损伤的预防

参加体育锻炼的目的是为了增强体能，促进身心健康，而运动损伤的发生往往会使锻炼者的身心都受到一定的损害，因此，预防就显得特别重要。锻炼者应采取一些预防运动

损伤的措施，从而使体育锻炼健康安全而富有成效。

（一）加强思想认识

运动损伤的后果是残酷的，预防是避免运动损伤的首要问题，千万不可忽视！经常参与体育锻炼的人群平时应加强安全知识的学习，在体育锻炼过程中，克服麻痹思想，认真贯彻以预防为主的方针。

（二）锻炼方法要科学、合理

要掌握正确的方法，科学地安排运动量。不同年龄、性别、健康水平的人，锻炼时应因人而异、循序渐进。如青春期锻炼时，应以全面发展身体素质为主，尤其是应抓住身体素质的敏感期，并且在运动量、运动强度及时间的安排上考虑这个时期的生理特点。按照每一年龄阶段人群的生理特点进行锻炼，往往会取得事半功倍的效果。

（三）准备活动要充分

运动前一定要做好充分的准备活动，这样可以有效地减少运动损伤的发生。准备活动不但可以提高中枢神经系统的兴奋性，克服机体的生理惰性，而且能增加肌肉中毛细血管开放的数量，提高肌肉的弹性，同时还能提高运动器官的机能，增强韧带的弹性，使关节腔内的滑液增多，防止肌肉和关节的损伤。在没有做准备活动就进行 1500 米跑时，躯体的机能在 20～30 秒内可以发挥出较大的工作效率，而内脏器官则需 23 分钟才能发挥较大的工作能力。内脏器官的机能不能适应肌肉运动的要求，不仅导致运动成绩下降，而且还会出现头晕、恶心、呕吐，甚至休克等现象。因此，不做准备活动就运动，潜在的威胁是很大的。

（四）注意运动间歇的放松

在运动时，为了更快地消除肌肉疲劳，防止由于局部负担过重而出现的运动损伤，每次练习间隙应采取积极放松的方法。许多锻炼群体对这一问题很不重视，往往采取消极的休息，这样做并不能加快疲劳的消除，再练习时还易出现损伤。另外，放松应根据项目特点来进行。如侧重于上肢练习的项目，在间隙期可做些下肢练习。反之，则做些上肢的练习。这样可以改善血液供给，使肢体中已疲劳的神经细胞加深抑制，得到休息，对于消除疲劳及防止运动损伤有着积极意义。

（五）防止局部负担过重

锻炼时负荷过于集中，会造成机体局部负担过重而引起运动损伤。如膝关节半蹲起跳动作过多，易引起髌骨损伤；过多地练习鸭步可引起膝内侧副韧带及半月板的损伤等。因此，在锻炼中应避免单调的锻炼方法，防止局部负担过重。

（六）加强易伤部位的锻炼

循序渐进地加强易伤部位或相对较弱部位的训练，提高它们的功能，是预防运动损伤的一个积极手段。例如，为防止髌骨劳损，可采用“站桩”方法以增强股四头肌和髌骨功能；为了预防腰部损伤，除加强腰背肌训练外，还应加强腹肌力量训练，有助于防止脊柱拉伸而造成腰部损伤；为预防股后肌群拉伤，要加强股后肌群的力量和伸展性练习等。

（七）加强保护和自我保护

保护在器械体操练习中十分重要。体操是一项复杂多变、空中动作较多的项目，很容易发生技术错误或失手跌下，特别是学习新动作时，都应有人保护和帮助。每个参加体育锻炼的人都应该掌握自我保护办法。例如，身体失去平衡时，要立即向前或后跨出一步，以保持身体平衡；当人快要跌倒时，应立即低头、屈肘团身、顺势滚翻，不可直臂撑地；从高处跳下，用前脚掌先着地，后屈膝，以增强缓冲作用等。

（八）加强保健指导

经常参加体育锻炼的人群，应定期进行体格检查。对患有各种慢性病的人，更要加强医学观察，定期或随时检查，禁止伤病患者或身体不合格的人参加剧烈运动或比赛。做好自我保健工作，必要时要请医生作医学检查。

（九）注意科学锻炼

科学锻炼包括五大要素，即全面性、渐进性、个别性、反复性、意识性，前三个要素对预防损伤较为重要。

全面性是指锻炼者应对体能进行全面训练，而不是单纯针对某一特定动作反复练习。

渐进性是指锻炼者应逐步提高运动负荷和增加锻炼时间，以防机体一时不能适应而导致运动损伤。

个别性是指锻炼必须因人而异。性别、年龄、体力、技术熟练程度不同，活动量和方法也应不同。

【细节透视】

在体育活动中发生踝关节扭伤怎么办?

踝关节扭伤是体育活动中最常见的一种关节韧带损伤，多发生在篮球、足球、跳远、跳高、赛跑、滑雪和滑冰等运动项目中。其发生原因是：踝关节的准备活动未充分做开，跑跳时用力过猛，脚落地的姿势不当，地面不平等。

踝关节受伤后几分钟局部便疼痛、肿胀起来，伤后几天出现紫色的瘀血斑，疼痛逐渐减轻。

踝关节扭伤后应立即停止锻炼，适当抬高患肢，12 小时内要冷敷，24～36 小时后需热敷。扭伤两天后，患者应及早活动下肢，练习缓慢走路，并进行按摩、理疗等措施，及早恢复脚部的功能。

为了预防踝关节受伤，要加强踝关节周围肌肉的锻炼；锻炼前要做好准备活动，特别是踝关节要充分活动开；运动中要讲究正确的动作姿势。

第三节　运动损伤的处理与康复

在运动过程中或多或少会有不同程度的运动损伤。本节主要介绍运动损伤的处理和康复，让学生熟悉一些常见运动损伤的处理方法和恢复手段，有利于提高学生从事体育锻炼

的兴趣和能力。

一、运动损伤的处理

运动中的伤害事故是不可避免的，如果得到及时适当的处置，可以较快地恢复，也可以使伤后继续进行体育活动取得较好的效果。因此，一旦发生损伤，要进行急救处置，必要时就医。那么我们应怎样处置常见的运动损伤呢？

（一）观察身体状态

1. 观察是否有意识障碍

对较严重的外伤，特别是头部外伤，先要确认有无意识障碍，如果意识清楚，回答问题正常，可认为头部无异常。若出现逆行健忘症，对伤前的一切一无所知，应尽快送往医院。有意识障碍的人，舌部往往不能保持在正常位置上，呼吸道易被舌根阻塞，造成呼吸困难，这时应使伤员下颌保持向前，同时，为了防止分泌物阻塞呼吸道，应使伤员处于半卧状态。

2. 观察是否休克

发生骨折、腹部挫伤，同时造成内脏器官损伤时，由于疼痛或失血，往往会导致休克。其症状为脸色苍白，脉搏微弱，体温下降，以及恶心、出冷汗等。对疼痛造成的一时休克，应使伤员仰卧并抬高下肢，松开胸部的衣服。如果是因失血休克，应立即送往医院手术。值得注意的是因腹部挫伤而引起的内脏损伤很容易被忽视，如果伤员脸色异常并且经休息不能恢复，要特别注意有无内脏器官损伤。

（二）局部损伤的处理方法

1. 擦伤

擦伤是皮肤受外力摩擦所致，症状是皮肤组织液渗出，表皮被擦破、出血，一般不会涉及皮下组织，但必须防止细菌感染。

处置擦伤时，先用生理盐水洗净伤口，尤其必须洗去污垢，否则将留下永久性黑斑。冲洗时，可用柔软的刷子或纱布轻轻揩擦。经消毒后，涂上抗菌药物。

2. 撕裂伤

撕裂伤比擦伤严重，不仅是皮肤损伤，而且涉及皮下组织。皮肤失去了连续性，伤口呈开放状态，撕裂伤口出血较多，易引起感染。当撕裂伤口较小且边缘整齐时，消毒后用桥状橡皮膏封闭即可。当伤口较大时，冲洗后敷纱布压迫，立即送往医院缝合，还应进行破伤风预防注射及相关处理。

对于手、足的撕裂伤进行急救处理时，可采用压迫动脉的方法，但压迫不宜过紧，时间也不易过长，以免引起神经和循环障碍。

3. 挫伤

挫伤是皮下组织损伤，没有开放性伤，但有内出血和肿胀。体育运动中，挫伤的发生率极高，身体各部位都可能发生这种损伤。挫伤的主要症状是局部疼痛，有的还有局部压痛，也有的是自发性和运动性疼痛。软组织下骨膜受到损伤时，疼痛更剧烈。肌肉发达部位皮下软组织损伤表现为肌纤维和肌膜断裂，组织液、血液、淋巴液溢出，外部肿胀。如果毛细血管或小静脉断裂，溢出的血液会扩散到皮下或肌肉内，形成皮下血肿或肌肉内血肿。出现皮下血肿后不久，患部变成暗紫色，两周后被吸收并消失。

对挫伤进行急救处置时，首先要确认有无头、腹部的严重症状。有者，应及时送往医院抢救；无者，应马上对受伤部位进行冷却，冷却可用冷痛气雾剂或冰袋，没有条件的可用冷水或冷毛巾。冷却的同时，还可以用海绵或弹性绷带轻轻缠绕患处，目的是把疼痛、出血、肿胀控制在最小范围内。急救处置完毕后，应使受伤部位高于心脏，以便促进血液、淋巴液的循环，防止淤血或阻滞。

4. 扭伤

扭伤是外力作用下，关节运动超出正常生理范围的结果。轻者是构成关节的组织受到损伤，重者是韧带、关节囊断裂，其症状为局部压痛、肿胀和松动感。不论什么程度的扭伤，都要作适宜的处置，避免留下后遗症。

急救处置时，首先要冷却患部，具体方法与挫伤相同。包扎后，抬高伤肢，保持局部静态 2～3 日。这样可以大大地缩短疗程。当韧带断裂时，关节囊变得松弛，关节也不稳定，一动就会加剧疼痛，急救处置后，应立即送往医院。

5. 脱臼

脱臼指在外力作用下，关节骨突出关节囊，超脱于关节之外的现象，其损伤程度比扭伤更为严重。脱臼多见于肩、肘、指和肩锁关节。症状为疼痛、变形和机能障碍，关节无法进行正常的运动。

对脱臼的关节如果不作治疗，就会出现肿胀或血肿，韧带和关节囊就会变得僵硬，以至于难以复位。因此，脱臼后应尽快复位。

6. 骨折

运动外伤中，骨折多于脱臼，按其原因可分为三类，即外伤性骨折、分离性骨折和疲劳性骨折。一般来说，外伤性骨折的主要症状是骨折部位疼痛变形和肿胀，即使活动临近部位也会引起疼痛。骨折时，可因疼痛和出血引起休克。对骨折进行急救处置时，可用木板、木棒等适宜材料固定骨折部位，消除异常可动性，防止血管、神经二次损伤。然后，送往医院作透视检查及处理。

分离性骨折没有异常可动性以及肿胀和杂音，较难诊断。如果运动中某部位出现疼痛或伸张性疼痛，并且有压痛感，可怀疑是分离性骨折，此时应作局部冷敷，保持局部静止，并接受医生的诊断。

疲劳性骨折与分离性骨折一样，无异常可动性和肿胀，较明显的症状是突然剧痛。如果忍耐疼痛继续运动，可能导致完全骨折，需要较长的时间才能恢复。因此应及时检查和治疗。

7. 肌肉和肌腱损伤

运动中，如果肌肉用力不协调，就可能引起肌肉拉伤。在无法抗拒负荷的情况下，肌肉和肌腱不是被拉长，就是发生断裂。运动外伤中常见的是大腿、小腿的肌肉拉伤和部分肌肉断裂。肌肉拉伤时，产生剧痛，瞬时无法跑动，严重时，患处可感到部分肌肉凹陷并有压痛感。急救处置时，先进行冷却和压迫，而后保持局部静止。急救处置 24 小时后，

可进行理疗，理疗过程中作轻微的肌肉运动。

肌腱损伤中，最常见的是跟腱断裂。跟腱断裂时常伴有“啪”的一声，跟腱部有踢踏感，随之产生剧痛并无法行走。用手触摸跟腱时，断裂部位有凹陷和压痛感。急救处置时，应固定踝关节，使其不承受负荷。然后，送往医院手术缝合。

8. 脑震荡

脑震荡发生时，会出现数秒、几分钟或更长时间的意识丧失。意识丧失时，呼吸表浅、脉搏稍缓、肌肉松弛、瞳孔放大但对称，神经反射减弱或消失。清醒后，患者不能回忆受伤情况，并伴有不同程度的头疼、头昏、恶心、呕吐等。

脑震荡处理的方法：伤员立即平卧，头部冷敷，身体保暖。掐人中、合谷、内关等穴位，使昏迷者苏醒。对呼吸发生障碍的伤员，可做人工呼吸。对昏迷时间超过 4 分钟以上，两侧瞳孔大小不一，口、鼻、耳出血，眼球青紫及清醒后头疼、呕吐或又再度昏迷者，应立即送医院抢救。对短时间恢复意识的轻伤员，应尽可能使其平卧休息，一般应卧床到头痛、头晕的症状完全消除。不宜过早参加运动，以免留下头痛、头晕的后遗症。

【细节透视】

骨折的固定

骨折后要限制伤处活动，避免加重损伤，减少疼痛。用夹板固定骨折是最简单有效的方法。所用固定材料可就地取材，如小木板条、木棒、竹片、硬纸板等。上夹板前，应用棉花、软物垫好，绑扎时应将骨折处上下两个关节同时固定，才能限制骨折处的活动。四肢固定要露出指（趾）尖，以便随时观察末梢血液循环。如果指（趾）尖苍白、发凉、发麻或发紫，说明固定太紧，要松开重新调整固定压力。上肢骨折固定要取屈肘位，绑好后用带子悬吊于颈部，下肢骨折要取伸直位固定。脊柱骨折要将伤员平抬平放在硬板上再给予固定。千万不能用帆布、绳索等软担架运送，一定要保持脊柱挺直，更不能扶持伤员，试图行走。如果处理不当，可造成脊髓神经损伤，导致截瘫，后果不堪设想。肋骨骨折往往伴有胸腔脏器损伤，要注意有无气胸发生。对没有明显呼吸困难的肋骨骨折，可在呼气末了时用宽胶布或三角巾紧贴胸廓扎好，以便限制呼吸运动，减少痛苦。

二、运动损伤的康复训练

康复训练是指损伤后进行有利于恢复或改善功能的身体活动。除严重的损伤需要休息治疗外，一般的损伤不必完全停止身体练习。适当的、科学的身体练习对于损伤的迅速愈合和促进功能的恢复有着积极的作用。

（一）康复训练的目的

（1）保持良好的身体状态。通过康复训练可以预防肌肉萎缩和挛缩，保持健康肢体的运动能力，维持良好的心肺功能，使人一旦伤愈便能立即投入到正常的体育锻炼中去。

（2）防止停训综合症。个体在长期的体育锻炼中建立起来的各种条件反射性联系，一旦突然停止锻炼便可能遭到破坏，进而产生严重的机能紊乱，如神经衰弱、胃扩张、胃肠道机能紊乱等。

(3) 伤后进行适当的康复性锻炼，可加强关节的稳定性，改善伤部组织的代谢与营养，加速损伤的愈合，促进功能、形态和结构的统一。

(4) 通过伤后的康复训练，可以使机体能量代谢趋于平衡，防止体重增加，缩短伤愈后恢复锻炼所需的时间。

(二) 康复训练的方法

(1) 适量的耐力运动。建议每次 15～60 分钟，每周 3～5 次。可用健康肢体进行。如上肢伤者可做跑步、阻力自行车、登楼梯等运动，下肢伤者可做拉力器、举哑铃运动或徒手体操。

(2) 恢复关节活动的方法，主要是进行关节练习。除恢复关节活动度外，还要求恢复各肌肉包括多关节肌肉的伸展度，以恢复整个肢体的柔韧性。为此需做相邻关节的联合运动，以牵伸多关节肌肉。关节活动范围越大越好，可以使肌肉在全关节活动范围中拉长，这是防止再受伤的较好方法。

(3) 恢复肌肉的训练方法。

自主运动：是伤者主动完成的一种训练，包括静力练习、动力练习、等动练习。静力练习肌肉的收缩方式属于等长收缩，是肌肉保持在一个固定的长度上，关节不活动。动力练习关节要产生活动，收缩时肌肉缩短，产生的活动属于等张运动。等动练习是利用等动练习器所进行的一种肌肉练习方法。练习时肌肉以最大力量做全幅度收缩运动。这种练习依靠器械的作用，将运动的速度限制在适宜的水平上，使肌肉在运动的过程中保持高度的张力，从而获得更好的锻炼效果，具备等长与等张收缩两者的优点。

辅助运动：通过各种被动活动，使痉挛的肌肉得到放松，挛缩的肌肉、韧带和关节囊受到牵拉从而伸展，增加关节活动幅度，恢复关节功能。

抗阻运动：该练习可以增进肌肉的肌力。

1. 试述体育锻炼与饮食卫生的关系。
2. 怎样预防运动损伤？
3. 伤后积极进行康复训练意义何在？

第四章 体育运动自我评价

通过本章的学习，学生可以了解身体健康状况、身体成分、心肺功能、肌肉力量、肌肉耐力和身体柔韧性的评价方法，从而正确选择锻炼身体的方法进行锻炼，达到提高身体机能的目的。

第一节 身体成分评价

身体健康成分是构成身体素质的组成部分，测试身体成分是为了了解人体的体质、健康及衰老的状况，以便于将体重控制在正常范围内，保持体脂含量适宜。体重超过标准过大不仅会影响人体健美，而且还会给身体健康带来一系列不良的影响。事实证明，肥胖与冠心病、动脉粥样硬化、高血压、糖尿病及某些肿瘤疾病的发病有关，而且，肥胖还会显著缩短寿命，增加新陈代谢和心脏的负担。通过体育锻炼改善身体成分，控制体质含量，对于维持健康、保持高质量的工作和生活、预防疾病都具有重要的意义。

目前，评价身体成分的技术手段很多，这些技术既快捷又方便，这里仅介绍三种目前广泛使用的技术。

一、腰围臀围比例测试

过多的腹部脂肪与疾病（如心脏病和高血压等）发生是直接相关的。因此，腹部有大量脂肪堆积的人腰围臀围比例高，他们比腰围臀围比例低的人更容易患心脏病和高血压。

测量腰围、臀围的步骤比较简单，更适合于自我测评，要求如下：

（1）测量工具为无弹性的卷尺。身体成站立姿势，不要穿宽大的衣服，否则会使测量结果产生偏差。测量时卷尺紧紧地贴在皮肤上，但不能陷入皮肤，测量数值应精确到毫米。

（2）测量腰围时，把卷尺放置于肚脐水平处，并在你呼气结束时测量。

（3）测量臀围时，把卷尺放在的臀部的最大周长处。

（4）完成测量后，用腰围除以臀围，得出腰围臀围比例。根据下表评定腰围臀围比的等级，进行自我评定。（表 4－1）

表 4－1 腰围臀围比的等级评定

等级（患病的危险程度）	男	女
高危险	＞1.0	＞0.85
较高危险	0.9～1.0	0.80～0.85
较低危险	＜0.9	＜0.80

二、体块指数测试

该测试是一种辅助性地测定身体成分的方法，容易被大多数人接受。体块指数反映了个人身体成分的状况。其计算公式为体重除以身高平方，比值就是 BMI：BMI＝体重（kg）/身高的平方（m^2）。

比如，如果一个人重 64.5 千克、身高 1.72 米，那么此人的 BMI 比值为：

BMI＝64.5kg/（1.72m）^{2}＝64.5/2.96＝21.8

计算出你的 BMI 后，用表 4－2 评价你的体脂程度。男性和女性的 BMI 分别小于 25 和 27 的属于“不肥胖”类。相比较而言，男性和女性的 BMI 超过 40 被认为极度肥胖，小于或等于 20 为体重过轻。因此，男、女的标准范围分别为 20.1～25 和 20.1～27。（表 4－2）

表 4－2　体脂程度分类

肥胖程度	男	女
最佳体脂	<25	<27
较高体脂	25～30	27～30
高体脂	31～40	31～40
极高体脂	>40	>40

三、身高体重标准

（一）身高体重的标准

利用身高体重综合测定仪就可以准确测出身高、体重，而后即可采用身高标准体重这一评价指标来间接反映身体成分。在《学生体质健康标准》的身高标准体重评价表中，身高标准体重的测试数值对应有从轻到重的 5 个等级，分别是营养不良、较低体重、正常体重、超重、肥胖。

计算标准体重的公式为：

女生：标准体重（kg）＝（身高－70）×0.6 或 52＋（身高－158）×0.5；

男生：标准体重（kg）＝（身高－80）×0.7 或 62＋（身高－170）×0.6。

（二）运动减肥的原理

1. 调节神经与内分泌功能

正常人之所以能保持相对恒定的体重，主要是在神经系统和内分泌系统的调节下，合成与分解代谢相对平衡的结果。肥胖者的这种调节机能发生障碍，代谢发生液储存于脂肪细胞中，如果摄入含脂类物质愈多，脂肪组织就愈增加。另外，糖类食物过多摄入体内也会转变为脂肪组织储存起来。当增加运动时，肌肉活动需要热量，因此对血液中的游离脂肪酸和葡萄糖利用率增高，脂肪细胞得不到补充，反而还要支出，于是就缩小变瘪。

2. 增加体内脂肪和糖的消耗

食物中的脂肪进入体内后，分解为游离脂肪酸和甘油三酯进入血液循环，合成代谢大于分解代谢，多余的糖类、脂肪就以脂肪的形式储存起来。加强运动，可以改善神经与内分泌系统，恢复它对新陈代谢的正常调节，促进脂肪代谢，减少脂肪沉积。

(三) 介绍几种健身方法

1. 慢跑瘦身法

在运动前，应该舒展身体，做充分的准备活动。开始练慢跑的时候，运动量要循序渐进，可以采取慢跑加步行交替的方式进行，距离不宜太长。等练了一段日子后，身体逐步适应了慢跑，可减少步行，直到全部慢跑。在习惯了慢跑之后，找到身体不感觉疲劳的最佳跑步速度。跑步时前脚掌先着地，过渡到全脚掌着地。跑步时应保持有节奏的呼吸，开始时鼻子吸气，口呼气。逐渐过渡到口鼻同时呼吸。为扩大肺活量，应用腹部呼吸法。吸气时，腹部隆起，呼气时，腹部凹下。运动后，应舒展身体，做充分的放松活动，要用热水擦身，不要用冷水。运动后饮水和进食应该到心率恢复正常水平之后进行。

运动量：每天 20～40 分钟。

2. 跳绳瘦身法

优点：简便，有趣，不受天气的影响。使呼吸系统、心脏、心血管系统得到充分的锻炼。可消除臀部和大腿部位的多余脂肪。

方法：平稳、有节奏地呼吸，身体上部保持平衡，不要左右摆动。人体要放松，动作要协调。开始双脚同时跳，然后过渡到双脚交替跳。跳绳不要跳得太高，绳子能过去就可以了。

运动量：初练者每天 60～100 跳。分 2～3 次，间隔 1 分钟。之后正常每天 400～500 次。分 2 次，间隔 1 分钟。

3. 游泳瘦身法

优点：水中的浮力使肥胖者不受体重的影响，减轻了在陆地上锻炼时下肢的负担。水中的散热速率比空气中高 20 倍。水中的阻力大，因此游泳运动消耗的能量比较大。当人体在水中运动时，水流的摩擦促使皮肤毛细血管的循环和人体表皮细胞的代谢，使皮肤光滑有弹性。

运动量：每天 30～40 分钟。

【细节透视】

减肥的注意事项

1. 因人而异。减肥者运动前一定要进行身体检查，如果患有严重的冠心病、高血压和肝炎、肾炎等疾病，不宜进行较大量的体育活动，要先治疗疾病，并选择行走、太极拳等和缓适宜的项目。老人、儿童、孕妇等也应该选择各自适宜的运动项目。

2. 循序渐进。肥胖者平时缺乏体育锻炼，心肺功能和骨关节的灵活性都比较差，因此不宜一开始就大负荷运动，运动量应该循序渐进，逐步增加，一般需要 2～4 周的适应过程。

3. 准备充分。每次锻炼前应该做一些准备活动，如活动上下肢、腰部，使踝关节、腿部肌肉和肌腱充分活动开，肺的气体交换增加，心脏输出的血液增多，以避免肌肉、韧带拉伤和心悸气短。

4. 活动适量。运动量太小，达不到减肥目的，运动量过大会出现副作用，特别是伴有其他严重慢性疾病的肥胖者和老年人，一定要格外注意。一般来说，运动量要掌握在中等强度，运动后脉搏数青年人以每分钟不超过 150 次为宜，老年人以每分钟不超过 110 次为宜。运动时不应出现头晕、恶心、呕吐、脸色苍白等症状。运动后肌肉酸痛，睡眠、食欲正常。如果出现头痛、食欲不佳、失眠等症状，说明运动过量。

5. 练后放松。放松活动又叫整理活动，每次运动结束后或运动间歇，做些走动、慢跑、深呼吸等节奏缓慢的活动，使心脏、呼吸、血压等尽快从运动状态恢复正常。

6. 持之以恒。体育锻炼一定要坚持如一，不能想练就练，不想练就不练，练练停停无益于减肥与健康。儿童锻炼，家长应该督促，并以身作则，身体力行。

第二节　心肺系统机能

一、心肺系统机能及健康

心肺系统是指功能上有密切联系的循环系统和呼吸系统。心肺系统在为肌肉等组织、器官供应能量物质和运输氧气的过程中起重要的作用。因此，心肺系统的机能是身体健康素质中重要的组成要素，直接影响到学习效率和生活质量。心肺功能的适应能力是与健康密切相关的最重要的生理指标之一。

体育锻炼时，骨骼肌代谢更加旺盛，需氧量增大，机体通过多种调节途径，使心肺系统活动加强，从而满足运动时骨骼肌等组织、器官的需要。因此，定期的、有规律的有氧运动，是提高心肺系统机能，抵御现代文明病侵袭的最有效手段。进行体育运动将对心肺系统机能产生以下良性影响。

（一）增加心脏功能

经常运动可以使心肌壁增厚，心脏重量增加，容积增大。平时冠状动脉血流量约占输出量的 8%～10%，运动时冠状动脉血流量最高可达安静时的 10 倍。由于心肌在锻炼中得到大量营养，心肌纤维变粗，收缩力增大，心搏率更能适应锻炼需求，出现心动余缓，而且运动后恢复较快，使心力储备增加，能更好地适应激烈运动。

（二）增加血液中红细胞、白细胞和血红蛋白含量

常人血液中红细胞含量男子为 450～550 万个/L，女子为 380～460 万个/L，经常运动的人可达 700 万个/L，这样可以更好地供应和输送氧气，并有利于代谢产物排除。此外，经常运动还可使白细胞中具有免疫力的淋巴细胞比例明显增加，提高抵抗疾病的能力。

（三）增强血管功能，改善微循环，防止心血管疾病

经常参加锻炼可使动脉血管壁弹性提高，管径增大，有利于血液流动，还能使血管扩

张，有效地改善微循环功能。此外，经常锻炼还可以通过大脑皮层调节血管收缩和舒张，使血压下降，有助于预防心血管疾病。事实表明，经常参加运动的人高血压发病率仅为一般人的1/3，长期静坐的人冠心病发病率是经常锻炼的人的2倍。

（四）增强呼吸系统功能

由于运动时机体新陈代谢加快，需要大量耗氧，并排出更多的二氧化碳，呼吸加快，因此经常锻炼可使肺活量增大，并增强呼吸肌、胸廓和呼吸器官的工作能力，能使人体承受更大的负荷强度。锻炼还能使呼吸道毛细血管密实、气管壁上皮细胞的纤毛活动和肺内吞噬能力增加，减少感染，防止呼吸道疾病，预防感冒。

二、心肺系统机能的评价

（一）评价心血管系统机能指标——台阶试验

1. 测试方法

男同学用高40厘米的台阶，女同学用高35厘米的台阶。

测验前，被试同学可做轻度的准备活动，主要是活动下肢关节。上、下台阶的频率是30次/分钟，因而节拍器的节律为120次/分钟（每上、下各一次是四动）。参加测试的同学根据提示，按节拍器的节律完成试验。

基本动作要求：从预备姿势开始，(1)一只脚踏在台阶上。(2)踏台阶腿伸直成台上部立。(3)先踏台的脚先下。(4)还原成预备姿势。用2秒上、下一次的速度（按节拍器的节律来作）连续做3分钟。做完后，保持安静状态，测量运动结束后的1～1.5分钟，2～2.5分钟，3～3.5分钟的3次脉搏数。用下列公式求得评定指数，计算结果有小数的，对小数点后的一位进行四舍五入取整进行评分。

评定指数=踏台上、下运动的持续时间秒（s）×100/2×3次测定脉搏的和。

2. 注意事项

(1) 心脏有病的同学可免于参加该项测试。

(2) 上下台阶时，膝关节和髋关节都应该伸直，按2秒上、下各1次的节奏进行。当跟不上节奏时，主持测试者应及时提醒，如果3次跟不上节奏将停止测试。如果不能完成3分钟的负荷运动，以实际上、下台阶的持续时间进行计算，计算公式和方法同上。

(3) 参加测试的同学不能自己测量脉搏。

目前，已有台阶实验的仪器，可以用它来进行测量，数据可传入计算机。

（二）评价肺功能指标——肺活量

现在多使用电子肺活量测量仪，使用干燥的一次性对嘴。测试同学进行一两次较平时深一些的呼吸动作后，更深地吸一口，向口嘴外慢慢呼出至再也不能呼出为止。吹气完毕后，液晶屏上最终显示的数字即为肺活量毫升值。总共测3次，间隔时间15秒，记录最大值作为测试结果，以毫升（ml）为单位，不要保留小数。

（三）评价心肺功能的适应能力——12分钟跑

12分钟跑是目前测试心肺功能适应能力的最简单的方法之一。研究表明，心肺适应能力较强的人可以在12分钟内跑完更长的距离。心肺适应能力也可反映全身耐力水平。

测试方法：在400米的跑道上进行测试，测试前学生要做好准备活动，在跑的过程中尽量匀速快跑。当感到呼吸困难时，应减慢速度，及时调整呼吸。但在测试开始和结束时，应该避免全速跑和冲刺跑。

12分钟跑测试对积极参与体育锻炼的学生最合适。对于体能较好的学生，可以采用快跑或慢跑；对于体能较差的学生，也可以采用慢跑或者走进行测试。

心肺耐力水平详见表4－3。

表4－3　12分钟跑评价表　(单位：米)

等级	性别	13～19岁	20～29岁	30～39岁	40～49岁	50～59岁	60岁及其以上
很差	男	<2080	<1950	<1890	<1825	<1650	<1390
	女	<1600	<1540	<1510	<1410	<1345	<1250
差	男	2080～2190	1950～2100	1890～2080	1825～1985	1650～1855	1390～1630
	女	1600～1890	1540～1775	1500～1680	1410～1570	1345～1490	1250～1375
及格	男	2190～2500	2100～2385	2080～2320	1985～2225	1855～2080	1630～1920
	女	1890～2065	1775～1950	1680～1890	1570～1775	1490～1680	1375～1570
好	男	2500～2750	2385～2625	2320～2500	2225～2450	2080～2305	1920～2110
	女	2065～2290	1950～2145	1890～2065	1775～1985	1680～1890	1570～1745
很好	男	2750～2975	2625～2815	2500～2705	2450～2640	2305～2530	2110～2480
	女	2290～2415	2145～2320	2065～2225	1985～2145	1890～2080	1745～1890
非常好	男	>2975	>2815	>2705	>2640	>2530	>2480
	女	>2415	>2320	>2225	>2145	>2080	>1890

三、提高心肺系统机能的原理、措施和方法

如何通过体育运动锻炼心肺功能，使自己更健康，预防各种疾病呢？

有氧运动可锻炼心肺功能。一般来说，达到最高心跳率（即220减去自己年龄）60％～70％的运动量，消脂功能最好，在运动中的能量消耗有40％来自脂肪、60％为碳水化合物。如果要锻炼心肺功能，则应进行达到最高心跳70％以上的剧烈运动，而此时能量消耗90％为碳水化合物、10％为脂肪。常见的有氧运动有跑步、骑自行车等。

一般人并不清楚本身的心肺功能到什么水平，因此必须进行心肺功能测试，评估体能和身体状况后，再开始进行适合的运动，逐步锻炼与提升心肺功能。

在每次的有氧训练之前和之后，都要有热身和放松两个阶段。

(1) 热身（也就是准备活动），一般是指用小强度的有氧运动来使自己的身体渐入佳境，体温慢慢升高，心率提高，呼吸匀速变快。血液循环也更迅速，这样氧和养料就会被输送到心脏和肌肉，为你的运动做好准备。热身活动目的达到后的一个重要标志就是身体

微微开始出汗。热身的时间 5～10 分钟就可以了。

(2) 放松。放松与热身有相同的作用。在运动中，特别是四肢部分，如果马上停止运动，血液会囤积在下肢而给心脏造成多余的负担，严重时会影响到大脑供血，甚至出现眩晕和头昏。所以运动目的达到后应该有 5～10 分钟的放松，也就是逐步减小运动强度，慢慢地恢复到安静状态。

第三节　肌肉力量与肌肉耐力

一、肌肉力量、耐力与健康

肌肉力量指肌纤维收缩时所产生的力，它是机体活动的基础。肌肉力量的大小与肌肉生理横断面的大小密切相关，和性别、年龄没有直接的关系。肌肉粗细由肌纤维的粗细决定，力量训练能刺激肌纤维蛋白的合成。因此，经常进行训练的人会拥有发达的肌肉，比普通人显得更强壮。

肌肉耐力是指保持肌肉长时间工作而不疲劳的能力，是从事耐力性活动的基础。肌肉耐力水平的高低，与肌肉中毛细血管的发达程度和肌肉血流量的多少有一定关系。经常进行体育活动，能使肌肉内毛细血管密度增加。因此，坚持体育锻炼，可使肌肉的耐力逐步得到增强。

二、肌肉力量和耐力的评测

（一）评价下肢爆发力指标——立定跳远

测试方法：两脚自然分开站立，站在起跳线后，脚尖不得踩线（最好用线绳作起跳线）。两脚原地同时起跳，不得有垫步或连跳动作。丈量起跳线后缘至最近着地点后缘的垂直距离。每位同学可试跳 3 次，取其中成绩最好的 1 次。以厘米（cm）为单位，不计小数。

（二）评价上肢肌肉力量指标——握力体重指数

握力测试方法：使用电子握力计，两脚自然分开成直立姿势，两臂自然下垂。一手持握力计全力紧握（此时电子握力计不能接触衣服和身体），电子握力计显示数字为测试数据。用有力手握 3 次，取最大值，以千克（kg）为单位。测试时保留 1 位小数。

（三）评价腹肌指标耐力指标——仰卧起坐

测试方法：被试女生全身仰卧在垫子上，两腿稍分开，屈膝呈 90°左右，两手指交叉贴于脑后。另一同伴压住其踝关节，以便固定下肢。受试者起坐时用两肘触及或超过双膝为完成 1 次。仰卧时两肩胛必须触垫。记录 1 分钟内完成的次数。

三、增强肌肉和量和耐力的措施和方法

（一）力量素质练习的基本手段

虽然各种不同力量素质均有其各自的练习手段，但力量素质训练也有一些共同的练习形式。

1. 负重抗阻力练习

这种练习可作用于机体任何一个部位的肌肉群。这种练习主要依靠负荷重量和练习的重复次数刺激机体发展力量素质。负重抗阻力练习的方式多种多样，负荷的重量及练习的重复次数可随时调整，它是身体素质练习中常用的一种手段。

2. 对抗性练习

这种练习的双方力量相当，依靠对方不同肌肉群的互相对抗，以短暂的静力性等长收缩来发展力量素质。如双人顶、推、拉等。对抗性练习几乎不需要任何器械及设备，也容易引起练习者的兴趣。

3. 克服弹性物体阻力的练习

这是依靠弹性物体变形而产生的阻力发展力量素质，如使用弹簧拉力器、拉橡皮带等。

4. 利用外部环境阻力的练习

如在沙地、深雪地、草地、水中的跑、跳等。做这种练习要求轻快用力，所用的力量往往在动作结束时较大。

5. 克服自身体重的练习

这种练习主要是由人体四肢的远端支撑完成的练习，迫使机体的局部部位来承受体重，促使该局部部位的力量得到发展。例如单杠引体向上（斜身引体）、双杠双臂曲伸、倒立推进、纵跳等。

6. 利用特制的力量练习器的练习

这种特制的练习器，可以使练习者的身体处在各种不同的姿势（坐、卧、站）进行练习。它不但能直接发展所需要的肌肉群力量，还可减轻心理负担，避免伤害事故发生。

（二）力量素质练习的原则

1. 渐进性超负荷法则

增强任何健康素质的基础是使肌肉去担负比它已习惯的更重的工作，使肌肉承担不断增大的负荷。具体就是逐步提高重量与密度，但一定要有渐进性。

2. 多组练习法则

对每个动作要进行多组训练，以使每一肌群都能彻底得到锻炼。

3. 多种手段法则

它即动作多变法则。为了避免肌肉的适应性，经常给肌肉以新的刺激。

4. 孤立锻炼法则

对要发展的肌肉部位，要尽可能地不借助其他部位，单独承受负荷来集中刺激肌肉。

5. 优先训练法则

对于身体最弱的或重点要加强的部位，安排在训练课的最前面，以充足的精力、体力

来保证训练质量。

6. 金字塔法则

即先用你一次能举起的最大重量的 60%做上 15 次，随后增加重量，减少次数，直到你用 80%最大重量做 5～6 次为止。

7. 复合组法则

把两个锻炼同一肌肉部位的动作接连进行，就称为复合组。

8. 静力紧张法则

就是当你在做一个动作姿势时，不管是否使用重量，最后能静止不动并保持最大张紧度 3～6 秒。这对增强神经对肌肉的控制很有好处。

9. 渐降组法则

在一次动作中，当做到做不起来时，减一点重量又继续做下去，然后又减重量又做。

10. 交错穿插法则

在组与组间隙之间，插入锻炼其他部位的动作。是充分利用时间的一种方法。

第四节　柔韧性

一、柔韧性与健康

柔韧性是指人体各关节活动在不同方向上的运动能力，是由跨过关节的韧带、肌腱、肌肉、皮肤和其他组织的弹性能力所决定的。它决定着身体各个关节动作的幅度和灵活性。经常做伸展练习可以保持肌腱和韧带的弹性，关节的活动范围将明显加大，灵活性也将增强，可以减少或避免由于动作幅度加大、动作过猛而产生的肌肉和关节的损伤。

身体柔韧性的好坏不仅影响我们的学习和生活，还将对我们未来的生活质量产生影响。缺乏运动将使关节和软组织发生变性、痉挛，甚至粘连，而限制了关节的运动幅度，表现为柔韧性差，再学习各种动作技能时容易出现错误动作，动作僵硬或做不到位，还容易引起肌肉和关节的损伤。柔韧性低下不但影响人体伸展和灵活性，而且还会限制力量、速度和身体协调能力的发挥。

二、柔韧性评价

身体柔韧性主要通过立位体前屈或坐位体前屈指标的测试来表现，侧重反映上体、腰、髋等部位关节、肌肉和韧带的柔韧程度。

（一）躯干韧性测试——坐位体前屈

测试方法：受试者两腿伸直，两脚平蹬测试纵板，坐在平地上，两脚分开 10～15 厘米，上体前屈，两臂伸直向前，用两手中指尖逐渐向前推动游标，直到不能向前推动为止。测试计的脚蹬纵板上沿平面为 0 点，向内为负值，向前为正值。记录以厘米（cm）为单位，保留一位小数。测试 2 次，取最好成绩。

（二）肩部柔韧性测试

测试方法：站立，举起右手，前臂向体后下方弯曲，并尽量向下伸展，同时用左手在体后去触及右手，尽量使两手指重叠。完成右手在上的测试后，相反的方向进行测试（即左手在上）。

三、柔韧素质的练习的方法、手段

良好的身体柔韧性和伸展性提高了避免伤害的能力。由于良好的柔韧性和伸展性可以使关节大范围地运动，韧带和其他部分就不易紧张和撕裂。良好的柔韧性和伸展性可以容许各个方面的自由运动。相反，过度柔软也必须避免，因为关节松弛的人易产生错位和其他伤害。极度柔软没有太大价值，并可能一定程度上导致关节软弱。

（一）柔韧素质练习的方法

（1）主动或被动的静力拉伸方法。缓慢地将肌肉、肌腱、韧带拉伸到一定酸、胀、痛的感觉位置并略有超过，然后停留一定时间的练习方法。

这种方法可减少或消除超过关节伸展能力的危险性，防止拉伤。由于拉伸缓慢，不会激发牵张反射。一般要求在酸、胀、痛的位置停留 6~8 秒，重复 6~8 次。

（2）主动或被动的动力性拉伸方法。有节奏地、速度较快地、幅度逐渐加大地多次重重一个动作的拉伸方法。

在运用该方法时用力不宜过猛，幅度一定要由小到大，先作几次小幅度的预备拉长，然后加大幅度，从而避免拉伤。每个练习重复 5~10 次（重复次数可根据专项技术需要而增加）。

主动的动力性拉伸方法是靠自己的力量拉伸，被动的动力性位伸方法是靠同伴的帮助或负重、借助外力的拉伸，但外力应与运动者被拉伸的可能伸展能力相适应。

上述方法可单独采用亦可混合运用，练习时间根据需要确定。

（二）发展柔韧素质可采用的手段

（1）在器械上的练习。利用肋木、平衡木、跳马、把杆、吊环、单杠等。

（2）利用轻器械的练习。利用木棍、绳、橡皮筋等。

（3）利用外部的阻力练习。同伴的助力、负重等。

（4）利用自身所给的助力或自身体重的练习。如压腿时双手用力压同时上体前压，在吊环或单杠上作悬垂等。

（5）发展各关节柔韧所采用的动作，如压、踢、摆、搬、劈、绕环、前屈、后仰、吊转等。

1. 怎样正确测量自己的身体成分？
2. 如何对自己的身体健康状况进行评估？
3. 针对自己的身体状况，选择适合自己的锻炼方法。

下篇　实践技能篇

第五章 田 径

让学生初步了解田径运动的基本知识、基本掌握田径运动的基本技术以及练习方法，了解田径运动相关内容、比赛规则。

第一节 田径运动概述

田径运动是由人们进行竞技和锻炼身体的走、跑、跳跃、投掷等身体练习组成的。通常把在田径场跑道上或自然环境中进行竞技和锻炼身体的走和跑等身体练习称为径赛项目，把在田径场中间或临近场地上进行竞技和锻炼身体的跳跃和投掷等身体练习称为田赛项目。田赛和径赛项目合称为田径运动。

一、田径运动的起源和发展

（一）田径运动的起源

“田径运动”一词来源于英国，英语为“track and field”。人类在同大自然作斗争的过程中，逐步掌握了快速奔跑、敏捷跳跃和准确投掷的技能。人们为掌握和提高这些技能而在生活中经常重复这些动作，这就是田径运动最初形成的因素。由于战争，跑、跳、投等生活技能又同军事发生了联系，军事训练中包含着跑、跳、投等身体技能的练习，这是田径运动产生的另一种因素。

随着社会的发展和教育的普遍兴起，娱乐性体育活动广泛地开展起来，有时人们还进行自发的比赛。例如工匠投掷铁锤和士兵推掷炮弹比赛力量，牧羊人跳跃羊圈、栅栏比赛速度和灵巧等。当时虽没有统一的规则和器材，也没有纪录，但这是近代田径项目的萌芽。后来钟表的推广使用，为走、跑比赛计时提供了条件。为了衡量运动水平的高低，人们逐渐确定了走、跑的距离和投掷器械的形状、重量，也制定了一些规则。这样带有竞赛特点的近代田径运动就初具规模了。较正规的田径比赛首先是在欧美国家的学校举行的。19 世纪 20 年代英国伊顿公学举行过田径比赛。1864 年英国牛津、剑桥两所大学举行校际比赛。1894 年在伦敦举行了牛津、耶鲁两所英美大学间的国际比赛。

（二）田径运动的发展

1896 年第一届现代奥林匹克运动会把田径列为主要比赛项目，并按单项设奖。1912 年成立了国际业余田径联合会（IAAF）。1928 年奥运会设立了女子田径项目。于是田径运动发展成为有组织、有目的的国际社会活动。20 世纪 30 年代以前，田径技术水平不高，训练方法不完善，比赛机会也较少，当时创世界纪录的运动员虽然经过一定的训练，但主要靠本人优越的身体条件。

30年代以后，世界田径水平有了较大幅度的提高。许多田径基础较好的国家开始加强系统的训练工作，场地器材也有了改进，竞赛组织和裁判工作效率也有提高，但运动员的良好的身体条件仍然起主要作用。这一时期，田径运动普及得较好、训练比赛较多的国家，如美、德、英、加、日、芬、荷等，在奥运会上都名列前茅。

40年代，因受第二次世界大战的影响，田径成绩的进展不大，而且有下降趋势。如1948年第14届奥运会田径多数项目的成绩不及1936年第11届奥运会。

50年代，田径运动进入新的兴盛时期，技术、训练和器材都有革新。背向滑步、背向旋转的投掷技术与俯卧式跳高技术开始采用。金属撑竿和滑翔标枪等新器材陆续出现。许多国家进行大运动量训练，合理安排运动量和强度，加强了力量训练，创造积累了发展身体素质的有效方法。一些国家在计划比赛、使运动员达到并保持良好竞技状态等方面，也获取了不少经验。这一时期田径运动在全世界的发展逐步平衡，男子多数项目的世界纪录属美国，女子项目的优势属前苏联。

60年代，田径运动的普及和提高工作都有了较快的进展。在一些工业发达国家，由于人们体力活动减少而引起的缺乏症——心血管病、肥胖虚弱症显著增加，而田径练习对于抵抗疾病、增进健康有明显效果，受到很多人的重视，特别是跑步活动逐渐风行。另一方面，田径运动按着竞技体育的特点发展成为专业性强、分工细、紧张激烈、力争达到最好成绩的全年性运动项目。

70年代，由于现代科学技术的发展，田径运动在世界范围出现了跃进势态。这十年间，打破了200多次男女项目的世界纪录，女子破纪录的人次超过男子；国际比赛获胜者的成绩十分接近，“绝对冠军”几乎不见；创造单项世界纪录的国家经常更换；国际竞赛活动更加活跃。竞赛活动的日益频繁引起了训练分期、训练计划的相应改变。70年代的田径训练，在科学制定计划、严密掌握训练过程、研究训练后体力恢复等方面，较过去都有长足的发展。大运动量训练仍然是提高成绩的重要方法，它加强了训练内容和方法手段的针对性。有些国家在编制训练计划时利用电子计算机，控制论运用已初见成效。为了提高训练效果，一些国家还对高水平运动员提出了不断加大竞赛密度、增多比赛数量的要求。同时新潮训练受到重视，田径运动与其他运动项目在训练方面也出现了互相渗透、综合利用的趋势。运动生理学、运动医学、运动形态学、运动生物化学、运动生物力学、运动心理学、控制论等边缘科学的研究成果大大促进并提高了田径训练的科学水平的发展。

（三）我国田径运动的发展及同时期国外的情况

1. 引进和开展阶段

1932年刘长春成为第一个参加奥运会的中国人。1932年美国运动员欧文斯获得了四枚奥运田径金牌。

2. 田径运动迅速普及和提高阶段

1957年郑凤荣以1.77米的成绩，创造了女子跳高世界纪录。

3. 田径运动遭受浩劫，运动水平显著下降阶段

即1966—1976年“文化大革命”时期。

4. 田径运动迅速恢复发展，冲出亚洲、走向世界的阶段

1983年到1984年，我国跳高运动员朱建华分别以2.37米、2.38米、2.39米的成绩，

三破世界纪录。

1984 年，美国人刘易斯获得了四枚奥运田径金牌。1991 年，美国人鲍威尔以 8.95 米的成绩打破了比蒙创造的 8.90 米的跳远世界纪录。1992 年，陈跃玲获得女子 10 公里竞走金牌，中国田径运动员实现了在奥运会历史上田径金牌零的突破。

1993 年，在德国斯图加特举行的第 4 届世界田径锦标赛上，我国运动员取得了四枚金牌。1996 年，第 26 届奥运会上，王军霞获女子竞走 5000 米金牌、10000 米银牌。2000 年悉尼奥运会上，王丽萍获得了女子 20 公里竞走金牌。2004 年雅典奥运会上，刘翔获得男子 110 米栏金牌。

二、田径运动的定义及分类

(一) 田径运动的定义

田径运动是一种以走、跑、跳跃、投掷等运动技能组成的以个人为主的运动项目。田径运动历史悠久，群众基础广泛，在古代、近代奥运会以及其他重大运动会中，都一直在主运动场上举行，是设奖最多的、最主要的竞赛项目，反映着运动员的身体训练、技术水平、心理训练、战术训练的综合效果。

三个主要的定义如下：

(1) 田赛：以高度和远度计算成绩的跳跃和投掷项目。

(2) 径赛：以时间计算成绩的竞走和跑的项目。

(3) 田径运动：由田赛和径赛、公路赛、竞走和越野赛组成的运动项目。

当前国际重大田径赛事主要有奥运会的田径比赛、世界田径锦标赛、世界杯田径赛。

(二) 田径运动的项目和分类

田径运动分为竞走类、跑类、跳跃类、投掷类和全能类，各类中都有固定的的竞赛项目。根据我国运动员的性别、年龄特点，各类竞赛项目分为成年组和少年甲组（16～17 岁）、乙组（15 岁）进行比赛，各组别的各类竞赛项目见附表。

表 5-1 竞走类

类别	成人		少年			
	男子	女子	男子甲组	男子乙组	女子甲组	女子乙组
场地	20000m	5000m 10000m	5000m 10000m	3000m 5000m	5000m 10000m	3000m 5000m
公路	20km 50km	10km				

表 5-2 跑 类

类别	成人		少年			
	男子	女子	男子甲组	男子乙组	女子甲组	女子乙组
短距离跑	100m 200m 400m	100m 200m 400m	100m 200m 400m	60m 100m 200m	100m 200m 400m	60m 100m 200m

续表 5-1

中距离跑	800m 1500m 3000m	800m 1500m 3000m	800m 1500m	400m 800m	800m 1500m	400m 800m
长距离跑	5000m 10000m	5000m 10000m	3000m		3000m	
超长距离	马拉松 (42195m)	马拉松 (42195m)				
跨栏跑 (栏高)	110m 栏 (1.067m) 400m 栏 (0.914m)	100m 栏 (0.84m) 400m 栏 (0.762m)	110m 栏 (1.00m) 200m 栏 (0.762m) 400m 栏 (0.914m)	110m 栏 (0.914m) 300m 栏 (0.84m)	100m 栏 (0.84m) 200m 栏 (0.762m) 400m 栏 (0.762m)	100m 栏 (0.84m) 300m 栏 (0.762m)
障碍跑	3000m					
接力跑	4×100m	4×100m	4×100m	4×100m	4×100m	4×100m
越野跑	距离不等					

三、田径运动的功能

（一）健身功能

田径运动是一项易于在群众中开展且健身价值较高的运动项目。经常系统地参加田径运动锻炼，能提高人体走、跑、跳跃和投掷等基本活动技能的水平，能促进人体正常生长发育和各器官、系统机能的发展，能全面发展速度、力量、耐力、灵敏、柔韧等身体素质。

（二）竞技功能

竞技体育是社会文化不可缺少的组成部分。每年在国内和国际举行的田径运动竞赛都有很多。在大型综合性运动会上，田径项目奖牌数最多、影响最大，故有“得田径者得天下”之说。

（三）基础功能

首先，从历史上看，田径运动的历史最长，田径运动的发展为其他运动项目的发展奠定了基础。其次，很多运动项目都离开不开跑、跳、投等动作的基本训练，都需要速度、力量、耐力、柔韧和灵敏等身体素质，而田径运动能有效和全面地发展人的各种身体素质，因此，很多竞技项目都把田径运动作为身体训练的重要手段，使田径运动成为提高各项目运动水平的基础，有人甚至称之为“运动之王”。

（四）教育功能

首先，田径运动的各个项目都要求运动员在具有一定限制的条件下表现出最大的能力，要始终保持必胜的信心，要有克服一切困难、挑战自我、去实现自己目标的勇气。因此，它能培养人勇敢顽强、拼搏进取的意志品质。其次，田径运动是在严密组织下，按严

格的规则和要求进行的，运动员要通过努力才能取得优异的成绩，而这些成绩与集体荣誉连在一起。因此，它能培养人遵守纪律的品质，增进责任感和集体主义精神。此外，田径主要是个人项目，运动员需要以不同的方式和方法不断完善自己，提高水平，完成对自我的超越，在比赛中，自我应变能力、排除干扰的能力都很重要。因此，它有助于培养运动员的心理素质。

第二节 走、跑概述

一、竞走

(一) 竞走的起源

竞走起源于英国。19 世纪初，英国出现步行比赛的活动。19 世纪末，部分欧洲国家盛行从一个城市到另一个城市的竞走旅行。1866 年英国业余体育俱乐部举行首次冠军赛，距离为 7 英里。竞走分场地竞走和公路竞走两种。场地竞走设世界纪录，公路竞走因路面起伏等不可控因素较多，成绩可比性差，故仅设世界最好成绩。运动员行进时，两脚必须与地面保持不间断接触，不准同时腾空；着地的支撑腿膝关节应有一瞬间的伸直，不得弯曲。比赛时，运动员出现腾空或膝关节弯曲，均给予严重警告，受 3 次严重警告即取消比赛资格。1908 年，竞走项目首次进入奥运会，当时的距离是 3500 米和 10 英里。此后几届奥运会距离有所不同，有过 3000 米、10 公里等，从 1956 年奥运会起定为 20 公里（1956 年列入）、50 公里（1932 年列入）。女子竞走 1992 年才被列入奥运会，距离为 10 公里，2000 年奥运会改为 20 公里。

(二) 竞走技术的基本要求

(1) 步幅自然、宽大，频率快，身体重心轨迹波动小，移动速度快，实效性高。

(2) 动作自然、协调、节奏感强、轻松省力、经济性好。

普通走路的速度，每小时约 5 公里，而竞走的速度则快得多，即使用中等速度走，也要比普通走路快一倍以上。竞走规则要求，支撑腿必须伸直，从单脚支撑过渡到双脚支撑，在摆动腿的脚跟接触地面前，后蹬腿的脚尖不得离开地面，这样就能保证用双脚支撑，不会出现腾空现象，这是走和跑的根本区别。

竞走的速度取决于步频和步长。普通走每分钟约为 100～120 步，而竞走可达 180～200 步，优秀的竞走运动员每分钟超过 200 步。普通走的步长一般是 70～80 厘米，竞走的步长可达 90～110 厘米，身材高大的运动员的一步是 120 厘米左右。

普通走每步一般需要 0.50～0.55 秒，而竞走每步只需要 0.27～0.32 秒，甚至还要少一些。这就加大了肌肉紧张和放松交替工作的困难程度，需要在训练中很好地解决。

(三) 竞走技术要点

(1) 应依据竞走定义完善技术动作结构，充分利用肉眼观察不到的腾空时间来增大步长或加快步频。

(2) 应充分利用着地前直腿勾脚尖、足踵着地的准备动作，采用足踵“滚动式”着地，尽量减小着地时的制动作用，充分利用直腿足踵着地来增加步长。

(3) 竞走技术的空间特征：人眼不可见腾空和人眼可见前脚着地至垂直部位膝关节伸直的动作形象，保证肉眼观察清楚。

(4) 竞走技术动作都应在符合竞走定义的条件下增大步长和加快步频，或在稳定步长的前提条件下加快步频，或在稳定步频的前提条件下加大步长。在步长与步频相对稳定的前提条件下，提高稳定步长步频的持续时间的耐久性。

(四) 竞走比赛规则

竞走是两脚交替走步的田径运动，比赛在田径场或公路上进行。在奥运会和重大田径比赛中，男子有 20 千米、50 千米公路竞走、20 千米田径场地竞走，女子有 5 千米田径场地竞走、10 千米公路竞走。竞走与跑的根本区别在于走步时两脚必须与地面轮换接触，不能有腾空阶段。田径比赛规则规定：每步中，运动员在后脚离地之前，前脚必须着地，脚落地时，该腿必须有一瞬间的伸直。竞走运动员在比赛途中，如违犯了上述规定，第一次犯规裁判员举白旗给竞走比赛予警告，若再次犯规，裁判员举起红旗，取消其比赛资格。运动员在最后一圈犯规，可根据具体情况给予警告或直接取消其比赛资格。

腿部动作是竞走技术的主要环节。前迈的腿在脚落地时要伸直，用脚跟先着地，这样可增大步长并能减小着地的制动。随着另一腿蹬地，身体重心前移，出现了单腿支撑阶段。当身体重心移至伸直的支撑腿上时，后腿屈膝摆至体侧。在人体经过垂直部位后，支撑腿由全部着地过渡到脚尖，在摆动腿前摆的配合下完成下一步的后蹬。摆动腿随着骨盆沿身体纵轴的转动，屈膝前摆，脚离地面始终较低。腿前摆时应柔和地伸直膝关节，小腿依惯性前摆并用足跟着地。此时形成短暂的双脚支撑姿势。人体重心在向前运动过程中不应有明显起伏，当重心投影点与前腿支点一致时，又出现了下一步的垂直姿势，接着又开始新的用力蹬地动作。运动员应做到步幅大、频率高，善于协调肌肉的用力和放松，走步要朴实、自然，省力而无多余动作，两脚落地的足迹应保持在一条直线上。竞走时，运动员躯干自然伸直或稍前倾。两臂屈肘约 90°，在体侧作前后协调有力的摆动，两臂配合下肢动作调节走的速度，走步时身体重心尽量作向前的直线运动。过大的上下起伏和左右摇摆不利于提高走速，也会消耗较多能量。现代竞走技术中的鲜明特点是突出骨盆沿身体纵轴的前后转动。

举行 20 千米以上竞走比赛时，每隔 5 千米设一饮料供给站。饮料以橘汁、加糖浓茶、葡萄糖及少量食盐配成。

二、跑

(一) 概述

跑步的周期是由一个复步（即两个单步）构成的，所以跑步的一个周期包括两个支撑时期和两个腾空时期，是人体完成位移的主要方式之一，也是人体运动的自然动作。

1. 跑的动作周期构成与阶段划分

跑属于周期性运动，运动员在跑的一个周期中经历了两次单腿支撑状态和两次腾空状态。就一腿的动作而言，在一个周期中经历了支撑和摆动两个时期，这两个时期又可分为折叠前摆、下压准备着地、着地缓冲和后蹬四个阶段。当两腿同时处于摆时期时，人体处于腾空状态。

图 5—1　跑的周期划分示意图

2. 影响跑的力

对人体运动产生作用的力包括内力和外力。

内力是指肌肉收缩时产生的，它是人体运动的动力来源。肌肉收缩产生力的效果取决于以下几个因素：单个肌纤维的收缩力，肌肉中肌纤维的数量，肌肉收缩前的初长度，中枢神经系统的机能状态，协同肌、对抗肌、对抗肌配合的协调性，肌肉对骨骼发生作用的力学条件等。内力可以控制跑的技术动作，保持运动进的身体姿势，改变身体与支撑点的相互关系。

外力是指人体与外界物体相互作用时所产生的力。人体运动时受到的外力主要包括支撑反作用力、重力、摩擦力、空气阻力。

(1) 支撑反作用力是影响人体跑速的主要外力之一。支撑反作用力与人体跑动时蹬地的力量大小相等，方向相反，并且作用在同一条直线上。肌肉收缩产生的力是人体运动的动力来源，但它必须通过支撑反作用力体现出来。在整个支撑期的不同阶段，支撑反作用力的大小和方向是不断变化的。这个力的大小取决于运动员的人体质量、跑的速度、肌肉用力情况。当运动员的身体重心位于支撑点的正上方时，支撑反作用力垂直向上。脚着地瞬间，身体重心位于支撑点后方，支撑反作用力是向后上方的，这样就产生了制动，使跑速降低。当力指向前上方时，人体向前跑动并产生腾空。向前上方或是后上方的支撑反作用力，均可分解为垂直分力和水平分力，它们所占比例的大小，决定着跑动的方向和速度。垂直分力大小决定了身体重心起伏程度，水平分力大小决定了身体重心水平移动速度。

(2) 重力是地球对物体的吸引力，方向指向地心。人体运动时，重力起不同作用。身体向下运动时，它是助力；身体向上运动时，它是阻力。身体重心在脚的支撑点前面时，重力起助力作用；在脚的支撑点后面时，重力起阻力作用。

(3) 摩擦力。两个物体的接触面之间存在着阻碍它们运动的摩擦力，与运动方向相反。人体跑动时需要这种力的存在，它保证人有牢固的支撑点。田径运动员跑鞋下面的鞋钉就是为了加大与跑道的摩擦力。

(4) 空气阻力。人体跑动时，空气通常起阻力作用。跑速越快，阻力越大；人体截面积越大，空气阻力越大。

3. 影响跑速的因素

影响跑速的因素主要是步长与步频。跑的过程中，步长与步频的变化决定跑速的增减。步长与步频受多种因素影响。决定步长的因素有腿长、蹬地力量和方向、下肢运动幅度、动作协调性、关节的灵活性、跑道的弹性和风向等。决定步频的因素有人体神经过程的灵活性、下肢运动环节比例、髂部和腿部肌肉力量、收缩速度、运动器官协调等。

步长与步频相互依存、相互制约。如果同时提高步长和步频，跑速必然提高。但是，在实践中，二者中的任何一个因素都不能超过一定的限度。步频太快影响步长，步长太大又影响步频。因此，每个人应根据个人特点选择合理的比例，这是确保获得最快速度的关键。

（二）短跑

短跑是速度性运动项目，田径比赛项目中的短跑有100米、200米、400米。

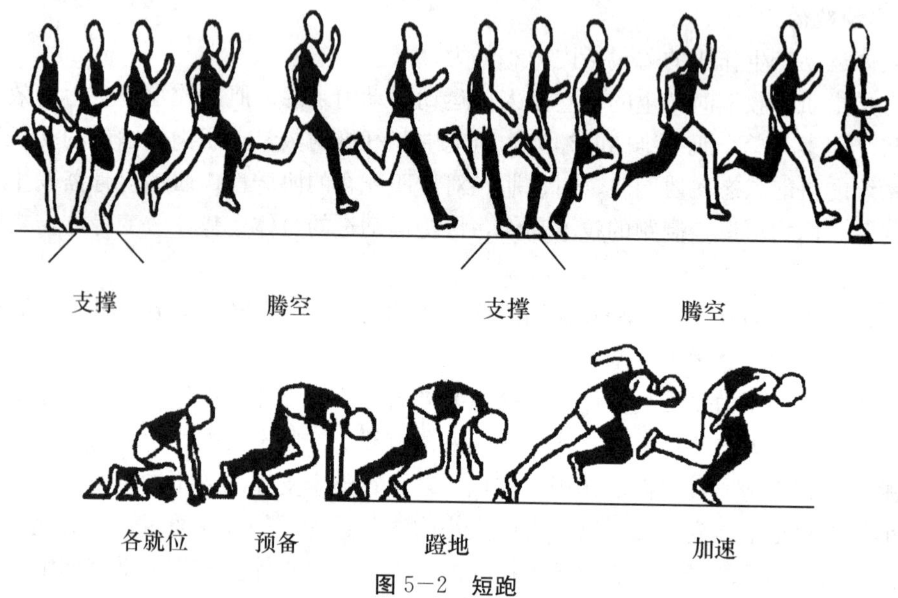

图5-2　短跑

1. 短距离跑的专项身体素质

短距离跑运动除了掌握短距离跑的技术以外，还必须采用多种手段和方法，发展短距离跑的专项身体素质，这样才能提高短距离跑的成绩。短距离跑的专项身体素质包括速度、速度耐力和力量等。

（1）发展速度素质的练习。

速度素质的表现形式有反应速度、动作速度和移动速度三种。

①发展反应速度的方法：做启动、急停、变速或变向跑，身体蹲、坐或各种姿势，听口令起跑，背对跑步方向听口令转身起跑，站立式或蹲踞式起跑等。

②发展动作速度的方法：原地快速踏步跑，快速斜支撑跑，原地高抬腿跑，行进间小步跑、高抬腿跑，原地快速摆臂等。

③发展移动速度的方法：站立式起跑或蹲踞式起跑、加速跑、行进间跑、追逐跑、接力跑、下坡跑等。

（2）发展速度耐力素质的练习。

在进行短跑练习时，经常能看到学生后程跑的速度明显下降，跑的动作变形，因此，

应注意发展学生的速度耐力。发展耐力的方法如下：斜支撑跑 15～20 秒，原地快速高抬腿 15～20 秒，行进间快速跑和快速高抬腿，反复快速跑，反复中上等速度跑，接力跑比赛，等等。

(3) 发展力量的练习。

在短跑中，无论是后蹬还是前摆都需要肌肉的力量，这种力量必须是短跑专项力量，必须在发展一般力量的基础上，注意提高速度及爆发力。发展力量的方法有：

①克服自身体重的力量练习：原地或行进间单足跳，立定跳远、立定三级跳远、多级跳等，跨步跳、蛙跳、纵跳摸高等，连续跳障碍物，快速上坡跑，快速仰卧起坐、仰卧举腿等。

②负重的力量练习：手持哑铃摆臂或跳举哑铃、负重的力量练习、手持哑铃摆臂或跳举哑铃、持实心球前后抛、负重上台阶等。

进行力量练习时，练习的负荷量要从学生的实际出发合理安排。

2. 短跑技术要点（途中跑技术）

(1) 头与躯干动作：两眼平视、颈肩放松，上体稍前倾或正直。手腕放松两臂弯曲，大小臂约 90°，以肩关节为轴前后平行有力摆动。摆臂动作要与腿部动作相适应，向前摆的动作要快，幅度要大，不同程度地带动肩部沿脊柱前后扭转。

(2) 摆腿动作：随着跑动惯性，摆动腿以髋关节发力带动同侧腿放松折叠，快速向前摆动。这是当代短跑技术的主要特点。大腿抬的高度应与上体倾斜线接近垂直。摆动腿大腿积极下压，足前掌积极扒地，脚掌迅速有力地落在身体重心投影点前适当位置。着地瞬间，小腿与地面垂直，膝关节稍弯曲，足踵距地面有一定高度，脚着地后，膝、踝关节继续弯曲，足踵下沉，有利于身体重心迅速前移和进入后蹬动作。

(3) 后蹬动作：后蹬是获得前移的主要动力。蹬地动作由伸展髋、膝、踝三个关节组成，蹬地动作包括蹬伸速度、蹬伸程度和蹬伸方向。在短跑中蹬伸速度最为重要，这是当代短跑技术的主要特点。要充分发挥踝关节最后蹬地力量。

(4) 跑时动作要轻快，蹬摆配合协调，强调向前摆臂、摆腿的速度，要求放松、大步幅、高频率、动作向前效果好（长步约 7 至 8 脚，步频每秒 4.5 步以上）。

（三）中长跑

中长跑是耐力要求较高的项目，人们把 800 米～10000 米跑统称为中长跑项目。它要求人体能在较长时间内，保持较高速度跑。因此，除提高人体机能外，掌握合理的、正确的技术也是一项重要的任务。

1. 起跑和起跑后的加速跑

起跑和起跑后的加速跑的任务是：快速摆脱静止状态，发挥较快速度，占据有利或适合自己需要的战术位置。

(1) 起跑。

中长跑的起跑姿势有站立式和半蹲踞式起跑两种。起跑按“各就位”、鸣枪两个指令进行。

①站立式起跑

“各就位”时，运动员从集合线走到起跑线处，两脚前后开立，将有力的腿放在前面，前脚尖紧靠起跑线后沿，后脚距前脚一脚左右，两脚左右距离自然开立，上体前倾，两膝弯曲，两臂一前一后，身体重心主要落在前脚上，保持稳定姿势，集中注意力听枪声。

鸣枪后，后面的腿用力蹬地后快速前摆。前面的腿用力蹬伸。两臂配合腿部动作，快速用力前后摆动，身体向前冲出。

②半蹲踞式起跑

动作基本上同站立式，但前腿的异侧臂的拇指和其他四指应成“人”字形撑在起跑线后，另一臂在体侧。两膝弯曲角略小于站立式，体重主要落在前腿和支撑臂上。

(2) 起跑后的加速跑。

起跑后，上体保持一定的前倾，脚的着地、腿的蹬地和前摆以及两臂的摆动都应快速积极，逐渐加大步长和加快速度。随着加速段的延长，上体逐渐抬起转入途中跑。加速段距离的长短和速度，应根据个人特点、战术要求和临场情况而定。

2. 途中跑

途中跑是中长跑技术中的主要部分，其任务是提高跑步的用力效果，节省体力，以利于发挥身体机能和运用战术，创造优异成绩。由于途中跑的距离较长，所以掌握正确的途中跑技术是很重要的。

(1) 上体姿势：正确的上体姿势可为内脏器官的工作创造有利条件，减少不必要的体力消耗。途中跑时上体应自然伸直，适度前倾（约 5°），头部与脊柱成一直线，下颌微收，两眼平视，颈部肌肉较放松。

(2) 摆臂动作：正确的摆臂不仅能维持身体平衡，而且还能直接影响腿部动作的用力程度、速度和幅度。摆臂动作应是两臂弯曲约成 90°，两手放松或半握拳，肩带放松，以肩为轴，自然地作前后摆动。前摆时稍向内，后摆时稍向外。摆动幅度随速度变化而变化，速度快时臂的摆幅要大些。当臂摆至与身体垂直时，肘关节弯曲度大于 90°。

(3) 两腿动作：人体不断向前移动，是两腿交替摆动蹬地与地面产生的支撑反作用力和摩擦力不断推动人体重心前移的结果。蹬地力量、速度、方向、腿的支撑时间与腾空时间的比例等，决定着每一步加速程度的大小。所以，后蹬和前摆是途中跑的主要技术环节。

(4) 后蹬与前摆：当身体重心移过支撑点后，支撑腿就开始了后蹬阶段。摆动腿通过身体垂直部位后，由大腿带动小腿继续向前摆动，在它的摆动配合下，髋部向前送出。随之蹬地腿迅速有力地伸髋、伸直膝和踝关节，以获得较大的支撑反作用力。在摆动腿前摆的过程中，膝部放松，小腿也自然放松。当蹬地结束时，摆动腿的小腿几乎与支撑腿平行。

(5) 腾空：后蹬腿蹬离地面后，身体进入腾空阶段。此时的要求是放松蹬地腿的肌肉，快速地将大腿向前上方摆出，膝部放松，小腿随惯性与大腿自然折叠。当摆动腿摆到同身体重心与地面连线垂直时，骨盆向摆动腿一侧下降，摆动腿的膝关节低于支撑腿的膝关节。

(6) 着地：当摆动腿前摆到最高位置后大腿积极下压，膝部放松，用前脚掌做“扒地”动作。当脚与地面接触后，膝、踝关节稍屈，以缓冲着地时的制动力，并为过渡到后蹬创造有利条件。脚的着地点约在身体重心投影点前一脚左右。在跑的过程中要用前脚掌

着地，使身体重心处于较高位置，减少上下起伏的程度，有利于缩短支撑时间，提高速度。

(7) 弯道跑技术：弯道跑时，为了克服离心力的影响，身体向左侧倾斜。摆臂时，左臂后摆幅度稍小，右臂后摆幅度稍大。摆动腿前摆时，左膝稍向外摆，右膝稍向内扣。脚掌着地时，左脚前脚掌外侧着地，右脚前脚掌内侧着地。

3. 终点跑

终点跑是临近终点前一段距离的加速跑。其主要任务是运用自己的全部力量，克服高度疲劳，力争在最后阶段跑出好成绩，取得更好名次。在最后阶段，身体已处于疲劳状态，但此时又是争取胜利的关键时刻。所以，应用全力进行终点冲刺跑。跑的技术特点是加快摆臂速度和加大摆幅。在加快步频的同时，力争加大步幅。终点冲刺的距离应根据自己的体力情况、战术要求和临场情况而定。一般中距离跑冲刺距离为 200～400 米，长跑在 400 米以上，最短也应在接近最后一个直道时冲刺 120～150 米。为了争取更好的名次，在通过终点时，应在接近终点一步前将身体躯干前倾，做出撞线动作。

4. 中长跑的呼吸和“极点”现象

中长跑的距离长，消耗能量大，对氧气的需要量也大，因而掌握正确的呼吸方法是很重要的。中长跑途中，为了加大肺通气量，以满足机体的需要，呼吸时采用口鼻同时进行呼吸的方法。呼吸的节奏应和跑的节奏相配合。一般采用两步一呼，两步一吸（有时也采用三步一呼、三步一吸）。呼吸时要注意加大呼吸的深度。中长跑时，由于氧气的供应落后于机体的需要，所以，跑到一定距离时，会出现胸部发闷、呼吸节奏被破坏、呼吸困难、四肢无力、难以跑下去的感觉，这种现象被称为“极点”，是中长跑中的正常现象。当出现极点时要以顽强的意志坚持跑下去，同时加强呼吸（特别是呼气），必要时还可适当调整步速，这样，经过一段距离后，极点现象就会消失，可继续正常地跑下去。

5. 中长跑的技术练习

(1) 一般耐力训练。

最大强度 75%～85%，心率 150 次/分左右。在使用匀速跑发展一般耐力的有氧训练过程中，往往穿插一些无氧的练习，这样效果会更好。但时间不宜过长，当心率达到 180 次/分左右时，即应降低强度回到有氧运动。

发展一般耐力时，应逐渐作超负荷量的训练。一旦达到适当的距离时，就要增加速度。这样就能在较高的难度下促进耐力水平的发展。

(2) 专项耐力训练。

一般采用“速度游戏”（变速跑）、间歇跑、重复跑、较长时间的快跑和一定距离的快跑、定期的检查跑。

(3) 速度训练

径赛运动的核心是速度，而中长跑是一项强调速度和耐力的竞技项目。因此，应重视速度训练。可采用加速跑、快速跑、下坡跑、上坡跑等手段来提高学生的速度素质。

(4) 力量耐力训练。

力量耐力训练是中长跑必不可少的训练手段，主要采用较长时间的跳跃练习，如连续立定跳远、单足跳、跳台阶、团身跳等。还可以通过立卧撑、俯卧撑、哑铃等辅助性练习来全面提高学生的力量素质。

（5）技术训练。

中长跑的技术训练主要是掌握跑的正确姿势和速度节奏。适当进行跑的专门性练习，如小步跑、高抬腿跑、后蹬跑、跨步跳以及摆臂等。在教学中要引导学生正确掌握基本技术，尤其是后蹬、摆腿技术，同时还要重视培养动作的协调性。

在专项跑的训练过程中，要指导学生控制好速度节奏，合理分配体力，跑出最好成绩。

6. 中长跑技术要点

（1）下肢动作：后蹬——当重心移过支撑点垂直面后，积极向前送髋，快速伸蹬髋、膝、踝关节。摆腿——后蹬结束后进入摆动阶段，摆动腿以大腿用力向前上方摆出，膝部放松，大小腿自然折叠着地，摆动腿摆到一定高度，大腿积极下压，小腿自然摆动，用前脚掌（有时也用全脚）着地，着地点约在重心垂线前一脚左右。着地后，膝、踝关节稍弯曲，快速转入后蹬阶段。

（2）臂的动作：大小臂弯曲，约成直角，两手半握拳，肩带放松，以肩为轴前后摆动，前摆稍向内但不超过胸部中线，手不高于下颌。后摆稍向外，臂摆至最低点时，大小臂夹臂摆至最低点时，大小臂夹角稍大于直角。

（3）上体姿势：上体自然正直或稍前倾。头部与躯干成一直线。颈部自然放松，两眼平视。

（4）弯道跑：整个身体自然向里倾斜，左膝及左脚稍向外转，右膝及右脚稍向里转，摆臂时左臂摆幅较小而偏后，右臂摆幅较小而偏前。

（5）呼吸：配合腿部动作，用口鼻同时呼吸，并保持呼吸节奏。

（6）整个动作节奏：整个动作协调配合，跑程中在保持适当步长的前提下用较快的频率跑。

第三节　跳跃概述

田径运动跳跃项目属于非周期性运动项目。按其用力特点，则属于速度—力量性项目，运动员的速度素质和爆发性用力的能力，对运动成绩起着决定性的作用。

跳跃项目分为两类：一类为克服垂直障碍的高度项目，如跳高和撑竿跳高；另一类为克服水平障碍的远度项目，如跳远和三级跳远。所有的跳跃项目，既有共同的运动规律，又有各自的运动学和动力学特征。

一、跳跃高度和远度的构成

跳跃是一种克服障碍的运动形式，目的是腾越尽可能高的高度和尽可能远的远度。跳跃项目不同，它们的高度和远度的构成也不同，因此了解影响高度和远度值的各种因素，对取得优异成绩是十分重要的。

（一）跳跃高度的构成

跳跃的高度项目是以越过横杆的垂直高度计量运动成绩的，这一高度可以看做由三个分高度构成，即 H=H1+H2−H3。

在跳高项目中，H1 为起跳结束瞬间身体重心离地面的高度，它的值的大小取决于运动员的身体条件和起跳结束瞬间的身体位置，以及完成起跳动作的充分程度。H3 为身体重心最高点与横杆的距离，它的值与运动员过杆的身体姿势和补偿动作的合理性有关。H2 为身体重心实际腾起的高度，它的值的大小，对于跳高总高度的构成具有更重要的意义。由于它随着技术的改进和身体素质的提高而提高，即可以通过训练使其有较大幅度的增加，所以加大 H2 值是提高跳高运动成绩的主要方向。运动员要取得优异成绩，应尽可能地增大 H1 和 H2 的值，同时缩短 H3 的距离。

在撑竿跳高项目中，运动员是借助于撑竿来完成跳跃的，人体的摆动和撑竿的转动组成一个复合的钟摆运动，使撑竿竖起至垂直部位，同时运动员以上手握竿点为支撑呈倒立姿势。在握竿手即将推离瞬间，身体重心与地面的垂直距离构成 H1 的高度，在撑竿跳高总高度的构成中，H1 值所占的比例最大，它的值的大小取决于运动员握竿点的高度和成倒立支撑后推离撑竿瞬间身体的正确位置。H2 为推手后身体重心腾起的高度，它的值的大小取决于撑竿竖直的程度及其反弹利用的效果。H3 为身体重心腾起最高点到横杆的距离，它的值的大小，取决于过杆动作的合理程度。

（二）跳跃远度的构成

跳跃的远度项目是以人体腾越的最大水平距离计量运动成绩的。由于人体的重心与落地点不在一个水平面上，因此在准确踏板的前提下，运动成绩可以视为由身体重心腾越的各段距离之和所构成，即 S=S1+S2+S3。

在跳远项目中，S1 和 S3 的距离，取决于踏板的准确性和起跳与落坑技术的合理性。与之相比，增大身体重心腾空的远度 S2 的距离具有更大的意义，它与高度项目一样，同样也可以随着技术的改进和训练水平的提高而提高。因此，不断增大 S2 的距离是提高跳远运动成绩的主要方向。

在三级跳远项目中，三跳远度的总和构成三级跳远的总成绩，其中身体重心在三跳中腾越的距离是组成运动成绩的主要部分。因此，与跳远项目相似，增大跳的腾越距离是三级跳远取得优异成绩的关键。

二、跳跃运动技术要点

（一）跳高运动技术要点（背越式跳高）

1. 助跑技术要点

（1）助跑动作要轻松自如，富有节奏性，速度逐渐加快。直、弧线过渡要自然、连贯、平稳，身体重心较高，节奏明显。

（2）弧线助跑身体要向内倾斜，内侧肩要低于外侧肩。

（3）最后几步助跑节奏积极，步频加快，要为合理的起跳动作做好充分准备。

2. 起跳技术要点

(1) 强调摆动腿最后一步的积极蹬伸和快速有力地摆动，以及摆动臂摆动的协调配合，做到提肩拔腰，以提高起跳的效果。

(2) 起跳脚放脚落地要快速，要沿弧线助跑的切线方向低、平、快放脚，脚后跟外侧先着地，迅速滚动到全脚掌。在起跳脚踏上起跳点时，身体应达到最大的内倾状态。

(3) 起跳腿膝关节支撑缓冲要小，要做到快速起跳与快速助跑衔接自然。

(4) 起跳脚着地瞬间，身体应保持内倾状态，紧接着迅速蹬伸髋、膝、踝三关节，使身体沿着前上方的方向腾起。

3. 过杆与落地技术要点

(1) 充分用力向上跳起，过杆时仰头、倒肩、挺胸、挺髋，收腿应连贯、自然，顺利完成。

(2) 过杆时仰头倒肩的时机要适宜，过早或过晚都会碰落横杆。腰腹肌要主动控制空中姿势，使身体各部分成为一个整体，有利于过杆。

(3) 仰头过杆后顺势收下颌，以肩背先着地，避免头部先落在海绵垫上，造成颈部受伤。

(二) 跳远运动技术要点

1. 助跑技术要点

(1) 无论采用何种助跑方式，都必须做到加快助跑速度，准确踏上起跳板。身体重心移动轨迹平稳，保持跑的直线性。

(2) 助跑启动姿势、跑的技术、跑的距离、跑的步幅和步长、加速的方法及跑的节奏要稳定，特别是最后几步助跑节奏要积极。

(3) 助跑速度要逐渐加快，特别是助跑最后几步准备起跳时，应达到较高的助跑速度。

2. 起跳技术要点

(1) 最后一步摆动腿蹬地送髋要积极。为了加快起跳脚上板的速度，起跳腿迈向起跳板时，大腿前摆不宜过高，使迈步放脚迅速、积极。

(2) 起跳时，蹬摆协调配合，摆动动作要积极快速地向前上方摆出，并以髋带动大腿迅速、大幅度地前摆。身体保持正直或稍前倾的姿势，身体重心保持较高的位置，积极加速身体前移。

(3) 起跳时抬头挺胸，上体正直，髋、膝、踝三个关节要充分蹬直、伸展，上下肢协调配合。

3. 腾空技术要点

(1) 无论采用何种腾空姿势，都必须保持身体重心在空中的平衡，保持抬头、挺胸姿势。落地前要做到高抬大腿，前伸小腿，充分做好落地前的准备工作。

(2) 挺身式跳远动作在腾起后，摆动腿积极下放，伴随有伸膝动作，使髋部前移，挺胸展髋。不能挺腹，两臂要协调配合。

(3) 走步式交换动作是以髋为轴带动两大腿在空中形成走步式姿势。摆动腿要积极下放，并向后摆动。起跳腿要及时屈膝向前摆动。两臂要协调配合腿的动作大幅度绕环摆动。

（三）三级跳远运动技术要点

1. 助跑技术要点

（1）固定起跑姿势和稳定的加速方式，全程助跑动作要轻松、自然，节奏明显，特别是要注意最后几步助跑节奏的稳定性。

（2）助跑的距离可根据运动员的加速能力来确定，助跑时身体重心平稳，要跑得有弹性。

（3）助跑最后几步，身体重心要高，上体正直或稍前倾，积极加快上板速度，摆动腿和两臂配合起跳腿积极摆动。

（4）助跑最后一步，起跳腿不像前几步那样高抬，摆动腿和两臂的摆动方向更加向前。

2. 第一跳（单足跳）技术要点

（1）起跳腿积极、自然踏上起跳板，起跳脚落地扒地积极，尽量保持水平速度，身体保持正直或前倾状态。

（2）起跳脚着地后，迅速屈膝缓冲，接着进行爆发性的蹬伸。同时摆动腿大腿和两臂迅速向前上方作大幅度的摆动。

（3）起跳结束后，大小腿尽快折叠，以膝领先向前上方摆出，摆动腿自然协调向后摆动。接着摆动腿大腿带动小腿向下、向后摆动，同时起跳腿屈膝向前摆动，小腿自然下垂，完成换步动作。要在身体重心下方交换，两腿交换要协调、有力，时机要适宜。

（4）无论采用哪种摆臂姿势，都应协调配合，摆臂的力量与躯干和腿的用力要一致。

3. 第二跳（跨步跳）技术要点

（1）起跳腿积极下压，做有力的扒地动作，同时摆动腿和两臂有力地向前上方摆动，摆动幅度要大，蹬摆要协调配合。

（2）起跳后保持较长时间的腾空步姿势，摆动腿大腿继续向上高抬，起跳腿自然弯曲，加大两大腿的夹角。

（3）维持身体在空中的平衡。

4. 第三跳（跳跃）技术要点

（1）起跳腿落地扒地要积极，要充分利用剩余水平速度，尽量提高垂直速度，向前上方跳起，以弥补水平速度的不足。

（2）抬头挺胸，上体保持正直，加大摆动幅度，上下肢协调配合。尽量增大适宜的腾起角，提高垂直速度。

（3）起跳结束瞬间，起跳腿髋、膝、踝三关节充分伸直，并与上体成一直线，起跳角和腾起角都稍大于前两跳。

三、各跳跃运动技术教学主要技术教学手段

（一）背越式跳高技术教学手段

跳高是一项克服垂直障碍的跳跃项目，其动作环节是紧密相连、不可分割的完整体。

教学中要把教学重点放在各技术环节的结合上，特别是助跑与起跳的结合。因此，在跳高技术教学中一定要抓住这个技术环节，同时要重视助跑技术、起跳技术、过杆技术。这样选择合理的教学手段时，目的性才强，方法手段才有针对性，才能取得好的教学效果，使学生快速地掌握正确完整的技术。

（1）助跑技术：助跑是为了获得必要的水平速度，在起跳前应及时调整动作结构和节奏，取得合理的身体位置，为顺利地进入起跳和过杆做好准备。一般采用各种变换方向的跑练习（圆圈跑、蛇形跑、8 字形跑、马蹄形跑、螺旋形跑）、直道进入弯道跑练习、跳高场地助跑练习。

（2）起跳技术：起跳是跳高的关键技术，其任务是迅速改变人体运动方向，创造尽可能大的垂直速度和合理的腾空角度，为过杆动作的顺利完成创造条件。一般采用摆动腿练习，模仿起跳练习，原地起跳练习，上一步起跳练习，行进间 3 步、5 步起跳练习，4 步弧线助跑起跳练习，短助跑起跳摸高练习，跳高场地助跑起跳头顶高物练习，全程助跑起跳练习等。

（3）过杆落地技术：过杆是最终决定跳高成败的重要环节，因此，如何引导学生掌握合理的过杆技术是教学中不可忽视的问题。一般采用挺髋模仿练习（原地下腰、两人对背），原地双脚、单足起跳背翻练习（可增加起跳点的高度），上一步起跳背翻练习，4 步助跑跳高垫练习（要求两腿不上收），短助跑起跳过杆练习，正面助跑过杆练习，完整技术练习。

（二）跳远技术教学手段

跳远需要良好的速度和弹跳力作为基础。它不仅需要运动员具备快速助跑能力，同时还需要具备在高速运动状态下准确踏板和快速起跳的能力。跳远教学手段的选择与运用一定要强调各技术环节间的衔接和整个技术的完整性，使分解技术服务于完整技术的需要，也使完整技术教学注意各技术环节的准确性和实效性。

（1）助跑技术：助跑主要是获得水平速度，为准确踏板和起跳做好准备。跳远的助跑速度对运动成绩起很重要的作用。跳远助跑教学一般采用不同距离的加速跑练习、不同距离的行进间跑练习、计时跑练习、固定助跑步数的高频率行进间跑练习、跑道 8～12 步助跑练习、设立标志物的助跑练习、体会助跑节奏的练习、全程助跑练习。

（2）起跳技术：起跳主要是改变身体重心向前运动方向，使它按着适宜的角度腾起。一般采用原地模仿起跳技术练习、行进间起跳练习、小步跑起跳练习、4～6 步助跑“腾空步”练习、利用坡板做短助跑起跳练习、短程助跑“腾空步”练习、不同节奏的助跑接起跳练习。

（3）空中与落地技术：腾空动作主要是利用身体的补偿动作，维持身体平衡。教学中一般采用原地模仿练习、利用双杠做空中动作模仿练习、增加起跳高度做空中技术模仿练习、短程助跑接空中技术练习、中程助跑起跳空中技术练习、模仿着地技术练习、全程助跑跳远练习。

（三）三级跳远技术教学手段

三级跳远主要取决于助跑获得的水平速度和三跳过程中水平速度的保持率及各次起跳产生的垂直速度。三级跳远的技术比较复杂，练习强度大，宜采用完整和分解技术相结合

的方法。教学的前段要简化练习手段，降低练习强度。

(1) 助跑起跳技术：助跑起跳是决定三级跳远成绩的最主要因素。在教学中既要注意技术的规范性和示范性，还要加强技术的竞技性和实效性。在教学中可以采用各种距离的加速跑练习、计时跑练习、行进间跑练习、原地模仿扒地动作练习、行进间起跳练习、短程助跑起跳练习、全程助跑起跳练习。

(2) 第一、二跳结合技术：三级跳远的第一跳是在水平速度很高的情况下进行的，它既要争取一定的远度，又要力求减小水平速度的损失量，因此，教学中选择有效的教学手段是很有必要的。一般采用原地或行进间的单足跳练习，原地或行进间的单足跳—跨步跳练习，4～6 步助跑的单足跳练习，短程助跑起跳第一、二跳练习。

(3) 第二、三跳结合技术：第二跳是在空中飞进一定远度和高度的条件下进行的，应以保持水平速度为主。一般采用各种距离的跨步跳练习、4～6 步助跑起跳跨进沙坑练习、4～6 步助跑单足跳—跨步跳练习、短程助跑起跳单足跳—跨步跳练习、短程助跑三级跳远练习、中程助跑三级跳远练习、完整技术练习。

四、各跳跃运动技术教学中应注意的问题

(一) 跳高运动技术教学应注意的问题

(1) 在跳高教学中，首先要让学生明确跳高技术教学重点与难点，并注重对技术重点与难点的教学。在教学过程中，分解教学不宜过多，应注重完整技术教学。要重视每个环节和部分的有机联系。要结合专项身体素质、一般身体素质和专项辅助性练习。

(2) 在助跑教学中，要注意助跑技术和助跑节奏的教学，特别要注意助跑最后两步的节奏。尽量少做慢速助跑起跳练习，应以较快的助跑速度完成技术练习，这样有利于尽快形成快速助跑与快速起跳时技术的定型。

(3) 在助跑起跳结合教学中，应注意较快的助跑速度与快速有力的起跳技术的有机结合。结合必要的素质练习，来提高助跑和快速蹬伸的能力，从而提高起跳效果。

(4) 要抓住助跑倒数第二步摆动支撑阶段积极快速的过渡动作，并与摆动腿快速摆动和起跳腿快速蹬伸的起跳动作协调配合起来，注意摆动肢体的协调配合，充分利用摆动肢体作用，提高起跳的效果。

(5) 过杆时应注意身体各部位与横杆相对位置的变化，要始终顺着身体重心运动的方向快速、连贯、顺势、依次地完成过杆动作，并使整个动作具有实效性和明显的节奏感。

(二) 跳远运动技术教学中应注意的问题

(1) 在跳远教学中，应注意主要环节的教学，让学生了解跳远技术教学的重点与难点，并加大教学力度。注意各技术环节的衔接配合，把技术教学与发展身体素质练习有机地结合起来。

(2) 应注意抓好基本技术教学，分解教学与完整教学有机结合起来。切不可急于求成，只顾远度，忽视技术动作的掌握。

(3) 跳远运动强度较大，教学中应充分做好准备活动，布置好练习场地，防止伤害事

故发生。

（4）教学中，应注意助跑速度的发挥和助跑节奏的稳定，提高助跑步点的准确性。

（5）在教学中，要把快速助跑和起跳相结合的技术作为教学重点，注意助跑速度适应于快速起跳技术，应多做一些助跑与起跳衔接技术的练习。

（6）在起跳教学中，要注意掌握正确的起跳技术，强调起跳速度、摆动速度和腾空速度。

（三）三级跳远运动技术教学应注意的问题

（1）三级跳远的技术比较复杂，教学时应注意抓住基本技术环节的教学，对基本技术要求正确、准确，课堂上应反复进行练习。

（2）在教学中，要注意专项素质与技术动作的有机结合，交替安排不同的练习方法，注意练习的多样性。

（3）注意抓好每跳的基本技术教学，由于三级跳远技术比较复杂，练习强度大，所以，教学中应多采用分解教学法。另外，教学中应充分做好准备活动，布置好练习场地，防止伤害事故发生。

（4）发挥助跑速度，注意控制第一跳的高度、交换腿的时机以及上下肢的协调配合。

（5）要注意第二跳和第三跳的身体平衡，尽量加快后两跳的动作速度。要注意每一跳之间的技术衔接及水平速度的损失，掌握好三跳的比例和节奏。

第四节　投掷概述

一、投掷的概念和技术阶段划分

田径运动中的投掷是人体运用自身的能力，通过一定的运动形式，将手持的规定器械进行抛射并尽可能获得远度的运动项目。

虽然田径运动各投掷项目的器械、场地、运动形式等有所不同，但它们都可以分为以下 4 个紧密相连的技术阶段。

（1）准备阶段：包括握持器械和预备姿势。

（2）预加速阶段：由于器械、场地等条件不同，预加速阶段有助跑、滑步、旋转 3 种形式。

（3）最后用力阶段：由人体携持器械运动向器械抛射运动转变的阶段。

（4）结束阶段：器械出手后维持身体平衡的阶段。

以上 4 个阶段，除链球外，对成绩影响最大的是最后用力阶段，预加速阶段次之。

二、决定投掷成绩的因素

田径运动投掷项目的运动成绩（S）由 3 个部分组成。

一是器械出手点的投影点到掷弧（投掷圈或抵趾板）内沿之间的水平距离（S1)。它取决于身高、臂长和器械出手时的身体位置与身体姿势。

二是器械出手点高度到出手点高度水平线与器械飞行抛物线的交点之间的水平距离（S2)。它取决于器械出手的初速度、出手角度以及空气作用力。

三是出手点高度水平线与器械飞行抛物线的交点的投影点到器械落地点之间的水平距离（S3)。它取决于器械出手的高度、出手角度、器械飞行的速度以及空气的作用力。

因此，投掷项目的成绩可以用公式 S=S1+S2+S3 来表示。

从 S1 来看，虽然手臂向前平伸和身体重心尽量前移 S1 的值能增加，但手臂向前平伸必然影响出手角度，身体重心尽量前移容易造成犯规。因此，必须在保证适宜出手角度的前提下尽量伸直投掷臂和在保证不犯规的情况下身体重心尽量向前，以此来提高 S1 的值。从 S2 来看，根据物体抛射运动远度公式得知，器械飞行的远度主要取决于器械出手的初速度和出手角度。除此以外，在投掷铁饼和标枪时，空气作用力对投掷远度也有较大影响。

从运用抛射物体运动远度公式对一些假定的出手初速度和出手角度数据进行计算的结果来看，在决定投掷远度的因素中，起主要作用的是器械出手的初速度。出手角度对投掷远度虽有影响，但这种影响有一定限度。在其他情况不变的条件下，出手角度调整到一定程度后就没有潜力可挖了。因此，投掷技术的重点是提高器械出手的初速度，即在保证适宜的投掷角度的前提下，最大限度地提高器械出手的初速度。

器械出手的初速度和预加速阶段器械获得的速度有关，这就是为什么助跑（或滑步、旋转）投掷比原地投掷远的原因。优秀运动员滑步或旋转推铅球可比原地远 1.5～2.5m，掷铁饼可远 8～12m，掷标枪可远 20～30m。因此，在投掷运动中，要重视和掌握好预加速（助跑、滑步、旋转）阶段的技术，并使预加速阶段器械获得的速度在最后用力阶段能发挥作用。

由于受地斜角的影响（掷标枪、掷铁饼还受空气作用力的影响），加上最佳用力角度也受到人体运动学特征的影响，因此，投掷项目的出手角度都小于 45°。在实践中，各投掷项目的适宜出手角度如下：推铅球 38°～42°，掷标枪和掷铁饼 30°～35°，掷链球 42°～44°。

在决定投掷远度 S2 的因素中，由于推铅球和掷链球项目的器械是圆形的，无论如何转动，空气阻力都不变，与其他决定 S2 的因素相比，通常忽略不计。而在掷标枪和掷铁饼时，空气阻力对 S2 的值有较大影响。

决定 S3 的 4 个因素基本上都受在取得 S1 和 S2 的值的过程中的某些因素所制约。另外，在其他各种条件相同情况下，器械出手点高，S3 的值也大。因此，在可能情况下应提高器械出手点的高度。

三、投掷运动的技术要点

（一）推铅球技术的要点

1. *滑步技术要点*

(1) 摆动腿带动髋部沿水平方向向投掷方向摆动。铅球的滑步是由摆动、蹬伸、拉收、下压等动作环节所组成的连续性动作，在这一过程中，摆动腿的摆动是起先导作用的，即要加大摆动的力量和幅度，以免支撑腿蹬地角度增大而影响滑步时的水平速度。

（2）支撑腿蹬收积极，有利于完成超越器械的动作。在摆动腿开始减速、给支撑腿的压力减少的瞬间，在适宜的蹬地角度（约 35°）下，及时有力地蹬离地面，并快速拉收右小腿，内扣膝、踝关节于身体重心下方支撑，使下肢以更快的速度赶超到上体和器械的前面，从而有效地完成超越器械的动作。

为使拉收动作做到速度快、幅度大，右脚掌应贴近地面滑行，防止离地过高或在地面拖行，并在摆动腿积极下压动作的配合下完成，才能达到较好的效果。

（3）注意非投掷臂和躯干与下肢动作的配合。在滑步过程中，上体尽可能地保持与投掷方向相反的倾斜姿势，左臂前伸，左肩保持内扣，这样不仅可以控制身体在滑步中的起伏，而且也可防止上体过早抬起或转向投掷方向，有利于滑步后形成超越器械的动作。

（4）适宜的滑步速度和加速直线性。滑步速度应与运动员的专项素质水平及所掌握的投掷技术相适应，片面追求过高的滑步速度会使最后用力阶段技术难度加大、动作结构遭到破坏。在滑步过程中，人体与器械应成为一个整体，同时人体重心的移动路线和器械运行的方向要一致。

2. 过渡阶段技术要点

过渡阶段是从右脚滑动结束到左脚落地。在从滑步转换到最后用力的过程中，过渡阶段起着承前启后的作用。在这一阶段，要求保持滑步时所获得的速度，形成最有利的身体姿势，进入最后用力，因此，该阶段的动作在完整的推铅球技术中也是关键。在过渡阶段中，应注意以下几方面。

（1）在支撑腿完成拉收动作，即右脚着地瞬间，踝关节要保持适度紧张，尽量避免脚踝下沉，减小缓冲动作，并做到及时发力。

（2）滑步后髋轴和肩轴要形成扭紧状态。

（3）右膝弯曲约 130°，承担大部分的体重，从铅球到支撑的左脚约成一条斜线。

（4）最后用力前要适当保持低姿势，便于投掷时产生垂直速度，同时也要注意使铅球的握点到推球出手点之间形成一个接近直线的轨迹。

（5）为保证最后用力的工作距离和动作的充分，两脚在滑步后着地支撑时的距离要适当，防止太宽或过窄。

3. 最后用力技术要点

最后用力动作是指滑步结束摆动腿积极下压着地后进行的用力过程。该阶段的技术正确与否，将直接影响到铅球的出手初速度、出手角度和出手高度，因此，它对铅球飞行远度起着决定性的作用。

（1）左腿、右髋的先导作用。进入最后用力阶段瞬间，右腿已开始蹬伸，首先发力，并在整个用力过程中起着先导作用。随着左腿的支撑与制动，右髋以积极的前移推动上体向投掷方向抬起和转动，从而使身体左侧有关肌群充分拉紧。左腿制动与蹬伸动作，加快了躯干的鞭打和伸臂推铅球动作。

右腿、右髋的动作，不仅有利于进一步加大超越器械的程度，而且同时使人体大肌肉群首先参与最后用力工作，这样就保证了在整个用力过程中人体各环节自下而上不断加速，起到了十分积极的作用。

（2）合理的动作顺序和节奏。合理的动作节奏一方面体现为人体各环节严格按一定顺序完成动作时的速度变化，另一方面表现在各动作环节之间的间隔时间。合理的动作节奏保证了最后用力动作的连续性，从而提高了用力效果。

（3）髋轴、肩轴的相互超越。在滑步结束后，髋轴与肩轴已形成交叉扭紧状态，用力时右髋积极向投掷方向的前移，进一步加大了对肩轴的超越。当人体转向投掷方向时，左臂积极向体侧的快速摆动动作加快了肩轴转向投掷方向的速度，并迅速使右肩赶超到右髋的前面。两轴的相互超越有利于加大工作距离，完成爆发性的推铅球动作。

（4）身体左侧的积极配合。在最后用力过程中，躯干的动作是以转动和鞭打的混合运动方式进行的，身体左侧的一系列动作为完成右侧的动作创造了条件，两侧动作的协调配合也是衡量正确技术的标准之一。

（二）掷铁饼技术的要点

完整的投掷铁饼技术是由握饼、预备姿势、预摆、旋转、最后用力和出手后的平衡几个环节组成的。为了便于分析，可以把旋转和最后用力两个重要技术环节分为六个时相：双腿支撑起转、单腿支撑旋转、腾空旋转、衔接阶段、最后用力初始加速阶段、最后用力的最后加速阶段。

1. 双腿支撑起转阶段技术要点

双腿支撑起动进入旋转是重要技术环节之一，因为它直接影响到以后一系列动作的结构和节奏。

（1）预摆结束后，投掷臂放松留在身后，随着双腿屈膝支撑转动髋部带动上体起动旋转。身体重心由右逐渐向边屈边转的左腿移动，左腿左膝积极外转，左臂自然伸展，两肩平行，保持收腹，左肩经左脚上方沿大弧线向投掷方向转动，左腿和左肩协调配合，形成一体动作。

（2）左腿转动领先于左肩10°左右。双腿支撑起动要平稳，不宜突然加速。特别要防止突然用左臂拉左肩，要控制好肩轴转动的角速度。

（3）在转动中，身体要逐渐向投掷圈圆心倾斜，左脚尖转至与投掷方向成45°左右。此时，右大腿内侧肌群处于适度拉长状态，为右腿的摆动和落地积极转动创造条件。

2. 单腿支撑旋转阶段

（1）右脚离地后，右腿微屈，并按弧线的路线大幅度地向投掷圈中心摆动，左腿屈膝支撑继续向投掷方向转蹬。身体重心投影远离支撑点向投掷圈中心移动，左臂协同控制方向和维持身体平衡，使身体平稳地在转动过程中向前转动右髋。右腿摆向投掷圈中心时要低平内扣。右腿摆扣和左腿转蹬相结合，这是形成超越器械和获得水平速度的关键。

（2）在双腿支撑起转和左腿单腿支撑旋转阶段，要适当加大转动半径以增加转动惯量，因此在这个阶段，要做好身体重心移动、左臂伸展转动、右腿弧形摆动。右腿摆动时大腿高度不超过水平线，左腿保持约130°的弯曲，蹬地角36°～42°。

3. 腾空阶段技术要点

（1）左腿支撑转动阶段动作合理，决定了腾空时间短、重心起伏小，这是当代掷铁饼技术的特点之一。这阶段的动作主要是左踝的蹬伸，因为左脚要穿越整个投掷圈，完成这个穿越所费的时间越短，躯干就扭得越紧，在投掷前右肩的肌肉就拉得越紧。优秀运动员腾空时间一般是 0.1 秒左右，占完整动作的 4.2%左右。要在极短的时间内完成腾空动作，左腿应积极向右腿靠拢，减小下肢转动半径，增加下肢转动的角速度，为完成轴超越肩轴和右脚着地不停顿转动以及左腿积极后摆落地创造条件。

（2）在整个动作过程中，要尽量缩短腾空时间，减少动能的消耗，尽早进入支撑，才能获得动量的来源。

（3）重心起伏不宜太大，这样会影响人体水平方位的转动速度。

4. 衔接阶段技术要点

（1）右脚着地至左脚着地是旋转和最后用力的衔接阶段，也可以称为转换阶段，这是承上启下的重要技术环节。很好地完成这一技术有利于减少转动速度的损耗，有利于提高旋转速度的利用率，有利于进入大幅度双腿支撑最后用力动作。右脚以前脚掌落于投掷圈中心的附近，右脚着地脚尖应指向投掷反方向偏左 45°左右，投掷臂指向投掷方向略偏右。身体重量大部分落在弯曲（100°～110°）的右腿上，微收腹，上体前倾 45°左右。髋轴超越肩轴 45°左右，左臂伸展扣紧，左肩大约位于右膝上方，躯干形成扭转状态，持饼臂伸展放松与肩轴形成拉引角。右脚着地后，在保持上述身体位置不变的情况下，右腿不停顿、积极地屈膝转动，同时左脚靠近地面快速摆向落地点。右脚转动 90°左右、脚尖指向投掷反方向偏右约 45°时，左脚落地。由于上下肢的积极转动，髋轴进一步超越肩轴，形成腰、肩、臂、铁饼再度扭转拉紧的态势，使下肢转动的作用力开始作用于器械。

（2）衔接技术好坏的关键是运动员在旋转中右腿是否积极工作，左脚主动快落，做好进入最后用力后的衔接动作。左脚落地的一刹那，整个身体要形成半蹲、微收腹和大幅度扭转拉紧状态。如这时从运动员投掷方向的右侧观察，应能看到位于运动员身后的铁饼。

5. 最后用力初始加速阶段技术要点

（1）从左脚着地至铁饼运行到最低点是最后用力的前半部分，称为最后用力的初始加速阶段。此阶段要充分发挥腿腰转动用力的能力，在左脚牢固支撑的情况下，右腿、右髋积极转动用力。投掷臂不急于主动加速即可，跟随腿腰的转动加速即可。同时，左臂适时地向投掷方向摆动，使胸部肌肉预先形成适宜的伸展拉长，为随后以胸带动投掷臂加速用力做好充分准备。

（2）在这一阶段，铁饼由高点运动到最低点，投掷臂由指向投掷方向偏左 45°左右到指向投掷反方向。因此，要特别控制好上体的转动（不应前引或上拉），从而获得较大的转动半径，使铁饼沿着较大弧线加速运行，这有利于加大最后用力的工作距离。

6. 最后用力的最后加速阶段技术要点

（1）从投掷臂指向投掷反方向，铁饼运行到低点、约与髋同高，到铁饼出手，是最后用力的最后加速阶段。在下肢和躯干持续向前转动用力的基础上，通过左腿支撑用力和左臂、左腿及时制动配合，胸带臂急骤加速用力鞭打出手，出手点的高度约与肩同，出手角度约 35°。

（2）最后用两脚站住的距离应适当，以有利于水平方向用力加速。两脚开立过窄，容易造成动作向上而不向前；两脚开立过宽，两腿支撑用力和身体中心移动比较困难。因此，两脚的距离应取决于运动员的身高腿长、腿部力量、技术水平和技术类型。

（3）最后用力开始时，身体重心位于两腿之间，靠近弯曲的右腿，处于较低的位置。

用力过程中，身体重心由靠近右腿处逐渐推向左腿，充分发挥下肢及腰部力量，加大转动向前用力的距离。

(4) 从左脚落地到器械出手，左侧支撑必须稳固。左侧支撑用力，是指从左脚、左腿到左肩、左臂，整个身体左侧的工作过程。在最后用力过程中，身体左侧起到积极的支撑制动、用力和转动轴的作用，使人体重心与铁饼质心的连线达到最长。

(5) 在最后出手时还应合理利用空气动力学的原理，根据不同的风向、风速和自己的特点，控制适合的出手角和倾角，以减少空气阻力，利用空气的上升力，增加铁饼飞行的远度。

(6) 最后用力是投掷铁饼的最后加速阶段，它对出手速度贡献最大，其任务是在旋转的基础上给铁饼再加速，以最快的出手初速度和适宜的投掷角度把铁饼掷出，这是决定投掷远度的技术关键。优秀铁饼运动员最后用力是在 0.2 秒左右的时间内，完成大幅度的转动和向前用力动作。各用力环节既要有先后顺序，又要有相互衔接用力过程，还要及时制动身体某部位，使动量传递以加速其他部位和器械的运动。各环节紧密衔接，才能连续地增强作用于器械的力量，使器械获得大幅度持续加速，达到最大的出手初速度。

(三) 掷标枪技术的要点

1. 预跑阶段技术要点

(1) 预跑阶段的特点是均匀加速。运动者持枪于肩上，逐渐加速，自然放松，富有弹性。其速度应与运动者的身体训练水平和技术的熟练程度相适应，这样才能达到良好的效果。

(2) 投掷步阶段应当在不减速的情况下，完成引枪超越器械，为投掷做好准备。至于采用几步投掷步为宜，要根据每个人特点而确定。目前大多采用直接向后引枪和五步投掷步技术。

(3) 投掷步的节奏是加速的，比预跑阶段的速度要快，特别是第三、四步的速度明显快于前两步。投掷步的移动速度一般相当于本人绝对速度的 80%，这样有利于控制动作，使动作准确而自然。

2. 最后用力阶段技术要点

最后用力是整个投掷标枪技术中最重要的部分。正确的最后用力必须做到尽可能多地动员人体肌肉参加工作。在交叉步右脚落地后，惯性使髋部继续向前运动，当右腿转入后蹬阶段，左脚尚未落地之前，身体重心通过右腿支撑点瞬间，开始最后用力。

当左脚快速落地支撑，右腿继续蹬转加速右髋转向投掷方向运动、使髋轴超越肩轴，髋部牵引肩部向投掷方向转动的同时，左臂屈肘向身体左侧下方移动，加快右肩向投掷方向转动的速度，从而带动投掷臂向上翻转，形成满弓动作。随着身体重心移至左腿上，左腿作迅速强有力的蹬伸，髋肩轴用力后依次先后制动，逐级向上传递叠加到最大速度，这符合生物力学和运动解剖学的基本要求，即做到从大关节到小关节，从大肌群到小肌群逐级参与用力。

3. 标枪出手后身体平衡技术要点

标枪出手后，为了防止犯规，应及时向前跨一大步，右脚落地后身体重心下降并稍左转体缓冲向前，维持身体平衡。

4. 标枪出手后沿纵轴自转向前飞行阶段

标枪出手后沿纵轴自转向前飞行。标枪的自转有助于在空中飞行的稳定性，在有些情况下还可起延缓落地时间的作用。标枪出手角度在29°～36°之间，攻击角接近0°时，标枪所受的阻力最小。研究成果告诉我们：攻击角在0°～10°时标枪飞行效果最佳。这种姿态下，标枪在空中飞行时可以更大地发挥水平速度，获得更远的飞行距离。

（四）掷链球技术的要点

1. 旋转技术要点

（1）头部要与肩保持相对稳定，随肩轴自然转动，不能有任何扭转和倾斜，否则会导致右臂弯曲，缩短有效的旋转半径。

（2）控制好身体与链球合成一体的旋转轴，保持最大的旋转半径，逐渐升高链球运动的最高点，逐渐加大运行斜面的角度。

（3）两臂伸直，两肩放松，自然前拉链球形成一个稳固的三角形。躯干直立，使链球的拉力通过两臂着力于腰部，维持平稳的旋转，对抗球的拉力，以利于旋转的加速。

（4）旋转时两膝弯曲，在双支撑转向单支撑时，右腿积极快速靠近左膝，左膝及时准确地弯曲前压，使右脚用前脚掌尽快着地，有效缩短单脚支撑时间，以利于旋转的不断加速和形成充分的超越器械姿势，为最后用力创造条件。

（5）掌握好进入第一圈旋转时和每一圈旋转中由双脚支撑向单脚支撑的过渡。

（6）多圈旋转中身体重心应保持水平向前移动，左脚移动轨迹成直线且连贯。

（7）掌握好右脚晚抬早落技术，不断缩短每圈旋转的时间。

2. 最后用力技术要点

（1）旋转最后一圈，右脚一着地即开始发力，使最后用力与旋转形成自然衔接，避免旋转停顿，并能加快出手速度。

（2）最后用力的顺序应由下肢、躯干到上肢，以身体带动链球，加大最后用力的幅度，做到最大限度地全身用力，使链球沿旋转轨迹的切线方向掷出。

（3）左腿和身体左侧强有力的支撑，可保证链球以理想的出手角度掷出。

四、各投掷项目主要技术教学手段

（一）推铅球技术教学手段

（1）原地正面推实心球：两脚左右开立，约与肩同宽，双手呈八字形持实心球于胸前，肘关节外展，上体略后倾，用力时两腿充分蹬直，带动上体向前，双臂用力前伸，在球离手瞬间屈腕，通过手指拨球动作将球向前上方推出。

练习目的是让学生体会最后用力的动作顺序以及推铅球正确的伸臂动作。

（2）原地向上推实心球或铅球：两脚左右开立，约与肩同宽，左手上举，右手持球于肩上，上体保持正直。然后两腿弯曲下蹲至膝关节成130°时，用力蹬伸两腿，将球向上推出，出手角度为70°～80°。

练习目的是让学生体会腿部的蹬伸与手臂推铅球的配合。两腿蹬伸时髋、膝、踝关节

应充分伸直，使身体完全伸展。

（3）原地向前推实心球或铅球：两脚前后开立，持球的姿势同上，肘关节外展与肩齐平，左臂上举。然后上体后倾，右膝弯曲，通过右腿发力带动上体将球向前上方推出，出手角度为35°～40°。

练习目的是让学生体会最后用力时自下而上的用力顺序以及适宜的出手角度。在整个动作过程中，身体重心从右腿上方前移至左腿上方，在球出手时左腿充分蹬直，同时完成屈腕拨球动作。

（4）原地向下推铅球：两脚左右开立，右手持球靠近颈部，右肘关节位于球上方，左手在下托住铅球，两眼视下方，做向下伸臂推球动作。

练习的目的是让学生体会伸臂拨球的正确动作。

（5）徒手做最后用力双人练习：预备姿势，原地背向推铅球，同伴用手拉住练习者的左手，做蹬地、挺髋练习。

练习的目的是让学生体会最后用力时正确的用力顺序和髋轴与肩轴扭紧的感觉。

（6）坐姿推实心球：坐在长凳或垫上，距墙3～5米，右手持球，上体后倾，通过腰部发力推动胸部向前将球推出。

练习的目的是让学生体会腰部发力带动躯干将球推出。注意控制好出手角度。

（7）跪姿推实心球：左脚在前，右膝跪地，右手持球，上体后倾，通过腰部发力推动胸部向前将球推出。

练习的目的是让学生体会躯干和投掷臂动作的配合。

（8）前后抛实心球：练习目的是让学生体会自上而下的用力顺序。

（9）负重做推铅球最后用力练习：练习者肩负沙袋，准备姿势同原地背向推铅球，做蹬腿、转髋、起体练习。

练习的目的是让学生体会最后用力时的动作顺序和躯干的扭紧程度以及髋轴与肩轴的相互关系。

（二）掷铁饼技术教学手段

（1）“反弓”手触脚跟：两脚左右开立，提踵、挺髋，用右手触摸左脚跟，右腿部发力，完成挺髋、抬体动作，再反方向做。

练习目的是让学生体会由下肢首先发力带动上体的正确用力顺序。

（2）抛实心球：两脚前后开立，侧对投掷方向，双手持球摆至体侧，用蹬地、转体力量将球向投掷方向抛出。

练习目的是让学生体会由下至上的用力顺序。

（3）原地正面掷实心球：两脚左右开立，两膝弯曲，右手持球预摆至体后，然后蹬腿、顶髋、转体、挥臂将球向前上方掷出。

练习目的是让学生体会由下至上的用力顺序。

（4）原地正面掷铁饼：两脚左右开立，右手持铁饼做1～2次预摆后，两腿蹬地，顶髋、转体、挺胸、挥臂将铁饼向前上方掷出。

练习的目的是让学生体会用蹬地转体带动挥臂的动作顺序。

（5）坐姿单手掷实心球：对墙坐，右手持球摆至体侧后方，转体、挥臂对墙掷球。

练习目的是让学生体会以躯干带动手臂的用力动作。

(6) 跪姿单手掷实心球：右膝跪地，左脚在前，右手持球于体侧，通过髋部发力推动髋部向前，并带动躯干完成挥臂掷球动作。

练习的目的是让学生体会由下至上的正确用力顺序，以及正确的挥臂路线。

(7) 原地投练习：手握小杠铃片或树枝，成原地掷铁饼的预备姿势，做蹬伸右腿、送髋、转体、挺胸、挥臂动作。

练习目的是让学生体会正确的用力顺序和方向以及身体重心移动。

(三) 掷标枪技术教学手段

(1) “反弓”双手触摸脚跟：两脚左右开立，提踵，上体向后倾，用双手触摸脚跟，髋不挺出，呈反弓状。然后两腿蹬伸将上体向前上方弹起，双臂随上体向前上方摆动。

练习目的是让学生体会蹬地送髋的动作和背弓时的肌肉感觉。

(2) 拉臂推肩成“满弓”：两人一组，练习者做好投掷的预备姿势，同伴一手握住练习者的手，一手放在练习者肩胛处，当练习者做送髋翻肩动作时，同伴协助做拉臂推肩动作。

练习目的是让学生体会形成“满弓”时的用力顺序及肌肉本体感觉。

(3) 持枪翻肩成“满弓”：右手持枪成原地侧向投枪的预备姿势，左手握住枪头，左脚前带迈一步，左腿蹬地送髋，做翻肩动作。

练习目的同(2)。

(4) 原地双手掷实心球：两脚前后开立，上体后倾，双手持球于头后，然后蹬腿、挺胸、振臂将球向前上方掷出。

练习目的是让学生体会正确的用力顺序及方向。

(5) 跪姿掷实心球：双膝跪地，双手头后持球，上体后倾，然后挺胸、收腹、振臂，将球向前上方掷出。

练习目的是让学生体会以胸带臂的动作顺序。

(6) 单手持重物做枪摆动作：单手持轻杠铃片，侧对投掷方向站立。连续做蹬腿、送髋、挺胸、翻肩、挥臂动作。

练习目的是让学生体会最后用力的肌肉感觉。

(7) 原地掷小垒球：左手持小垒球，侧对投掷方向站立，向前上方掷出小垒球。

练习目的是让学生体会快速用力时的肌肉感觉，掌握鞭打动作。

(8) 坐姿单手投小球：坐在长凳上，距墙 3～5 米，右手持小球，用转体、挺胸、收腹、挥臂的力量将小球掷出。

练习目的是让学生体会以胸带臂的用力顺序。

(9) 插枪：侧对投掷方向站立，左手持枪，枪尖低于枪尾，将标枪向前下方掷出。

练习目的是让学生体会正确的用力顺序和鞭打动作，沿标枪的纵轴用力。

(四) 掷链球技术教学手段

(1) 双手持实心球、带球或垒球棒等辅助器械做预摆练习。

练习的目的是体会正确的预摆技术及骨盆向链球运行反方向移动的感觉。

(2) 双手持较轻链球或标准链球做预摆蹲起练习。

练习的目的是体会预摆技术，以及预摆中要协调地逐渐站起，动作自然、放松。

(3) 持实心球或带球做预摆接第一圈旋转练习。

练习的目的是让学生体会“人—链球体系”，体会预摆后由双支撑进入单支撑的技术动作和技术要求。

(4) 持较轻链球或标准链球做预摆接第一圈旋转练习。

练习的目的同练习 (3)。

(5) 双手持较轻链球或标准链球做预摆 2 次旋转 2 圈、预摆 1 次旋转 2 圈练习。

练习的目的是体会两圈旋转的动作要领和旋转节奏及链球高低点的位置、第 1 圈和第 2 圈的衔接技术。

(6) 双手持较轻链球或标准链球做预摆 2 次旋转 3～5 圈的练习。

练习的目的是让学生体会旋转中各圈之间的衔接技术和整体动作的圆滑性，逐步提高学生对旋转的控制能力及速度感。

(7) 持链球或哑铃等辅助器械预摆 1～2 次后接最后用力的练习。

练习的目的是体会最后用力的技术、用力顺序以及最后用力时肌肉用力的感觉和全身协调用力的感觉。

(8) 双手持实心球、带球等辅助器械旋转 1～4 圈接最后用力练习。

练习的目的是体会完整技术的动作要领和节奏感、速度感及正确的用力顺序。

(9) 持轻链球或标准链球在装有安全护笼的投掷圈内做 3 圈旋转接最后用力的完整技术练习。

五、各投掷项目技术教学中应注意的问题

(一) 教学大纲的制订要符合实际情况

教学大纲是根据教育计划所规定的培养目标、对本课的要求、课时和有关的具体条件制订的。教学大纲规定了投掷类项目教材的安排、教学内容、课时分配、教学形式、成绩考核和有关的具体要求等内容，是教师进行投掷类项目技术教学工作的主要依据。

(二) 技术教学要符合各项体育技术教学的基本规律

技术教学中要注意教学基本规律的三个阶段，即学习阶段、掌握阶段、提高阶段。各个阶段的特点和教法各不相同。在每一次课中教师都必须全面仔细地观察每个学生的具体情况，提出切合实际的要求。

(三) 要掌握投掷类项目运动技术的教学顺序

在制订教学大纲时，根据投掷类各项目之间的关系和各项目自身的难易，正确安排教学顺序，可以收到较好的效果。

一般按推铅球、掷标枪、掷铁饼、掷链球的顺序进行。

(四) 投掷类项目运动技术教学的方法

投掷类各项目的技术结构各不相同，每一个项目都是由若干个动作协调配合完成的。在教学中为了更好地使学生掌握某项运动技术，教师应根据技术复杂的程度，采用不同的

教学方法。通常采用完整和分解两种教学方法。

（五）技术教学中学生错误动作的产生和纠正

在投掷课中，学生练习技术动作时，经常会出现各种各样的错误动作。对于所出现的错误动作，必须及时发现和纠正，不然很容易形成习惯动作，到那时再纠正，不仅非常困难，而且比学习新技术还困难得多。另外，有时某些错误动作还会导致伤害事故。

导致学生在练习中表现出来错误动作的原因是多方面的，大体上可概括为以下四种。

（1）对投掷技术动作概念不清楚。

（2）学生的身体素质较差，教学中难以完成所学的某项技术或某项技术中的某一较难的技术环节。

（3）学生在课上思想过度紧张或客观条件的影响。

（4）由于学生已熟练地掌握了技术动作，注意力和积极性很容易转移到追求运动成绩方面，因而忽略技术动作，有时也会突然产生一些错误动作。

在技术教学中，对错误动作都是采用预防和纠正的方法，并且预防重于纠正。

（六）技术教学中伤害事故的产生和预防

技术课上的伤害事故一般有两种情况。一种是学生在练习中因自己滑、摔、绊、撞及拉、扭、挫等产生的，原因多为准备活动的内容不当、身体未活动开，练习时用力过猛，对技术动作要领的理解有错误，课的组织不严密、要求不严，场地器材的检查不细、布置和使用不合理，注意力不集中、随意做些与本课内容无关的动作，身体过于疲劳，以及服装不当等。另一种情况是在练习中自己伤了他人或他人伤了自己的相互间的伤害事故，原因多是身体过于疲劳，注意力不集中，在场内随意走动，不按规定的方向、动作、口令和场地进行练习。

从上述两种情况来分析，虽然课堂上产生的伤害事故和学生的组织性、纪律性、自我控制和感觉有很大的关系，但课堂上的练习是在教师的指导下进行的，因此在避免伤害事故方面，教师应起主要作用，尤其是对相互间的伤害事故，应有周密细致的预防措施。

在体育课中，在预防伤害事故方面，教师起着很重要的作用。教师在课前必须根据课的内容，全面考虑在哪些方面可能产生什么样的伤害事故，应采取什么预防措施，其中包括准备活动、讲解、示范、场地器材的布置检查和使用方法、练习的分组、运动量的大小、具体要求等方面。此外，还应全面了解学生的健康、身体素质和技术水平等具体情况。要求学生穿运动服装上课，口袋里不准有小刀和笔等物品。对某些容易产生伤害事故的项目和技术动作，讲解要清楚、得当，不能过分强调易产生伤害事故的一方面，更不能使学生麻痹大意。既要有严格的组织纪律，又不能让学生呆板机械地进行练习。在严格要求学生完成练习时，还要观察学生的身体情况，随时调整体力较差的学生的运动量。对某些强度大的、持续时间长的、局部重复次数较多的练习，要根据具体情况进行必要的调整。

在练习开始时，要预防学生因准备活动不够或对技术动作的要领理解有错误而产生肌肉的拉伤或扭伤。在成队练习时，要有足够的间隔和距离。在学生练习的积极性高时，要加强组织纪律的要求。在课结束前及体力下降、疲劳时，要降低练习的强度，强调技术动作的正确性和按统一口令做动作，严禁学生做其他动作。课的结束部分应做放松活动。

在投掷项目的教学中，所产生的伤害事故都较为严重，因此安全措施就更为重要。上课之前要严禁学生随意取用器械做投掷动作。在课上成横排同时投掷时，练习者之间要有足够的间隔，并且还必须在教师的口令下进行投掷和取回器械，决不允许随意掷出器械或出队取回器械。在一般情况下，要避免面对面的投掷。旋转投掷的项目，绝对不允许成排地同时投掷，要尽可能在护笼内练习，如无护笼，则器械出手一侧不准有人。在分组进行练习时，各组之间要有充分的空地，要统一安排各组的投掷方向，各组要指定认真负责的学生当组长指挥本组同学的行动。严禁学生之间相互用器械做出要掷向对方的动作。不准在场内任意穿行。

第五节　田径比赛相关知识介绍

一、田径比赛场地介绍

（一）田径运动场地的演变

古代奥林匹克运动会在希腊的雅典举行。人们通过挖掘古遗址发现，当时的田径场地是长方形的直跑道，长度不一，约合 115～185 米。终点线是绳子，手抓住绳子就算到达终点。后来演变为马蹄形场地，这种场地一直沿用到现代第 1 届奥林匹克运动会。20 世纪初，又演变成半圆式场地，这种场地一直沿用到现在。在这期间还出现过篮曲式和三圆心式场地。目前世界各国都采用半圆式田径场地。一开始半圆式田径场地的周长不统一，直到第 7 届现代奥运会才确定为 400 米，两个半圆的半径 r 有 36 米的，有 37.898 米的，目前国际田联建议标准田径场地两个半圆的半径最好修建成 36.50 米。

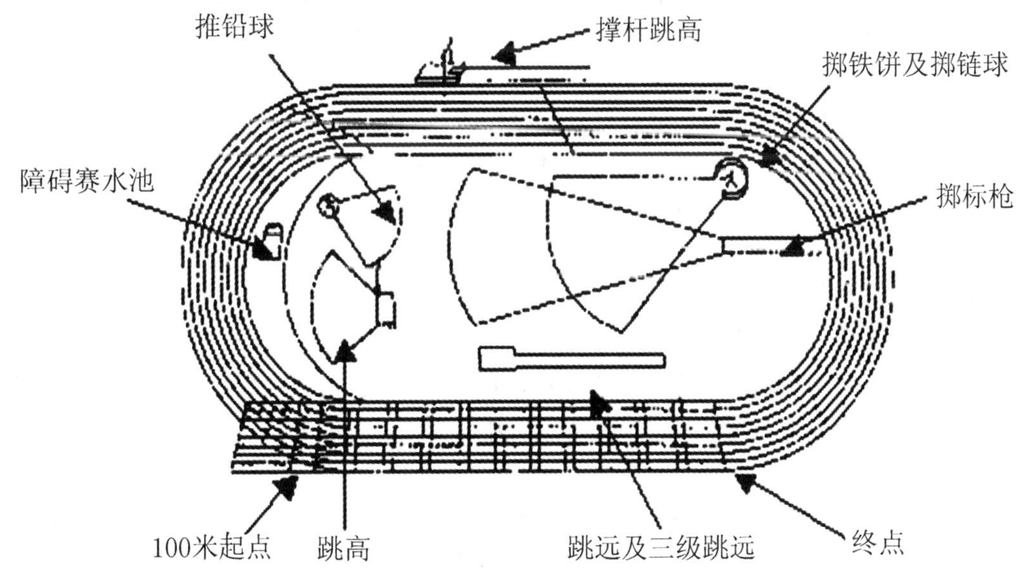

图 5—3　半圆式田径场地示意图

（二）塑胶田径场地基本知识介绍

田径运动场地，一般有 3 种类型的面层，第一种为自然草皮场地。第二种为非合成材料场地，如煤渣跑道，19 世纪 60 年代以前，世界大部分地区的田径比赛是在这种场地上进行的。第三种为现代合成材料的田径跑道表层，称为塑胶场地，也称为“塔当”跑道，其面层为聚氨酯胶粘合的一层防滑颗粒，有助于提高跑道的摩擦系数。

最早正式采用塑胶场地进行比赛的是 1968 年在墨西哥举行的第 19 届奥运会。目前，世界上举行的较大规模的田径比赛，都是在塑胶跑道上进行的。1975 年，在北京举行的第 3 届全国运动会上，我国第一次使用了塑胶跑道。

二、田径运动竞赛的基本规则

（一）田径比赛通则

（1）参加比赛的运动员必须佩戴号码布，否则不得参加比赛。（除跳高和撑杆跳高以外，其他项目必须在胸前和背后佩戴两个号码，且必须与秩序册中一致。如采用终点摄影装置，短裤侧面须戴胶带式号码。）

（2）在径赛分道跑和部分分道跑项目的比赛中，运动员应自始至终在自己的分道内跑进。（下列情况除外：运动员在直道上跑出自己的分道或在弯道上跑出自己分道的外侧分道线，未从中获利，也未阻挡别人。）

（3）径赛运动员挤撞或阻挡别人而妨碍别人走或跑时，应取消其比赛资格。在比赛中如发生此类情况，有关裁判长有权命令除被取消资格以外的运动员重赛。如发生于预赛，可允许任何由于受推或阻挡而受到严重影响的运动员参加下一赛次的比赛。在田赛的某一次试跳、试掷中，因故受阻的运动员，有关裁判长有权给予其重新试跳、试掷的机会。（不管是否存在取消比赛资格的情况，在特殊情况下，裁判长如认为重新比赛是公正和有理由的，可下令重赛。）

（4）如果一名运动员参加一项径赛和一项田赛或多项田赛，则有关裁判长每次可以允许该运动员在某一轮的比赛中，或在跳高和撑杆跳高的每次试跳中以不同于赛前抽签排定的顺序进行试跳（掷）。如果该运动员后来在轮到他试跳（掷）时未到，一旦该次试跳（掷）时限已过，则应视其该次试跳（掷）为免跳（掷）。

（5）在所有的田赛远度项目中，记录测量距离的最小单位均为 0.01 米，不足 1 厘米不计。

（6）各项竞赛名次判定与成绩相等时的处理办法

①径赛项目的名次判定与成绩相等时的处理办法：

——判定运动员到达终点的名次是以运动员躯干（不包括头、颈、四肢）的任何部分抵达终点线后沿的先后顺序为准。以决赛成绩判定该项目最后名次，而不是以预、次、复赛的成绩来判定。

——如遇两人或两人以上成绩相等时，采用下列方法解决：在任一赛次中，按成绩录取进入下一赛次时出现成绩相等，则终点摄影主裁判应考虑有关运动员的 1/1000 秒的实际时间。如果成绩依然相等，则有关运动员均应进入下一赛次。如实际条件不允许，则应

抽签决定进入下一赛次的人选。

——决赛中出现第一名成绩相等，有关裁判长有权根据实际情况决定这些成绩相等的运动员是否重新比赛。如该裁判长认定无法安排重赛，则成绩相等的运动员名次并列。其他名次的运动员成绩相等时，按并列处理。当使用手计时出现成绩相等时，应根据判读的1/100秒成绩处理。

②田赛高度项目的名次判定与成绩相等时的处理方法：

——每名运动员应以其最好的一次试跳成绩，包括因第一名成绩相等而进行的决名次赛的试跳成绩，作为其最后的决定成绩，然后以个人最好成绩排列名次。

——按下列规定解决成绩相等：a. 在出现成绩相等的高度上，试跳次数较少者名次列前；b. 如成绩仍然相等，则在包括最后跳过的高度在内的全赛中，试跳失败次数较少者名次列前；c. 如成绩仍相等，涉及第一名时，则在造成其成绩相等失去了继续试跳权利的最低失败高度上，每人再试跳一次。如有关运动员都跳过或都未跳过而仍不能判定名次，则横杆应提升或降低：跳高为2厘米，撑杆跳高为5厘米。其应在每个高度上只试跳一次，直到分出名次为止。有关运动员必须参加决定名次的每次试跳。如成绩相等而不涉及第一名时，则运动员的比赛名次并列。

注：以上c条不适于全能比赛项目。

③田赛远度项目的名次判定与成绩相等时的处理方法：

——以全部试跳（掷）的最好一次成绩来判定名次。

——如成绩相等，应以其次优成绩判定名次；如仍相等，则以第三优成绩判定，以此类推。如仍相等，并涉及第一名者，则令成绩相等的运动员按原比赛顺序进行新的一次试跳（掷），直到决出名次为止。

④全能项目的名次判定与成绩相等时的处理方法：

——以运动员全部单项得分的总和排定名次，总积分多者名次列前.

——如总积分相等，应以单项得分多的项目较多者名次列前；如仍不能判定，则以任何一个项目单项得分高者名次列前。如再次成绩相等，则以第二得分高的单项分数较高者列前，依此类推。

⑤团体总分名次的判定与总分相等时的处理方法：

——总积分较多者列前。

——如总积分相等，应以破纪录项或次数多者列前；若再相等，则以第一名多者列前；若仍相等，则以第二名多者列前，依此类推。

(二) 径赛主要规则

(一) 计时

(1) 在跑道上举行的径赛项目，手计时成绩应判读到较差的1/10秒。部分或全部在场外举行的径赛项目，手计时成绩应判读到较差的整秒，如马拉松的时间为2∶09∶44.3应进位成2∶09∶45。

(2) 停表时如指针停在两线之间，应按较差的时间计算。使用1/100秒的表或人工操作的数字式电子表，当百分位秒不为零时，应进位至较差的1/10秒，如10.11秒应进位成10.2秒。

（3）在三只正式表中，两只表所计时间相同而第三只表不同时，应以这两只表所计时间为准；如三只表所计时间各不相同，则应以中间时间为准；如只使用两只表，所计时间不相同时，应以较差的时间为准。

（4）计时应从发令枪或经批准的发令器材发出的闪光或烟开始，直至运动员的躯干（不包括头、颈、四肢）的任何部位抵达终点线后沿垂直面的瞬间为准。

2. 起跑

400 米及 400 米以下（包括 4×200 米和 4×400 米接力的第一棒）各项目，运动员必须使用起跑器进行蹲踞式起跑。

在“各就位”口令之后，运动员必须走向起跑线，完全在自己的分道内和起跑线后做好准备姿势。双手和一个膝盖应触地，两脚应接触起跑器。发出“预备”口令时，运动员应立即抬高身体重心做好最后的起跑姿势，此时运动员的双手仍须与地面接触，两脚不得离开抵脚板。

运动员已就位时，其双手或双脚均不得触及起跑线或线前地面。

运动员在做好最后预备姿势之后和鸣枪之前开始起跑动作，应判为一次起跑犯规。

对于一次起跑犯规的运动员，必须给予警告。对两次起跑犯规负有责任的运动员，应取消其比赛资格。

自 2003 年 1 月 1 日起，对第一次起跑犯规的运动员应给予警告，之后的每次起跑犯规的运动员均应被取消该项目的比赛资格。

在全能比赛中，如果一名运动员两次起跑犯规，将被取消比赛资格。

400 米以上的各个项目起跑时，运动员单手或双手不得触地。

3. 跨栏

运动员在过栏瞬间其脚或腿低于栏顶水平面，或者跨越他人栏架，或者裁判长认为其有意用手推或用脚踢倒栏架，应取消其比赛资格。除以上所述外，运动员碰倒栏架，不应取消其比赛资格，也不妨碍承认其纪录。

4. 接力跑

运动员必须手持接力棒跑完全程。如发生掉棒，必须由掉棒运动员捡起。允许掉棒运动员离开自己的分道捡棒，但不得因此缩短比赛距离。如遵守上述程序，并未侵犯其他运动员，则不因掉棒而被取消比赛资格。

在所有接力赛跑中，必须在接力区内传递接力棒。仅以接力棒的位置决定是否在接力区内完成接力，而不取决于运动员的身体或四肢的位置。在接力区外传接棒将被取消比赛资格。

4×400 米接力的第三、四棒的运动员应在指定裁判员的指挥下，按照同队传棒运动员跑完 200 米时的先后顺序（由内向外）排列各自的接棒位置。一旦传棒运动员跑过 200 米处，接棒运动员即应保持其排列顺序，不应改变其在接力区起点处的位置。

任何运动员不遵守本规定，应取消其接力队的比赛资格。

（三）田赛主要规则

1. 跳高

（1）应抽签排定运动员的试跳顺序。运动员必须用单脚起跳。

（2）如出现下列情况之一者，应判为试跳失败：

①试跳后，由于运动员的试跳动作，致使横杆未能留在横杆托上。

②在越过横杆之前，运动员身体的任何部位触及立柱前沿（离落地区较近的边沿）垂直面以外的地面或落地区。如果运动员在试跳中一只脚触及落地区，而裁判员认为其并未从中获得利益，则不应因此原因而判该次试跳失败。

（3）运动员可以在主裁判事先宣布的横杆升高计划中的任何一个高度上开始试跳，也可在以后任何一个高度上根据自己的愿望决定是否试跳。但在任何高度上，只要运动员连续三次试跳失败，即失去继续比赛的资格。因第一名成绩相等而进行的决名次赛的试跳除外。

（4）允许运动员在某一高度上第一次或第二次试跳失败后，在其第二次或第三次试跳时请求免跳，并在后继的高度上继续试跳。但只要在某一高度上请求免跳后，不准在该高度上恢复试跳，除非出现第一名成绩相等的情况。

（5）所有测量应以厘米为单位，从地面垂直量至横杆上沿最低点。

2. 远度项目

应抽签决定运动员试跳（掷）的顺序。如参赛运动员超过 8 人，每名运动员均有 3 次试跳（掷）机会，有效成绩最好的前 8 名运动员可再试跳（掷）3 次。如出现第八名成绩相等，按田赛远度项目成绩相等的规定处理。当运动员的人数只有 8 人或少于 8 人时，每人均有 6 次试跳（掷）机会。

丈量成绩时，应从运动员身体或四肢的任何部位在落地区内的最近触地点量至起跳线或起跳线的延长线。测量线应与起跳线或其延长线垂直。

3. 跳远

如果运动员从起跳线后 45 米以外处开始助跑，应判该次试跳失败。

如出现下列情况之一者，应判为试跳失败：

（1）在未做起跳的助跑中或在跳跃中，运动员以身体任何部位触及起跳线以前的地面；

（2）从起跳板两端之外起跳，无论是否超过起跳线的延长线；

（3）触及起跳线和落地区之间的地面；

（4）在助跑或跳跃中采用任何空翻姿势；

（5）在落地过程中触及落地区以外地面，而落地区外的触地点较落地区内的最近触地点更靠近起跳线；

（6）离开落地区时，运动员在落地区外地面的第一触地点较落地区内最近触地点和在落地区内因身体失去平衡而留下的任何痕迹更靠近起跳线。

注：运动员在任何位置跑出助跑道白色标志线不算犯规；如果运动员的脚或鞋的一部分触及起跳板两端以外起跳线后面的地面，不算犯规；如果运动员以正确方式离开落地区后，再向后穿过落地区不算犯规。

4. 三级跳远

三级跳远的三跳顺序是一次单足跳、一次跨步跳和一次跳跃。

单足跳时应用起跳腿落地，跨步跳时用另一只腿（摆动腿）落地，然后完成跳跃动作。

运动员在跳跃中摆动腿触地不应视为试跳失败。

5. 投掷项目

(1) 应在投掷圈内完成铅球、铁饼或链球的试掷。应在助跑道内完成标枪的试掷。在圈内进行试掷时，运动员应从静止姿势开始试掷。允许运动员触及铁圈内沿，包括铅球抵趾板内沿。

(2) 如果运动员在试掷中出现下列情况，则应判为试掷失败：

①铅球或标枪出手姿势不符合规定；

②在进入投掷圈内并开始投掷之后，身体的任何部分触及铁圈上沿或铁圈外地面；

③推铅球时，身体的任何部分触及抵趾板上沿；

④掷标枪时，身体的任何部分触及投掷区标志线或标志线外地面。

(3) 如果在试掷过程中未违反上述规则，运动员可终止已开始的试掷，可将器械放在投掷圈、助跑道内或外边，也可离开投掷圈或助跑道。但必须遵守 (6) 的规定且必须在规定的最大时限之内。

(4) 铅球、铁饼、链球球体（包括器械着地时未触地的任何部分）和标枪枪尖应完全落在落地区角度线内沿以内，试掷方为有效。

(5) 运动员在器械着地后方可离开投掷圈或助跑道。

(6) 运动员在圈内完成试掷，离开投掷圈时，首先触及的铁圈上沿或圈外地面应完全在圈外白线的后面。该线在理论上应能通过投掷圈的圆心。

掷标枪时，当运动员离开助跑道时，首先触及的助跑道标志线或助跑道外地面应完全在投掷弧两端的白线后边，该线与助跑道标志线垂直。

(7) 每次投掷后均应立即进行成绩丈量：

从铅球、铁饼和链球球体落地痕迹的最近点取直线量至投掷圈内沿，测量线应通过投掷圈的圆心。标枪项目中，从标枪尖的首次触地点取直线量至投掷弧内沿，测量线应通过投掷弧的圆心。

1. 田径运动的意义是什么？田径运动由哪些部分组成？
2. 田径运动训练中应该注意什么？

第六章　篮　球

通过本章的学习，学生应了解篮球运动的起源与发展、篮球运动的特点与价值，了解篮球基本的技战术与练习方法以及篮球运动的竞赛规则。

第一节　概　述

一、篮球运动的起源

篮球运动是将球投入对方球篮，以得分多少决定胜负的集体球类运动项目。现代篮球运动 1891 年起源于美国。由于其主要设备是挂在墙上 10 英尺（约 3.05 米）高的篮子（basket）和需要投中篮子的球（ball），所以命名为“篮球”（basketball）。

篮球比赛场地长 28 米，宽 15 米。罚球线距端线 5.80 米，罚球线长度为 3.60 米，中圈半径为 1.80 米。篮板横宽为 1.80 米，竖高为 1.05 米。

二、篮球运动的发展

篮球 1901 年传入日本和波斯（今伊朗），1905 年传入俄国。1904 年美国青年会男子篮球队在第 3 届奥运会上进行了表演，此后，篮球运动逐步在全世界开展起来。1932 年 6 月 18 日在瑞士日内瓦成立了国际业余篮球联合会（简称国际篮联），并正式出版了第一本国际篮球规则。1936 年第 11 届奥运会将男子篮球列为正式比赛项目，并统一了世界篮球竞赛规则。到 1976 年，第 21 届奥运会将女子篮球列为正式比赛项目。

篮球运动 1895 年传入中国。新中国成立后，篮球运动得到了蓬勃发展。中国男、女篮在 2008 年北京奥运会上分别取得了男子第八以及女子第四的优良成绩，这标志着我国篮球运动向世界水平迈出了一大步。

第二节　篮球的基本技术及练习方法

一、篮球基本功的训练与动作规格

篮球的基本功练习内容包括提高球感、球性的训练和手、眼、腰、胯、脚功训练等，它们是熟练掌握篮球技术的重要环节和在对抗条件下掌握篮球技术的最基本的技法。按攻守目的分类，篮球技术主要是由进攻技术（传接球、投篮、运球、持球突破）、防守技术（防守对手、抢球、打球、断球）以及移动、抢篮板球等综合技术组成，下面就重点基本技术进行讲解。

（一）眼功训练

扩大眼角余光视野能力，提高及时判断和了解全场情况的技巧熟练程度，准确抓住时机，合理有效地运用技术，果断行动，投篮得分。

（二）球感练习

手对球体大小、重量、软硬度以及弹性的特殊适应能力及控制球和支配球的能力，体现在对抗中的高难度投篮、绝妙的传球、多变的运球等技术动作之中，这一切都离不开球感。

方法 1：两手交替接球绕身体练习。

方法 2：单臂、单手交替控球上下挥摆。

方法 3：两手左右托、挥、摆传球练习。

方法 4：左右手交替持球，左右转体练习。

（三）腰、胯基本功训练

方法 1：持球 5 点转身跨步触地练习。

方法 2：原地蹬转练习。

方法 3：持球蹬转练习。

方法 4：跳起空中伸展腰腹练习。

（四）移动

移动是篮球技术的基础。比赛中，运动员为了争取比赛中的主动，经常要依靠改变位置、方向、速度和争取高度等移动方法。合理地使用进攻与防守技术从而掌控比赛，也需要移动技术的配合。

（五）起动

双脚开立，双膝稍微弯曲并内收，上体稍前倾，用脚掌蹬地后迅速向前跨步。

（六）跑

（1）变速跑：加速跑时，后脚掌短促有力地蹬地加速；减速时，前脚掌用力抵住地面，上体稍后倾，急剧减速。

（2）变向跑：变向跑时（以从右向左变向跑为例），最后一步屈膝着地同时，脚尖和膝关节指向跑动方向，并以右脚前脚掌内侧用力蹬地，腰部发力迅速带动左脚与身体躯干转向左，快速移动重心，左脚向左前方跨出，右脚迅速随着跨出，两脚交替，继续加速跑动前进（图 6－1）。

图 6－1　变向跑

(七) 跳

(1) 双脚起跳。

(2) 单脚起跳。

(八) 急停

(1) 跨步急停（图 6－2）。

图 6－2　跨步急停

(2) 跳步急停（图 6－3）。

图 6－3　跳步急停

(九) 转身

(1) 前转身：转身时移动脚向自己身前（中枢脚前）跨出的同时，以中枢脚前脚掌为轴碾地旋转使身体改变方向，转身时要保持身体重心没有起伏（图 6－4）。

图 6－4　前转身

（2）后转身：移动脚向自己身后（中枢脚后）跨出的同时，以中枢脚前脚掌为轴碾地旋转使身体改变方向，转身时要保持身体重心没有起伏（图 6－5）。

图 6－5　后转身

（十）滑步

（1）侧滑步（图 6－6）。

图 6－6 侧滑步

(2) 前（后）滑步（图 6－7）。

图 6－7 前滑步

在篮球比赛中影响移动动作效果的因素主要有准备姿势、身体平衡、蹬地用力和协调配合。只有按照要求努力练习，控制好自身重心，充分利用作用力与反作用力，才能正确、迅速地完成不同移动技术，提高移动的突然性、快速性和灵活性。

二、传接球

传接球是篮球练习中队员之间相互转移球的过程，也是进行战术配合、寻求进攻机会的方法之一。

(一) 双手胸前传接球

双手持球于胸腹之间，后跟蹬地，重心前移，双臂向前快速伸出，在球离开的瞬间，压、翻手腕，大拇指用力下压，食指、中指用力拨球，将球传出。接球前注视来球，双臂自然向前迎球，手指自然分开，手腕后仰接球是篮球运动中的主要技术之一，是获得球的动作。(图 6－8)。

图 6－8 双手胸前传接球

（二）单手肩上传球

传球时（以右手传球为例），左脚向传球方向迈出半步，同时右臂引球到右肩上方，右手手腕微屈托球，左肩对着传球方向，重心落在右脚上，同时右脚蹬地，转体，持球臂迅速向前挥摆，手腕前屈，手指拨球将球传出（图 6－9）。

图 6－9 单手肩上传球

三、运球

持球队员在原地或移动中，用单手连续拍按借助地面反弹起来的球的技术叫运球。运球不仅是进攻队员摆脱防守，创造传球、突破、投篮得分的桥梁，而且是进攻队员发动快攻，组织与调整战术配合，瓦解防守的重要手段。

运球的种类很多，有高运球（图 6－10）、低运球（图 6－11）等。交替运用不同运球动作，能使运球更具有突然性、攻击性和时效性。

（一）高运球

移动运球时，两腿保持微屈，上体微前倾，目前视，以肘关节为轴，前臂随球自然伸屈。

图 6－10　高运球

（二）低运球

图 6－11　低运球

四、投篮

持球队员运用各种正确的手法，将球从篮圈上方投入球篮所采用的各种动作方法称为投篮。投篮是篮球比赛中唯一的得分手段。投篮的技术种类较多，最常见的有原地单手肩上投篮、行进间单手投篮、跳起单手投篮等。

（一）原地单手肩上投篮

以右手投篮为例：右脚在前，左脚稍后，两膝微屈，重心在两脚之间，右臂屈肘略内收，上臂与地面接近平行，五指自然分开，手腕后仰，举球右肩前上方，左手扶球的左侧，两眼注视瞄准点。投篮时，两脚蹬地，同时右臂向前上方伸出，手腕前屈，食、中指用力拨球，通过指端将球投出，身体随投球出手向前上方自然伸展（图 6－12、6－13、6－14、6－15）。

图 6－12　原地单手肩上投篮

图 6－13　原地单手肩上投篮侧面图

图 6－14　原地单手肩上投篮正面图

图 6－15　原地单手肩上投篮右手局部图

（二）行进间单手投篮

行进间单手投篮动作方法（以右手投篮为例）是：当球在空中运行时，右脚向来球方向跨出一大步，同时接球，左脚向前跨出一小步，脚跟先着地，上体稍后仰，然后迅速过渡到前脚掌着地，并用力蹬地起跳，右腿屈膝上提，左脚蹬离地面。同时双手向前上方举球，腾空后，右臂向前上方伸展（图 6－16、6－17）。投篮出手后，两脚同时落地，两腿弯曲，以缓冲落地的力量。

图 6－16　行进间单手高手投篮

图 6－17　行进间单手低手投篮

（三）跳起单手投篮

跳起投篮简称跳投。动作方法：双手持球于胸腹之间，双膝微屈，投篮时，双脚用力蹬地跃起，随后将球引举至肩上，一手托球，另一手扶球侧面，当身体跃至最高点时伸臂翻腕将球投出（图 6－18）。

图 6－18 原地跳起单手投篮

五、防守对手

（一）防守有球队员

站在对手与球篮之间的位置。如对手善于持球突破，防守时多采用两脚左右开立，两臂向两侧伸出的平步防守姿势；如对手善于投篮，防守时多采用两脚前后开立，前脚同侧手臂上方伸出的防守姿势。

（二）防守无球队员

站在对手与篮球之间、偏向有球一侧的位置。对手移动时，积极运用滑步随其移动，始终与对手保持一定的距离，防止对手摆脱。

六、抢篮板球

比赛中双方队员在空间争抢投篮未中的球统称为抢篮板球。抢得篮板球是获得控球权的重要手段，是增加进攻次数和发动快攻的重要保证，是攻守矛盾转化的关键。

不管进攻或防守，抢篮板球首先都要观察投篮后球反弹的落点，判断对手冲抢路线，抢占有利位置。抢防守篮板球，要主动上步贴近对手，降低重心，身体向后靠，挡靠堵截对手；抢进攻篮板球，要及时跟进，常采用迂回冲抢，若被对手档住，可先挤向一侧，接转身绕前。提高抢篮板球的能力，除了学习抢篮板球的技术外，还要提高弹跳力和爆发力以及连续跳的能力和弹跳速度。

练习抢篮板球技术时要明确抢篮板球在比赛中的重要作用，重视培养积极的拼抢意识和勇猛顽强的拼抢作风。初学阶段应先采取分解学习的方法，再进行完整的技术学习，逐步掌握正确的技术动作。要把抢篮板球与其他攻守技术结合进行练习，如进攻篮板球与补篮、连续进攻相结合，防守篮板球与发起快攻相结合。

第三节　篮球的基本战术

战术基础配合是指两三人之间有目的、有组织地协同作战的配合方法，是组成全队攻守战术的基础。

一、进攻战术的基础配合

进攻战术基础配合是进攻队员之间，为了创造攻击机会，合理运用技术而组成的合作方法。

（一）传切配合

传切配合是进攻队员之间利用传球和切入技术所组成的简单配合。

传切配合过程中队员配合的距离要拉开，切入路线要合理。切入队员要利用假动作迷惑对手，或趁对手注意球的瞬间，掌握好摆脱时机，切入时紧贴对手，动作要快速。传球队员动作要隐蔽，及时、准确、快速地将球传给切入队员。

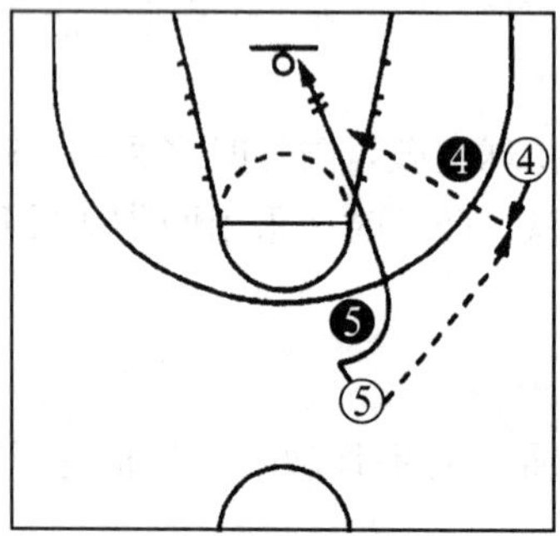

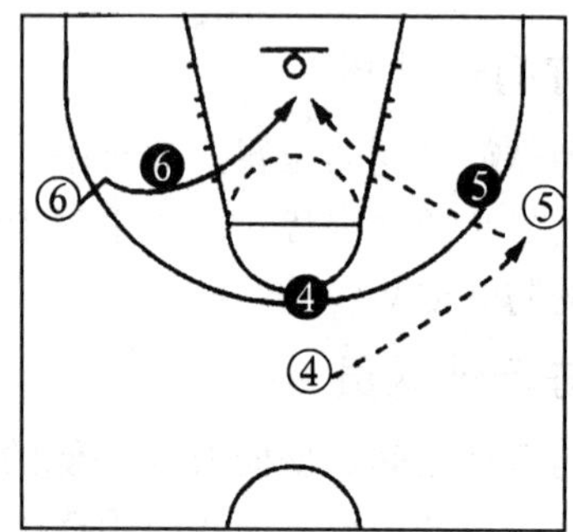

图 6－19　传切配合

（二）突分配合

突分配合是指持球者突破后利用传球与同伴配合的方法。

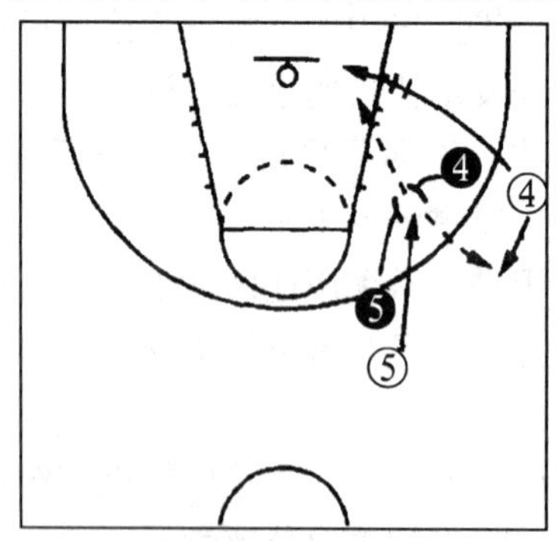

图 6－20　突分配合

（三）策应配合

是指进攻队员背对篮筐或侧对篮筐接球，由他作枢纽，与同伴空切相配合而形成的一种里应外合的配合方法。

配合队员要根据策应者的位置，及时传球给策应者远离防守方的一侧，做到“人到球到”，或设法摆脱防守后切入，绕出接球。

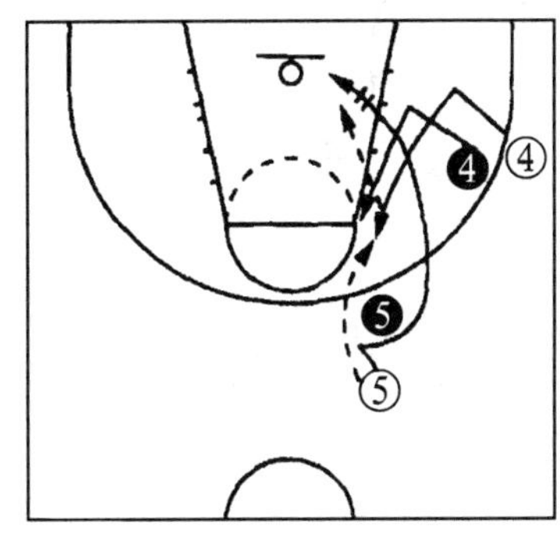
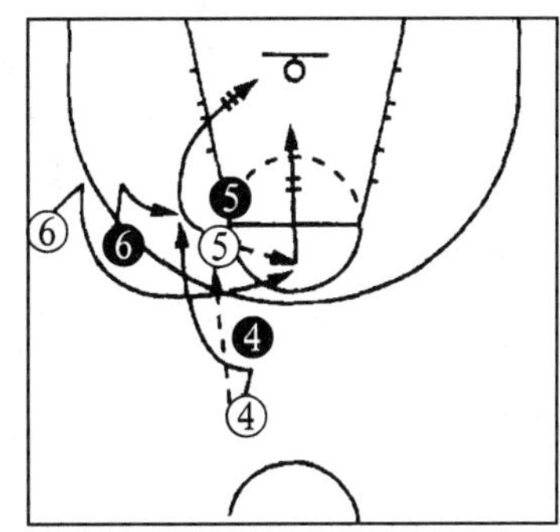

图 6－21　策应配合

（四）掩护配合

掩护配合是掩护队员采用合理的行动，用自己的身体挡住同伴的防守者的移动路线，使同伴借以摆脱防守，或利用同伴的身体和位置使自己摆脱防守的一种配合方法。

掩护配合是篮球比赛中常用的一种配合方法，我们经常可以在电视上看到比赛双方队员利用各种掩护配合摆脱防守队员。

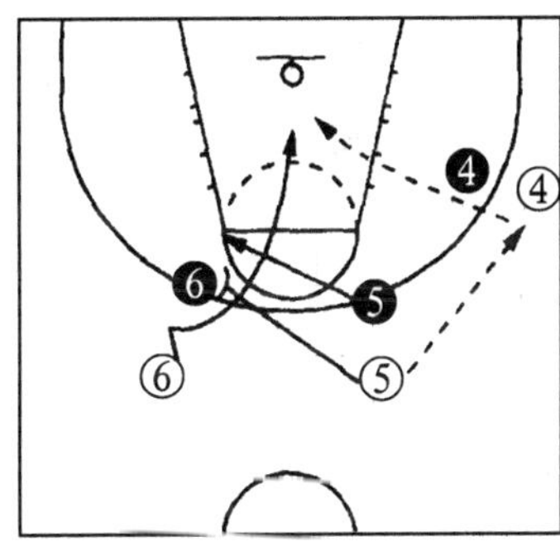
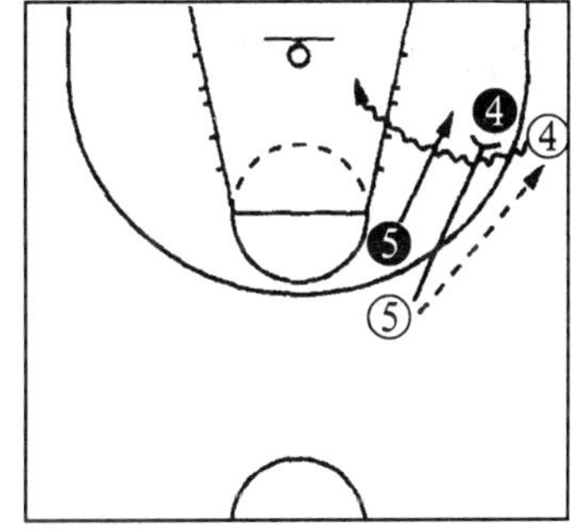

图 6－22　掩护配合

二、防守战术基础配合

防守战术基础配合是防守队员之间，为了破坏对方进攻配合，或当同伴防守出现困难时，及时互相协作和帮助的行动方法。

（一）关门配合

“关门”是两名防守队员靠拢协同防守突破的配合方法。

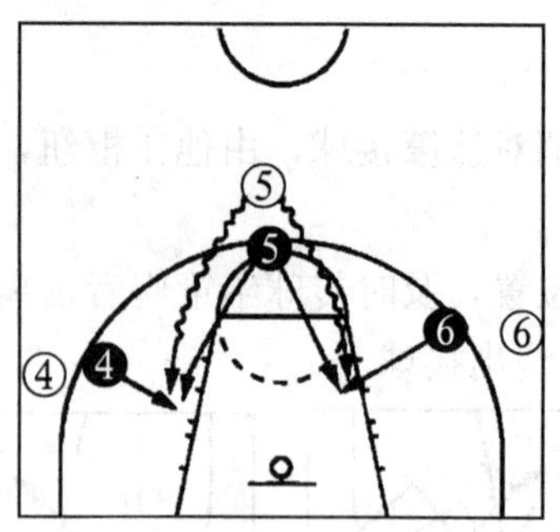

图 6－23　关门配合

（二）夹击配合

夹击配合是两名防守队员积极防守一名进攻队员的配合方法。

图 6－24　夹击配合

（三）补防配合

补防配合是指防守队员在同伴漏防时，立即放弃自己的对手，去补防那个威胁最大的进攻者，而漏人的防守队员及时换防的一种协同防守方法。

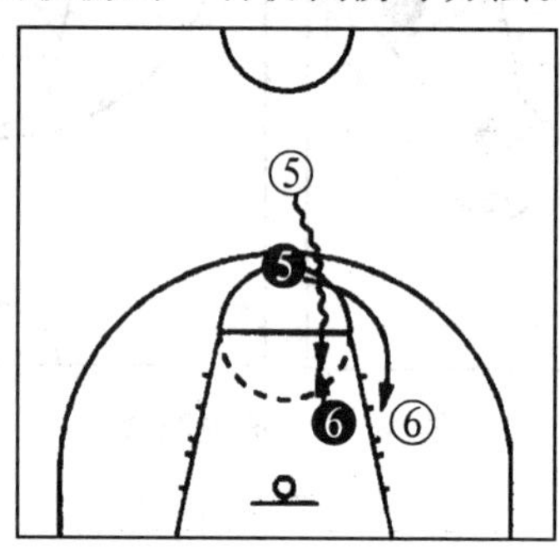

图 6－25　补防配合

有了以上的基本战术作为保障，我们就可以根据实战需要，安排全队攻防战术。全队攻防战术种类繁多，但都要以基本的攻防战术为基础。只有熟练掌握了这些最基本的攻防战术，才能学习并真正掌握全队的攻防战术。

第四节　篮球比赛基本规则

通常，国际篮联（FIBA）是篮球比赛规则的制定者，除美国男子职业篮球联赛（NBA）以外，全世界大多数国家都在使用国际篮联制定的比赛规则。为了更加适应比赛的需要，国际篮联定期对比赛规则进行修改，所以其制定的规则有严格的时限。下面对一些比较重要（相对稳定）的部分进行讲解。

一、球队的组成

（1）篮球竞赛中一个球队一般不超过10名参赛球员，如果比赛超过3场时可增至12名。

（2）比赛过程中，双方上场参加比赛的队员分别为5名。

二、比赛通则

（1）比赛时间应由4节组成，每节10分钟。如在第4节比赛时间终了时比分相等，则需要一个5分钟或多个这样的5分钟决胜期来决出比赛的胜负。

（2）第1节从中圈跳球开始比赛。后3节比赛开始从中线掷球开始，球队应交替拥有球权。所有的决胜期球队的进攻方向应与第3、4节相同。

（3）在第1、2、3节中，每队每节可准予1次暂停，第4节可准予2次暂停，每一决胜期准予1次暂停。

（4）如球队在预定的比赛开始后15分钟不到场或不能使5名队员入场准备比赛，应判该队弃权而告负，并判给对方以20：0获胜。如比赛中某队场上队员少于2名时，应判该队由于缺少队员而告负，比分处理：若该队比分领先，则判对方以20：0获胜；若该队比分落后，则以比赛停止时的比分为准。

三、违例及其罚则

违例是违反规则的行为。其罚则是判发生违例的队失去控制球权，由对方在违例的就近地点掷界外球。

（一）跳球违例

下列情况为跳球违例：

（1）跳球队员以助跑方式起跳拍球。

（2）球未达最高点拍击球。

（3）跳球队员直接在跳球中抓住球或拍击球超过2次。

（4）球拍击后在球未触及地面、非跳球队员、篮板之前跳球队员首先触及球。

(5) 不参与跳球。

(6) 非跳球队员在跳球队员未拍击球前过早进人跳球圆圈。

(二) 运球违例

队员第一次运球后，当队员用双手同时触球或使球在一手或双手中停留的瞬间为运球结束，不得再次运球，否则应判运球违例。

(三) 带球走违例

下列情况为带球走违例：

(1) 当一个持活球队员在传球或投篮过程中，球离手前中枢脚落回地面时。

(2) 在运球开始当球离手前中枢脚提起离开地面时。

(3) 当一个持活球队员倒地并滑动、滚动或试图站起来时。

关于中枢脚的确定：静止间双脚着地接球，可用任一只脚作为中枢脚，若一只脚提起瞬间则另一只脚为中枢脚；移动中合法接球停步，若双脚同一节拍停步（跳步急停），可用任一只脚为中枢脚，若两只脚先后着地合法停步（跨步急停）则以先着地的脚为中枢脚；若队员接球一只脚落地后，再跳起此脚并双脚同时着地，则两只脚都不是中枢脚。

(四) 三秒违例

当某队在场上控制活球并且比赛计时钟正在运行时，该队队员不得停留在对方篮下的限制区内持续超过 3 秒时间，否则应判三秒违例。以下情况应默许：篮下连续投篮，已试图离开限制区；正在运球投篮或同队队员正在做投篮动作。队员离开限制区时必须是双脚置于限制区外的地面上（限制区的边线也属限制区）。

(五) 被严密防守五秒违例

当一个队员在场上正持着活球，这时对方处于严密防守状态，该队员在 5 秒内不能传、投或运球时，应判五秒违例。

四、犯规及其罚则

犯规是违反规则的行为，含有与对方队员不正常身体接触动作和违反体育道德的举止。因身体接触而造成犯规的称为侵人犯规。有违反体育道德的举止、不含有身体接触的犯规称为技术犯规。

(一) 处理身体接触的原则

篮球比赛中，10 名队员在有限的场地上进行激烈的对抗，发生身体接触显然是不可能避免的。如果队员为了抢球以正常的动作发生身体接触，此接触并没有置对方于不利，则可不必给予处罚，但从背后或侧面去造成身体接触是不正常的动作，而且此接触也导致对方不利，则应给予处罚。在执行有关规则处理，身体接触的过程中，要依据规则的精神和意图，要坚持比赛完整性的需要，要关注有关队员的能力和他们的态度、行为，要使比赛保持流畅、平衡。

(二) 侵人犯规的性质、种类及其罚则

侵人犯规包括队员发生阻挡、撞人、从背后防守、拉人、非法用手、推人、非法掩

护、双方犯规、违反体育道德犯规、取消比赛资格犯规及打架等。

侵人犯规的罚则：

（1）队员发生侵人犯规后均应登记犯规次数，若被侵犯的对方队员未做投篮动作，则判由对方就近掷界外球。若被侵犯对方队员正在做投篮动作，中篮得分有效，再判追加罚球1次；如不中，则根据被侵犯队员投篮地点判给2次或3次罚球。

（2）违反体育道德犯规，登记队员犯规次数，并判给被侵犯队员2次罚球，罚球结束后罚球一方仍享有控球权，由该队掷界外球开始比赛（即两罚一掷规则）。

（3）取消比赛资格犯规，其罚则同违反体育道德犯规。

(三) 技术犯规种类及其罚则

技术犯规包括队员技术犯规，教练员、替补队员、其他随从人员技术犯规和比赛休息期间技术犯规。

技术犯规的罚则：

（1）队员发生技术犯规后应登记犯规次数，并判给对方2次罚球，罚球结束后罚球一方仍享有控球权，由该队掷界外球开始比赛。

（2）教练员、替补队员及随从人员发生技术犯规，登记有关教练员犯规次数，并判给对方2次罚球，罚球结束后罚球一方仍享有控球权，由该队掷界外球开始比赛。

（3）比赛休息期间技术犯规，登记有关人员犯规次数（属队员技术犯规，累计全队犯规次数；属教练员技术犯规，不累计全队犯规次数），判由对方队罚球2次，随后在中圈跳球开始比赛。

1. 篮球运动起源于哪个国家？
2. 在FIBA的规则下，一场篮球比赛的时间以及场上队员是多少？
3. 投篮有哪几种方式？它们的技术要点是什么？
4. 防守主要分为哪几种？
5. 试述突分配合战术的配合要点，并编排一种突分配合战术。
6. 试述策应配合战术的使用环境，并指出怎样才能更好地运用此战术配合。
7. 简述在国际篮联的规则下裁判对犯规队员的判罚要点。
8. 课外实践活动练习：

（1）运球基本技术练习。

（2）投篮基本技术练习。

（3）篮球战术的策应配合、传切配合、突分配合以及防守的关门配合、夹击配合练习。

第七章 排球

教学目标 学生应通过本章的学习了解排球的起源与传播、排球运动的特点、排球运动的技战术与练习方法，以及如何参加排球比赛。

第一节 排球运动的起源与传播

排球运动1895年起源于美国，由美国人威廉·摩根所创造的“空中飞球”不断演变而成，后来传入欧洲才逐渐发展成竞赛项目。当时比赛是每方16人，每队成四排，故称“排球”。以后又改为九人制，直到20世纪50年代初才改成六人制，同时制定了规则。

排球运动于1905年传入我国。1950年我国就把九人制排球改为六人制，并在全国举办训练班，大力进行推广和普及。1956年，全国实行甲、乙、丙级联赛，随后又将排球列为第1届全运会比赛项目。在20世纪70年代，我国排球运动在进攻战术和拦网技术上都有独到之处。在1977年世界杯男、女排球比赛中，中国队分别取得了第五名和第四名的成绩，我国排球开始跨入世界先进行列。1979年，中国女排在亚洲排球锦标赛上战胜号称“东洋魔女”的日本队，首次获得亚洲冠军。从此中国女排在世界排坛上脱颖而出，1981年世界杯赛首获冠军，随后又连续在两届世界排球锦标赛、第23届奥运会和1985年世界杯赛上夺魁，成为世界排球史上第一支“五连冠”的女排。

排球是“三大球”中唯一的隔网项目，比起对抗激烈的足球、篮球，运动强度适中，易学易练，深受各阶层人们的喜爱。它在发展的过程中又不断分化、繁衍，形成了多种多样的形式，如沙滩排球、九人制排球、小排球、软式排球、残疾人排球等。

第二节 排球运动的比赛规则与场地

一、比赛方法

排球运动是由两支人数相等的球队，在被球网隔开的两个均等的场区内，根据规则以身体任何部位将球从网上击入对方场区，而不使其在本方场区内落地的、集体的、攻防对抗的体育项目。

排球比赛是由一名队员在发球区内用一只手将球直接击过球网开始的。每方最多击球3次使球过网，不得持球。一名队员不能连续击球两次。比赛不间断地进行，直至球落地、出界或某队犯规。

发球队胜一球后，该队同一名队员继续发球。接发球队胜一球后，按预先登记的发球顺序，换下一名队员来发球。在每球得分制的比赛中，发球队胜一球得 1 分，接发球队胜一球得发球权同时得 1 分。比赛有五局三胜制、三局两胜制和一局胜负制。每局的胜负为限分制，即首先达到规定分数的队为胜队。正规比赛一般是 25 分（决胜局为 15 分），即先达到 25 分（决胜局为 15 分）的队为胜队。

二、比赛场地

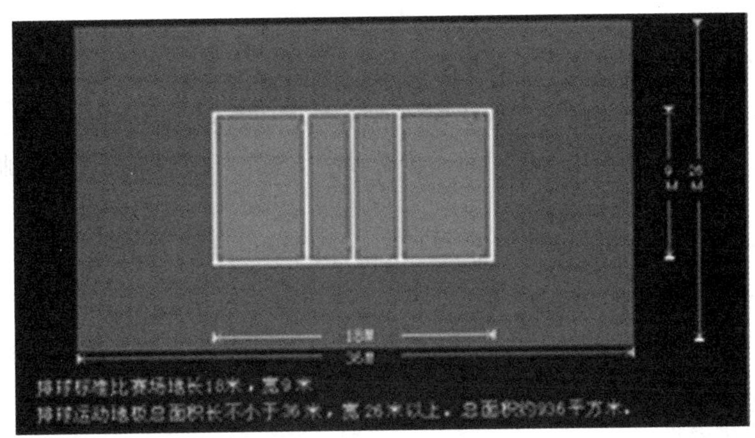

图 7-1　排球比赛场地

排球比赛场地长 18 米，宽 9 米，场地四周至少 2 米（室外至少 3 米）为无障碍区，从地面向上至少 7 米为无障碍空间。

比赛场地的地面必须是平坦、水平的。比赛场地界限的长线叫边线，短线叫端线。连接两条边线中点的线叫中线，它将场地分成均等的两个场区。中线两侧 3 米处与中线平行的线叫进攻线。进攻线前为前场区，进攻线后为后场区。两端线后为发球区。

场上所有线宽均为 0.05 米，视为场区的一部分。场地各条线应为白色或黄色。

球网张挂在中线的垂直面上空。正式比赛男子网高 2.43 米，女子网高 2.24 米（儿童和少年的球网高可根据实际情况另作规定）。

第三节　排球的基本技术和练习方法

排球基本技术是排球运动的基础，以发球、垫球、传球、扣球、拦网和移动等基本技术组成。

一、准备姿势

根据场上情况有稍蹲、半蹲、低蹲准备姿势，其中半蹲准备姿势运用最多，也是最基础的姿势（如图 7-2）。接发球时，各个位置上的队员均摆出准备姿势。

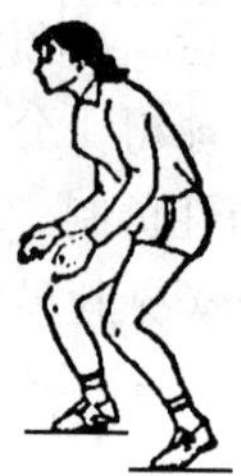

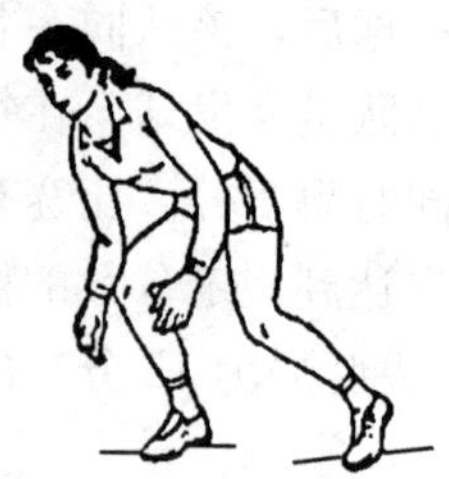

图 7-2　准备姿势

二、移动

移动是为了迅速接近来球，取好合理的击球位置，保持好人与球的位置关系，便于完成各种击球技术动作。移动由起动、移动步法和制动三个环节组成。要根据临场技术和战术的需要，采用不同的步法。

（一）移动步法

1. 并步与滑步

一脚先向前或向同侧跨出一步，同时另一脚蹬地，向跨步脚并上，成接球前准备姿势。连续并步就是滑步。

2. 跨步与跨跳步

当来球较低、速度又快时，一脚用力蹬地，另一脚向来球方向跨一大步，跨出腿屈膝，上体前倾，臀部下压，重心移至跨出腿，后腿自然伸直，两臂前伸。跨步过程中有跳跃腾空即为跨跳步。

3. 交叉步

以向右交叉步为例：上体稍向右转，左脚从右脚前面向右交叉迈出一步，然后右脚向右跨出一大步，同时身体转向来球方向，保持击球前的姿势。

4. 跑步

跑步时两臂要配合摆动，如球在侧方或后方时应边转身边跑。

5. 综合步

即以上各种步法的综合应用。

（二）练习方法

1. 徒手模仿练习

根据教师的讲解示范，进行各种准备姿势和移动步伐的模仿练习。

2. 组合练习

全体学生根据教师的手势或哨音信号做准备姿势和各种移动的练习。

3. 结合球的练习

两人一组，相距 6 米，一人持球，一人做准备姿势后，用各种移动步法接住来自不同距离和不同方向的来球。

三、垫球

垫球是用于接发球和接扣球的主要方法，是组织进攻战术的基础。

垫球技术一般可以分为正面双手垫球、跨步垫球、体侧垫球。

(一) 动作方法和技术分析

1. 正面双手垫球

正面双手垫球是最基本的垫球方法，是各项垫球技术的基础，只有在掌握这种技术以后，才能进一步学习和运用其他垫球技术。

(1) 手型：目前常用的垫球手型是叠掌式，即两手手指和前半手掌上下重叠，掌根紧靠，两拇指朝前平行，前臂外翻靠拢，两臂伸直，手腕下压，使有臂内侧形成垫击平面(如图 7—3)。

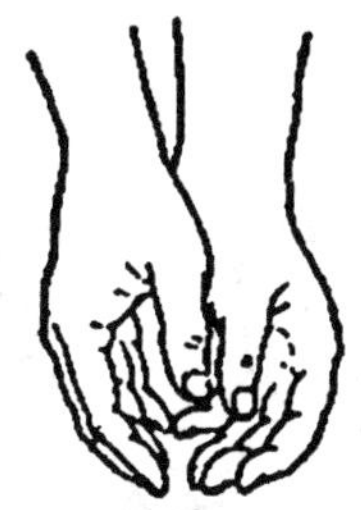

图 7—3　正面双手垫球手型

(2) 击球点：前臂腕关节以上 10 厘米左右桡骨内侧平面击球。垫击球部位过高或过低，不易垫准和垫稳，并且还容易造成持球、连击犯规或垫球失误等（如图 7—4)。

图 7—4　正面双手垫球击球点

(3) 垫球：垫球时双臂伸直夹紧插入球的下部，用前臂的内侧平面击球的后下部，并利用蹬地、抬臂、压腕顶肘和身体协调动作将球垫起（如图 7—5)。

图 7－5　正面双手垫球

2. 侧面双手垫球

当来球飞向体侧、速度较快、来不及移动垫球时，可用双臂在体侧进行垫击。体侧垫球可扩大防守范围，但不易控制垫球的方向、弧线和落点。

当来球向左侧飞来，右肩微向下倾斜，用两臂在左后方向前切住球，用两前臂击球后下部将球垫出。（如图 7－6）

图 7－6　侧面双手垫球

3. 跨步垫球

当来球速度快、部位低、离人近时，要看准来球，及时向前或向侧方跨出一大步，两臂前伸，用前臂击球后下部。要做到“一插快，二夹紧，三抬臂”的动作要领。

（二）练习方法

1. 模仿练习，徒手试做

模仿教师的垫球手臂动作和完整的垫球动作，两人一组，相互纠正错误动作。要求动作正确、协调。

2. 抛接球练习

两人一组，相距 3 米，一人持球向同伴前、后、左、右抛去，同伴用各种步伐快速移动，双手把球接住。反复试做。

四、传球

传球是排球运动一项最基本的技术，是组织进攻战术的基础。传球的种类很多，其中正面双手上手传球最为基本，主要运用于比赛中二传。

（一）正面双手上手传球

正面双手上手传球，以两手的拇指、食指、中指承受来球的压力，无名指和小指在球

两侧协助控制传球方向（如图 7－7）。在触球瞬间，用伸臂、手指和手腕的弹力、结合蹬地展体力量将球传出。

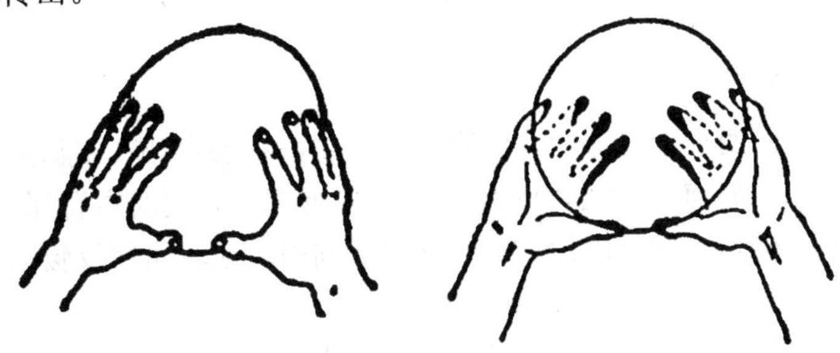

图 7－7 正面双手传球手型

(二) 练习方法

(1) 两人一球，相距 4～6 米，互相一抛一传，反复练习。

(2) 两人一球，相距 6 米，做前后、左右方向移动传球和垫球。

(3) 分成 2～4 组，站成圆圈，做传、垫球比赛。在规定时间内，以落地次数少为胜。

(4) 分成 2～4 组，在进攻线上成纵队站立，做过网传、垫球练习。

五、发球

发球是由队员在发球区内自己抛球，用一只手将球从网上空两标志杆内击入对方场区的技术动作。发球技术种类有正面发球和侧面发球，都可以用上手和下手发球，并能发出飘晃和旋转等不同性能的球。

发球是比赛的开始。它既可直接得分，又能破坏对方战术配合。

(一) 发球的基本技术

发球技术方法较多，最基本的有以下几种。

1. 正面下手发球

以右手发球为例：在端线外，身体面对球网，两脚前后开立，两膝微屈，上体稍前倾，右手持球于腹前。发球时，将球在右肩前向上抛 20～30 厘米高，同时右臂伸直后摆。击球时，以肩为轴由后向前挥臂，在腰腹右侧，用手掌击球的后下部。同时，右脚蹬地，重心随着前移，立即进场（如图 7－8）。

图 7－8 正向下手发球

2. 侧面下手发球（以右手发球为例）

以右手发球为例：左肩对球网，双脚左右开立约同肩宽，两膝微屈，左手持球于腹前。发球时，将球在身前正前方上抛约 30 厘米高，高身体一臂远，同时右肩摆至右侧下方。击球时，右脚蹬地左转，带动右肩前摆用手掌或虎口击球扣下部，重心移至左脚，面向球网，随即进场。

3. 正面上手发球

以右手发球为例：身体面对球网，两脚前后开立，右手发球，左脚步在前，左手持球于胸前。发球时，向右肩前上方抛至高于击球点 30 厘米处，同时右臂屈肘向后上方举起，挺胸展腹，上体稍右转，当球下落约一臂高度时，利用蹬地转体和收腹动作带动右臂向前挥动，用手掌击球后半部（如图 7－9）。

图 7－9 正面上手发球

（二）练习方法

（1）两人一球，相距 10 米对面站立，互相对发球。先练习正面或侧面下手发球，然后练习正面上手发球。

（2）分成 2～4 组，相距 6～12 米成纵队隔网相对站立，练习正面、侧面和正面上手过网发球。

（3）分成 2 组，做接发球练习。一组依次在发球区发球，另一组在场内接发球。两组交换进行。

（4）分 2 组站立，进行发球比赛。两组同时对发球。在规定轮次中，以发球成功次数多者为胜。

六、扣球

扣球是进攻中最积极和有效的方法，是得分的重要手段。根据击球挥臂方向与技术动作特点的不同，可分为正面扣球和勾手扣球两大类。在正面扣球的基础上，又有快球、转体、转腕、平拉开、短平快、时间差、位置差，以及轻吊、重吊、轻打、夹塞、打手出界等，但最基本的还是正面扣球。

（一）扣球技术

正面扣球技术，由助跑起跳、空中击球和落地动作组成。

1. 助跑和起跳

一般以两三步助跑为主。右手扣球时，左脚自然迈出一步，接着右脚跨出一大步，同时两臂摆至后下方，重心前移，左脚迅速跟上，在右脚稍前着地，两臂从体侧上摆，双脚用力蹬地向上跳起（如图 7－10）。

图 7－10　助跑和起跳

2. 击球和落地

起跳后，抬头挺胸，两臂屈肘抬起高于肩，上体向右侧扭转，右臂屈肘向头后拉开，手臂放松。击球时，迅速转体收腹，带动手臂挥动。当臂挥至前上方时，手臂伸直，用手掌击球后中上部，手腕快速下甩，将球扣入场内。落地时，两脚屈膝收腹，控制下落力量（如图 7－11）。

图 7－11　击球和落地

（二）练习方法

（1）原地模仿扣球手臂挥摆和击球手法的练习。

（2）原地对墙扣球练习。

（3）原地对墙（网）自扣反弹球。强调手包球、打满球及击球手臂的动作正确。

（4）原地扣球：两人一组，相距 5～8 米，自抛自扣，球触地反弹后下落到另一人能控制的范围内。反复试做。

（5）助跑步伐及起跳的练习：准备姿势后，反复徒手练习一步助跑后的起跳扣球动作。熟练后，练习两步助跑、三步助跑及跑步的扣球动作。

（6）网上扣固定球的练习：用一、二、三步助跑起跳后，在网上扣固定高度的球。要求用慢速助跑，注意体会正确的完整的技术动作。反复试做。

（7）扣不同的位置、不同性能的球：扣球人站立于 3 米线后的 4、3、2 号位，自抛自传给二传，扣不同位置、不同性能的个人战术球及集体战术球。

七、拦网

拦网在比赛中不仅是第一道防线，而且是得分和转守为攻的主要手段。

（一）拦网技术

拦网技术主要分单人拦网和集体拦网。单人拦网是集体拦网技术的基础。

1. 单人拦网

根据拦网距离，可分别采用并步、交叉步和跑步快速移动到网前，然后双腿屈膝，用力蹬地跳起。腾空后，两臂经胸前向头前上方和网的上沿伸出，手指分开。手触球瞬间，手腕前屈下压，外侧手腕稍向内转，将球拦入对方场内（如图 7—12）。

图 7—12 单人拦网

2. 集体拦网

集体拦网是双人和三人的拦网形式，是在对方大力扣球的情况下采用的。它是由单人拦网组成的，最关键的是队员之间的协同配合。

（二）练习方法

（1）分 2 组，成横排在中线两侧隔网相对站立，听教师信号同时原地跳起，两人手掌在网上相触，体会拦网动作。

（2）分成 2 组，一组在 2、4 号位扣球，另一组站在网前相应位置上，做拦网练习。两组交换进行。

第四节 排球的基本战术

一、排球基本战术的概念

排球战术，是队员在比赛中根据排球运动的比赛规律、彼此双方的具体情况和临场的发展变化，有意识地运用技术配合所采取的有目的、有预见性的行动。

根据战术的参与者，排球战术可分为个人战术和集体战术两部分。前者是指个人根据临场情况有目的地运用技术的过程，包括发球、二传、扣球、一传、拦网、防守等。如扣球时的变线、变点、变速、变弧度、变力量和变性能均属于个人扣球战术。集体战术则是指两个或两个以上队员之间有组织、有目的的集体协同配合。个人战术是集体战术的组成部分，集体战术是个人战术的综合体现。两者相辅相成，互相促进，互相补充。

根据战术的性质，排球战术又有进攻战术和防守战术之分。

（一）进攻战术

1.“中二传”进攻战术

“中二传”进攻战术的基本配合方法是由前排 3 号位队员担任二传，其他五名队员都

将来球垫（传）给二传队员。这种进攻配合方法是进攻战术中最基础、最简单的一种进攻战术形式（如图 7－13）。

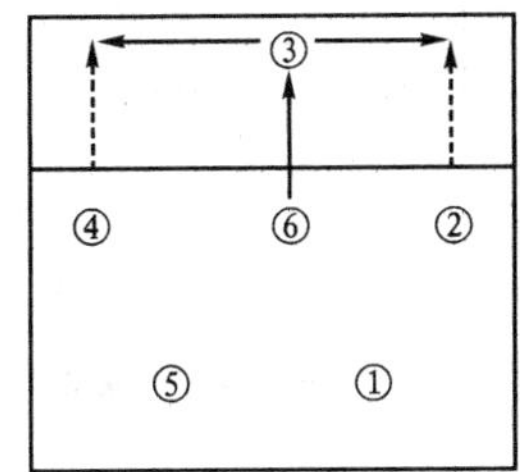

图 7－13　“中二传”进攻战术

2. “边二传”进攻战术

“边二传”进攻战术也是一种比较简单的进攻战术形式。它与“中二传”进攻战术相同之处，都是前排只有两名进攻队员，其不同之点是二传队员不是站在 3 号位，而是站在 2、3 号位之间，将球传给 3 号位或 4 号位队员进攻。这种进攻战术称为“边二传”进攻战术（如图 7－13）。

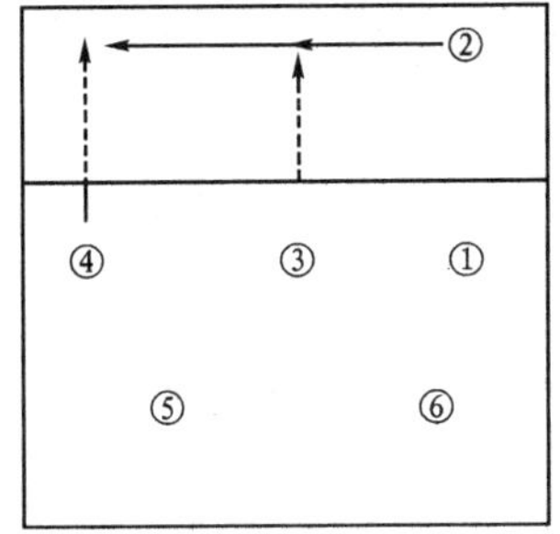

图 7－14　“边二传”进攻战术

3. “后排插上”进攻战术

“后排插上”进攻战术是现代排球的主要战术形式之一。其方法是：由站在后排的二传队员在对方发球击球后，或本队员将对方进攻的球防起之后，迅速插到网前担任二传，将球传给前排三个进攻队员中任何一个队员扣球进攻，其他两个队员佯攻掩护。根据后排队员插上时起动的位置不同，这种战术可以分为 1 号位插上、6 号位插上和 5 号位插上（如图 7－15）。

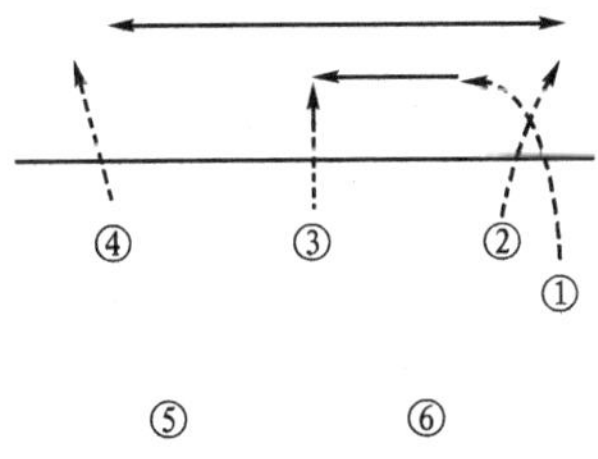

图 7－15　“后排插上”进攻战术

（二）集体防守战术

集体防守战术最基本的形式是五人接发球，如图 7－16 所示。

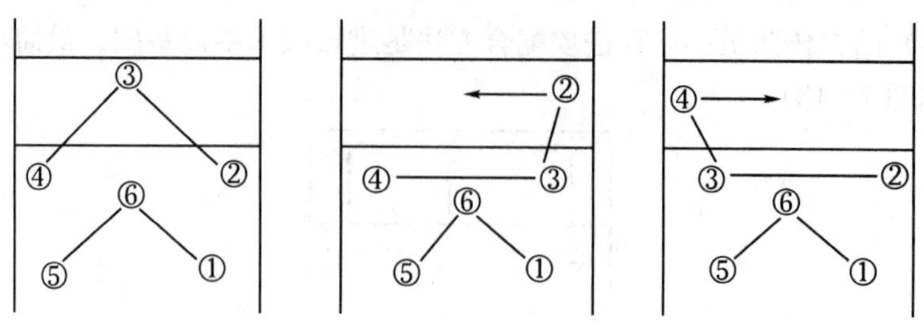

图 7－16　五人接发球阵形

二、阵容配备

(一)“四二”配备

即场上有 2 个二传手、2 个主攻手和 2 个副攻手。

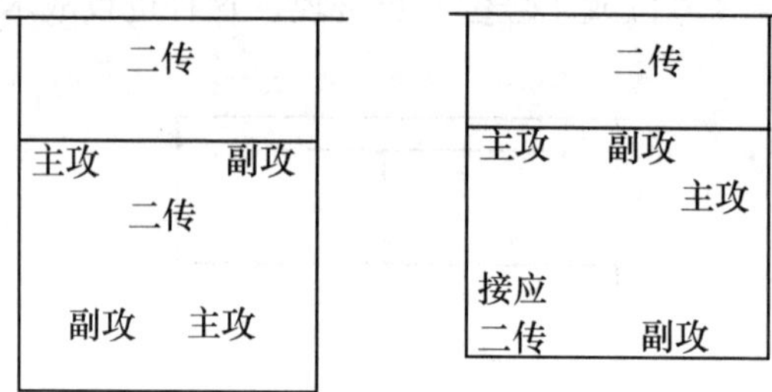

图 7－17　“四二”配备

(二)“五一”配备

即场上有 1 个二传手，其余全是攻手。高水平运动员一般都采用这种配备。

(三)“三三”配备

即场上有 3 个二传手，3 个攻手。

1. 排球运动与其他球类项目相比，有何特点？
2. 参加排球运动有什么好处？
3. 简述我国排球运动的发展概况。
4. 什么是排球技术？排球技术包括哪些内容？
5. 课外实践活动：

(1) 基本发球练习。

(2) 基本传球练习，注意手型。

第八章　足　球

通过本章的学习，学生将了解足球运动的起源与发展，掌握足球运动的基本技术与战术，理解足球比赛的规则与基本判罚，并在掌握如何欣赏足球比赛的同时提高自己的运动兴趣。

第一节　足球的起源与发展

足球运动深受世界各国人民的喜爱，有“世界第一运动”之称。

足球运动是一项古老的体育活动，源远流长。一般认为它最早起源于我国古代的一种球类游戏“蹴鞠”，后来经过阿拉伯人传到欧洲，发展成现代足球。所以说，足球的故乡是中国。不过，据另一种说法，在中世纪以前，希腊人和罗马人就已经从事一种足球游戏了。他们在一个长方形场地上，将球放在中间的白线上，用脚把球踢到对方场地上，当时称这种游戏为“哈巴斯托姆”。而现代足球起源地是英国。19 世纪初叶，足球运动在当时欧洲及拉美一些国家特别是在资本主义的英国已经相当盛行。

1841 年，英国伊顿公学第一次举行了每方 11 人的足球赛。因为当时学校每套宿舍住有十个学生和一位教师，因此他们就以每方 11 人进行宿舍与宿舍之间的比赛，现在的足球比赛每方 11 人的基本规则就来自这里。

1863 年 10 月 26 日，英国足球协会在伦敦剑桥大学召开了一次在现代足球史上意义十分重要的会议，草拟了第一个成文的比赛规程《剑桥规则》。但这个规程里有些条文与今天的规则相去甚远，比如当时有这样一条：当球从球门柱之间进入或在上面的空间越过，不论高度如何，只要不是被手扔、击、运进去的，都算赢一球。那时球员的位置与阵形也不同于今天：每队一名守门员、一名后卫、一名前卫和八名前锋。规则制定后不久，阵形有所改变：一名守门员、两名后卫、三名前卫和五名前锋。这是今天比赛阵形的雏形。

1900 年，足球成为奥运会表演项目，1908 年成为正式比赛项目。

1904 年，国际足联（FIFA）在法国巴黎成立。

1930 年，首届世界杯足球赛举行，此后世界杯一般四年一届，成为最重要的世界际足球赛事。

1988 年，国际足联正式决定，此后奥运会足球赛的球员年龄将限制在 23 岁以下，并列为国际足联系列赛中该年龄组的世界大赛，从 1992 年第 25 届奥运会上开始实施。这一变革使奥运会足球赛的吸引力空前提高。

1995 年 11 月，国际足联成立了由国际足联主席和各洲足联主席组成的国际足联管理委员会，负责管理一般事务。

1997 年后，国际足联又对比赛规则作了部分修改。

第二节　足球运动基本技术

一、颠球

颠球是指运动员用身体的各个有效部位连续地触及球，并加以控制，尽量使球不落地的技术动作。颠球共分为十二个部位，其中包括脚内外两侧颠球、脚背正面颠球、大腿颠球、胸颠球、肩颠球和头颠球。

二、踢球

踢球是指运动员有目的地用脚把球击向预定目标的技术。

（一）脚内侧踢球

（1）特点：触球面积大，可控性强，出球平稳准确，是短距离传球和射门的常用脚法。

（2）动作方法：踢球时应直线助跑，跨步支撑时眼睛要看球。脚落地时足尖应与出球方向保持一致，距球10～15厘米。膝关节微屈，两臂自然张开，维持好身体平衡。踢球腿以髋关节为轴由后向前摆动，在前摆过程中髋关节外展，脚翘起，脚内侧与出球方向约成90°，以大腿带动小腿快摆击球。击球时脚跟前顶，脚腕用力绷紧，以脚内侧部位击球的后中部。击球后，踢球腿应继续保持击球时的形状随球前摆。

（二）脚背内侧踢球

（1）特点：踢摆动作顺畅，幅度大，触球面积大，出球有力，且性能和线路富于变化，是中远距离射门和传球的重要方法。

（2）动作方法：斜线助跑，助跑方向与出球方向约成45°，支撑脚以脚掌处沿积极着地，踏在球的侧后方25～30厘米处，膝关节微屈，足尖指向出球方向，身体稍向支持脚一侧斜。在支持脚着地的同时，身体顺势向出球方向转动，踢球腿以髋关节为轴，大腿带动小腿呈弧形由后向前摆动。当膝盖提到接近球的内侧垂直上方的瞬间，小腿加速前提，脚尖稍外转，脚面绷直，脚趾扣紧，脚类指向斜下方，以脚背内侧部位击球的后下部。踢球后，踢球腿随球继续前提。

（三）脚背正面踢球

（1）特点：踢摆幅度大，动作顺畅，便于发力，但出球线路及性能缺乏变化，适用于远距离的传球和大力射门。

（2）动作方法：直线助跑，随着身体与球接近，两眼要紧紧地盯住球。跨步支撑时步幅要大而积极，支持脚一般踏在球的后沿侧方10～15厘米处，足尖与出球方向一致，膝关节微屈。踢球腿在跨步支撑的同时大腿后引，小腿尽力后屈。在支持脚着地的同时，弓

身送髋。在支撑腿由斜撑过渡到直撑的同时，以髋关节为轴，大腿带动小腿由后向前摆动。当膝盖提至接近球的后上方时，小腿加速前提。击球瞬间，脚背绷直，脚腕压紧，以脚背的正面击球的后中部。击球后，踢球腿应随球继续前摆。

三、运球

运球是运动员在跑动中为将球控制在自身范围内，用脚部进行的推拨球的动作。

（一）脚背内侧运球

（1）特点：控球稳，运球速度较慢，适用于掩护性运球或运球变向。

（2）动作方法：身体稍侧转并自然协调放松，步幅小，上体前倾，运球腿提起外展，膝微屈外转，提踵，脚尖外转，使脚背内侧正对运球方向，在运球脚落地前用脚背内侧推拨球，使球随身体前进。

（二）脚背正面运球

（1）特点：直线推拨速度快，但路线单一，运球时前方需要有较大的纵深距离。

（2）动作方法：运球时身体持正常跑动姿势，上体稍前倾，步幅不宜过大，运球腿提起，膝关节稍屈，膝关节前送，提踵，脚尖下指，在着地前用脚背正面部位触球后中部将球推送前进。

（三）脚背外侧运球

（1）特点：灵活性、可变性强，易于控制运球方向和发挥运球速度，并便于对球进行保护。

（2）动作方法：运球时身体持正常跑动姿势，上体稍前倾，步幅不宜过大，运球腿提起，膝关节稍屈前摆，脚趾稍内转斜下指，使脚背外侧正对运球方向，在运球脚落地前用脚背外侧推拨球的后中部。

四、接球

接球是指运动员用身体的有效部位，将运行中的球有目的地接控在所需位置上的动作。

（一）脚内侧接地滚球

（1）特点：接球平稳，可靠性强，动作灵活多变，用途广泛。

（2）动作方法：支撑脚脚尖上对来球，膝关节微屈，同侧肩正对来球。接球腿提膝，大腿外展，脚尖微翘，脚底基本与地面平行，脚内侧正对来球并前迎，当脚内侧与球接触的一刹那迅速后撤，把球接在脚下。

（二）脚掌接球

（1）特点：动作简单，控球稳定可靠，适用于接迎面地滚球或反弹球。

（2）动作方法：身体正对来球方向，移动前迎，支撑脚站在球的侧面（或前或后均可），脚尖正对来球方向，膝关节微屈。同时接球腿提起，膝关节微屈，脚略背屈，使脚底与地面略小于45°（且脚跟离开地面）。一般以前脚掌接触球的上部为宜。在触球瞬间接球脚可轻微跖屈（前脚掌下点）将球停住，也可根据需要在接球同时将球推向前方或拉向身后。

（三）大腿接球

（1）特点：接触球部位面积大，动作简单易做，适用于接有一定弧度的落降高球。

（2）动作方法：面对来球方向，根据球的落点迅速移动到位，接球腿大腿抬起，当球与大腿接触的瞬间大腿下撤，将球接到需要的位置上。

（四）挺胸式胸部接球

（1）特点：触球点高，面积宽，接球稳，适用于接胸部以上的高空球。

（2）动作方法：面对来球站立（两脚左右或前后开立），两膝微屈，重心置于支撑面内，上体后仰，下颌微收，两臂自然张开，维持身体平衡。接触球瞬间，两脚蹬地，膝关节伸直用胸部轻托球的下部使球微微弹起于胸前上方。

五、前额正面头顶球

特点：触球部位平坦，动作发力顺畅，容易控制出球方向。

（一）原地顶球

动作方法：身体正对来球方向，眼睛注视运动中的球，两脚左右开立（或前后开立），膝关节微屈，重心置于两脚间的支撑面上（或后脚上），两臂自然张开。当球运行到将垂直于地面的垂线时，两腿用力蹬地，迅速向前摆体，微收下颌，在触球瞬间颈部作爆发式振摆，用前额正面击球中部，上体随球前摆。

（二）跳起顶球

动作方法：两膝屈，重心下降，然后两脚用力蹬地起跳，同时两臂屈肘上摆，在身体上升阶段展腹挺胸，两臂自然张开，眼睛注视来球，身体自然成背弓。当球运行至身体正面时，迅速收腹，上体前摆，触球瞬间颈部作爆发性振摆，用前额正面将球顶出，同时两腿向前振摆。球顶出后两腿屈膝屈踝落地。

六、抢截球

（一）正面抢球

动作方法：抢球者两脚前后开立，迎着运球者而站，两膝微屈，身体重心下降并置于两脚间。当运球者与抢球者间的距离缩小到一定范围（即抢球者上前跨一大步可能触及球），运球者脚触球后即将落地或刚刚落地时，抢球者后脚用力蹬地并跨步向前，以脚内侧去堵截球。当已堵住球时，另一只脚应迅速上步。若抢球脚堵住球，而对手也堵住球，则抢球者应将另一只脚迅速前移作支撑脚，抢球脚在不脱离球的情况下迅速向上提拉，使

球从对手脚面滚过，身体重心也迅速跟上并将球控制好。

（二）侧面合理冲撞抢球

动作方法：当防守者并肩与运球者跑动追球时，防守者重心稍下降，靠近对手一侧的手臂紧贴身体，利用对方同侧脚离地的过程，用肘关节以上部位适当冲撞对手相同部位，使对手身体失去平衡，乘机将球控制住。

七、原地掷界外球

动作方法：两手手指自然张开，持球的后半部，两拇指靠近，虎口相对。两脚前后或平行开立，膝关节稍屈，将球举在头后，身体重心放在两脚上，上体后仰。掷球时，两脚蹬地，收腹屈体，同时两臂快速前摆，身体重心前移，手腕、手臂、腰和腹部同时用力将球掷出。

八、守门员技术

（一）准备姿势

动作方法：两脚左右开立，约与肩同宽，两膝自然弯曲，身体略向前倾，两脚跟稍提起，重心放在前脚掌上。两臂自然弯曲，掌心向下。两眼注视来球。

（二）上手接球

手型：接球时，两手自然张开，拇指相对，食指与拇指成一桃形。要接触球的后中部，触球部位以手指为主，手掌上端轻微触球（掌心不能触球）。在接球的一刹那，两手要有缓冲动作，将球牢牢接在手中。

（三）下手接地滚球

动作方法：分直立接球和单膝跪立接球两种。直立接球时，两脚要自然并拢，脚尖对准来球，上体前屈，两臂自然下垂，手指自然张开，手心向前，两手接球底部。接球后，两臂同时弯曲，并互相靠拢，将球抱至胸前。

第三节　足球的基本战术

足球运动是一项对抗性的运动项目，它是由进攻和防守这对矛盾所组成的。足球战术是指比赛双方为了充分发挥个人与集体的特长，进攻对方弱点，取得比赛胜利所采用的手段和方法。根据攻防的基本特点，足球战术可分为进攻战术、防守战术、比赛阵型三大部分。进攻和防守战术又分别包括个人、集体与全队的攻防战术。

一、集体的局部配合进攻战术

足球集体战术是指两个或两个以上队员在比赛中为了完成全队攻防任务而采用的局部协同作战的配合方法。它包括二过一战术配合、三过二战术配合和反切配合等进攻战术。

（一）二过一战术配合

顾名思义，二过一是两个进攻队员通过传球配合突破一个防守队员。二过一是集体配合的基础，可以在任何场区、任何位置上运用这种方法来摆脱对方的抢截或突破防线。二过一是进攻的两个队员之间相距 10 米左右，进行一传一切的配合。要求传球平稳及时，一般多用脚内侧、脚外侧等脚法，传低平球为主。传球的位置，尽可能是接球人脚下或前面两三步远的地方。

（二）三过二战术配合

三过二是在比赛中局部地区三个进攻队员通过连续配合突破两个防守者的防守。由于这种配合有两个同队队员可以同时接应传球，因此持球人传球路线更多，且进攻面扩大。

二、全队进攻战术

全队进攻战术是指比赛中一方获得球后，通过队员之间的传递配合达到射门的目的而采用的配合方法。与局部进攻战术相比较，全队进攻战术的进攻面比较广，参加进攻的人数比较多。它包括边路进攻、中路进攻和快速反击等。

（一）边路进攻

利用球场两侧地区发起进攻的方法叫边路进攻。边路进攻是全队进攻战术的主要形式之一，其主要特点是有利于发挥进攻速度，打破对方防线，制造缺口。

（二）中路进攻

中路进攻是利用球场中间区域组织的进攻，这种进攻虽能直接射门，但难度最大，因为中路防守最为严密，突前的攻击手必须是反应极其敏锐、进攻意识强、技术高、敢于冒险、速度快和善于跑位策应的队员。

（三）快速反击

比赛中攻方进攻时，后卫线往往压至中场附近，防守人数也由于插上进攻和助攻而相对减少，此时守方如能抓住对方防区空隙较大和回防较慢的机会，乘其失球发动快速反击，往往能取得良好的效果。

快速反击是最有威胁的进攻手段，但难度较大，既要冒险，又要有准确、快速的传切配合技能。快速反击要有组织，配合要极为默契，必须进行专门的训练，否则很难在比赛中实施。

三、定位球战术

定位球战术是指在比赛中，利用死球后重新开始比赛的机会组织进攻与防守配合的战术方法。定位球战术包括中圈开球、角球、任意球、点球、掷界外球等。

在势均力敌的高水平比赛中，定位球战术有时起决定胜负作用。在配合上要利用简练的一次配合取得射门机会，配合越复杂成功率就越低。故要进行专门的练习，才能在比赛中奏效。

四、集体的局部配合防守战术

（一）补位

补位是足球比赛中局部地区集体配合进行防守的一种方法。当防守过程中一个防守队员被对手突破时，另一个队员则立即上前进行堵封。

（二）围抢

围抢是指比赛中在某局部位置上，防守一方利用人数上的相对优势（通常是两三个队员）同时围堵对方的持球队员，以求在短暂时间内达到抢断或破坏对方进攻的目的。

（三）造越位战术

造越位战术是利用规则而设计的一种防守战术，是一种以巧制胜的省力打法，因而成为一种重要的防守手段。但由于其配合难度较大，搞不好会适得其反，让对手钻空子，因此该战术往往是为水平较高的球队所采纳，但在一场比赛中也不会多次运用。

五、全队防守战术

防守战术可分为两种基本类型：盯人紧逼防守（人盯人防守），即在规定的范围内盯人紧逼，不交换看守；区域紧逼防守（盯人和区域相结合），即综合防守，紧逼和保护相结合，在个人的防区内紧逼，作交替看守。防守最根本的原则是紧逼和保护。只有紧逼才能有效地主动断抢，压制对方技术的优势而获取主动权，而保护是为了更好地紧逼和控制空当。

六、比赛阵型

（一）阵型的发展和演变

为了适应攻守战术的需要，全队队员在场上的位置排列和职责分工，称为比赛阵型。各阵型的名称是按队员排列的形状而定的。19 世纪中期世界上有了第一个比赛阵型，今天的比赛阵型更加多样、灵活。但总的说来，除了守门员，其他场上队员按位置可分为后卫、前卫、前锋。

（二）各个位置的职责

（1）边后卫的职责：边后卫主要防守对方的边锋以及其他在边路活动的进攻队员，破坏对方由边路发动的进攻，同时还可利用插上助攻来直接威胁对方球门。

（2）中后卫的职责：中后卫有突前中后卫和拖后中后卫之分。前者主要任务是盯守对方突前的最有威胁的中锋，因而又被称为盯人中后卫；后者则主要担负整个防线的指挥任务，其站位经常处于其他防守队员后面，一般称他为自由中卫。

（3）前卫的职责：前卫又常称为中场队员。中场是一个非常重要的区域，控制了中场也就是得到了比赛的主动权，因此比赛各队往往都在中场投入较大力量。

第四节　足球比赛规则选辑

比赛规则是为了保护运动员身体健康，保证公平合理、条件均等地进行比赛。对足球比赛中故意犯规和不道德行为将给予惩罚，以促进足球运动的健康发展。

一、比赛场地和球

（一）比赛场地

足球比赛的场地必须是长方形的平整场地。其长为90～120米，宽45～90米。国际比赛用场地长100～110米，宽64～75米。球门宽7.32米，高2.44米。

（二）比赛用球

比赛用球为圆形，它的外壳应用皮革或其他适合的材料制成，其周长为68～71厘米，在比赛开始时重量为410～450克。充气后的压力为0.6～1.1千帕。

在比赛进行中，未经裁判员许可，不得更换比赛用球。一场正式比赛用球最少应准备两个。

二、队员人数和比赛时间

（一）队员人数

每一场比赛由两队参加，每队上场的队员不得多于11人、少于7人，其中必须有一名为守门员。

（二）比赛时间

比赛时间分为上下两个半场，各45分钟，每半场因故损失的时间应由裁判酌情补足。如竞赛规程规定比赛结果成平局后仍须决出胜负时，则增加30分钟加时赛，进行每15分钟为上下两半时。上下两半时之间不再休息，只交换场地。加时赛结束仍为平局，则采用踢点球的方法来决定胜负。

三、比赛开始、进行和死球

比赛开始时间的计算，不是以裁判员鸣哨为准，而是以开球队员将球踢向对方半场，并须球滚动一周才能开表计时。

比赛开始至结束时均在“进行”中，包括碰门柱、横木、角旗杆、场上的裁判或巡边员弹在场内和场上队员犯规而裁判员未予判罚。

当球的整体在地面或空中越出边线或端线，或裁判鸣哨停止比赛时，即成为“死球”。恢复比赛的方式为发球门球、角球、任意球、界外球、点球和重新开球。球的整体从两门柱及横木下超过球门线外沿的垂直平面时，即停止比赛，判为对方胜一球。

四、越位

（一）越位位置

越位是指比赛中队员处于：对方半场且较球更接近于对方球门线的位置，同时在该队员与对方球门线之间，对方队员不足两人。

（二）如何判罚越位

当裁判员认为处于越位位置的队员在其同队队员踢球的一刹那干扰比赛或干扰对方，或企图从越位位置取得利益时，应判罚该队员越位。

如果队员处在越位位置时，直接接到同队队员的球门球、角球、界外球时，则不判该队员越位。

五、犯规与不正当行为

比赛中队员犯规，有的判罚直接任意球，有的判罚间接任意球。所谓直接任意球，即罚球队员可以直接将球射入对方球门得分；间接任意球，即罚球队员直接射门不能得分。除非在球进门前被其他任何队员踢或触及，方为胜一球。

（一）直接任意球的判罚

凡队员故意违反以下 10 种规定的任何一种时，均应判罚直接任意球。而如果守方队员在本方罚球区内故意违反这 10 种规定中的一项，则应被判罚球点球。

（1）踢或企图踢对方队员；

（2）绊摔或企图绊摔对方队员；

（3）跳向对方队员；

（4）带危险性冲撞对方队员；

（5）打或企图打对方队员；

（6）推对方队员；

（7）为得到球的控制权与对方队员抢截时，在触球前冲撞对方队员；

(8) 拉扯对方队员；

(9) 向对方队员吐唾沫；

(10) 故意手球（不包括守门员在本方罚球区内）。

(二) 间接任意球的判罚

(1) 危险动作；

(2) 阻挡对方队员；

(3) 越位；

(4) 阻挡守门员发球；

(5) 守门员违例，如手控球超过 6 秒、用手触及本方队员故意踢给他的球、在发出球后未经其他队员触及再次用手触及球、直接用手触及本方队员掷入的界外球。

(三) 罚球点球

罚球点球属于直接任意球，可以直接射门得分。

当两队比赛成平局（包括延长期），而比赛必须决出胜负时，则以踢球点球来决胜负，其规定和程序如下：

(1) 裁判员选定一个球门作为踢球点球的球门。双方队员都不准退出场地。

(2) 裁判员召集双方队长以投币的方式决定某队先踢球，猜中的一方应先踢球。

(3) 双方队员在踢球点球决定胜负时的位置要求：

①除踢球点球的队员及两队守门员外，其他队员应停留在中圈以内。

②踢球点球一方的守门员，必须在场内、该罚球区外，并至少距罚球点 9.15m 以外的一条与端线平行的线的后面，并在裁判员的视野之内。

(4) 两队交替各踢 5 次，在各自踢满 5 次前如果一队射中的球明显超过另一队（3∶0）时，即可结束比赛。踢球点球时裁判员要记录踢球队的队员号码和顺序。

(5) 如两队均已踢满 5 次，进球数相同或均无进球时，则仍按同样顺序继续交替踢球，直至双方踢球次数相等（无需踢完 5 次）而一队较另一队多进一球时为止。

(6) 在此期间，除场上守门员受伤可由规定数额以内的未换足的替补队员替补外，其余一律以比赛结束时在场上的队员参加踢球点球而不得以其他人替补。

(7) 只有当每方场上所有队员（包括守门员）都踢过一次后，同队的队员方可踢第二次。

(四) 掷界外球

(1) 掷界外球，直接掷入对方球门时不算胜一球。如果直接掷入对方球门内，应由对方踢球门球。

(2) 如掷界外球不按规定的方法或不在球出界的地区掷入场内，由对方队员在原出界处掷界外球恢复比赛。

(五) 球门球和角球

1. 球门球

(1) 球门球直接射入对方球门不算得分。踢球门球时，对方队员在球被踢出罚球区前，都应站在罚球区外。

(2) 踢球门球时，必须直接将球踢出罚球区，比赛方为开始，否则重踢。

2. 角球

(1) 踢角球时，球的整体必须放在角球区内，并不得移动角旗杆。

(2) 踢角球时，守方队员距球不得少于9.15m，踢角球可以直接射门得分。

第五节　足球比赛欣赏

一、对技术风格的欣赏

足球比赛中，运动员精彩的技术表演一直都是观众欣赏的焦点，进攻中巧妙的过人、精确的传球、美妙的射门让人拍案叫绝，而防守时有效的阻抢、出人意料的截断、勇猛果断的铲球同样让人称赞不已。

二、对战术打法的欣赏

技术能力表现了运动员的个人才华，战术能力则体现了球队的整体作战能力，它是一支球队获得比赛胜利的关键因素。

三、体育精神的欣赏

如所有体育比赛一样，足球比赛的目的并非单纯为了战胜并征服对手。在某种意义上，运动员通过比赛向人们展示了人类不屈服于任何困难和压力、一往无前的精神风貌。

1. 足球运动起源于哪国？当时叫什么？为什么说足球运动是“世界第一运动”？

2. 踢球技术包括哪几个环节？

3. 足球的进攻战术包括哪几种？

4. 越位的概念是什么？

5. 课外实践活动：

(1) 踢球基本技术练习。

(2) 运球基本技术练习。

(3) 停球基本技术练习。

第九章 乒乓球

通过本章的学习，学生应了解乒乓球运动的起源与发展、乒乓球运动的特点、乒乓球基本的技战术与练习方法，以及乒乓球球运动的竞赛规则与欣赏。

第一节 概 述

乒乓球运动器材设备较为简单，室内外均可进行，运动量可大可小，体强体弱都能参加活动。其特点是球小、速度快、变化多、趣味性强。因此，经常参加乒乓球运动，可发展人的灵敏性和协调性，提高动作速度、上下肢的力量及心脏血管系统和视觉系统的机能，既能强身，又能培养人勇敢顽强、机智果断、沉着冷静等优良品质。

一、乒乓球的起源

乒乓球起源于英国。欧洲人至今把乒乓球称为“桌上的网球”，由此可知，乒乓球是由网球发展而来。19 世纪末，欧洲盛行网球运动，但由于受到场地和天气的限制，英国有些大学生便把网球移到室内，以餐桌为球台，书作球网，用羊皮纸做球拍，在餐桌上打来打去。

20 世纪初，乒乓球运动在欧洲和亚洲蓬勃开展起来。1926 年，在德国柏林举行了国际乒乓球邀请赛，后被追认为第 1 届世界乒乓球锦标赛。同时成立了国际乒乓球联合会。

乒乓球运动的广泛开展，促使球拍和球有了很大改进。最初的球拍是块略经加工的木板，后来有人在球拍上贴了一层羊皮。随着现代工业的发展，欧洲人把带有胶粒的橡皮贴在球拍上。在 20 世纪 50 年代初，日本人又发明了贴有厚海棉的球拍。而最初的乒乓球是一种类似于网球的橡胶球，1890 年，英国运动员吉布从美国带回一些作为玩具的赛璐珞球，用于乒乓球运动，从此沿用至今。2012 年伦敦奥运会后，这种球将被新材料制成的球取代。

在名目繁多的乒乓球比赛中，最负盛名的是世界乒乓球锦标赛，起初每年举行一次，1957 年后改为两年举行一次。

二、中国乒乓球运动的发展

（一）旧中国的乒乓球运动

1904 年，上海四马路一家文具店的经理王道平，从日本买来 10 套乒乓球器材，从此我国开始有了乒乓球活动。1916 年，上海基督教青年会童子部添设了乒乓球房和球台，

学生中也开展了乒乓球活动。后来在北京、天津、广州等几个大城市也开展了该项活动，但参加的人数不多。

(二) 新中国乒乓球运动的发展

1949年中华人民共和国成立后，在中国共产党和人民政府的重视和关怀下，我国乒乓球运动获得了新生。1952年10月在首都北京举行了由六大行政区（中南、华北、东北、西南、西北、华东）和铁路系统体协的62名男、女选手参加的“第一次全国乒乓球比赛大会”，揭开了中国乒乓球运动发展史上新的一页。与此同时，中华全国体育总会乒乓球部加入了国际乒联。从此，全国乒乓球群众活动迅速发展起来，每年都要举行各种全国性的乒乓球比赛。我国广大人民喜爱乒乓球，也关心我国乒乓球队。中国乒乓球队自1953年建立起，经历了一个从失败到胜利，由弱小到强大的发展过程，在世界乒乓球锦标赛和各种国际比赛中获得了优异的成绩。中国乒乓球队的足迹遍及世界五大洲，通过比赛和友好访问，为增进世界各国人民的友谊，推动世界乒乓球运动的发展作出了积极的贡献。

1961年，第26届世界乒乓球锦标赛，由70名选手组成、平均年龄只有21岁的中国乒乓球队，以直拍快攻为主要打法，在比赛中充分显示了实力，取得了3项冠军（男队第一次夺得了团体冠军，又一次夺得了男单冠军，女队为我国夺得了第一个女子单打世界冠军），以及4项第二名和8项第三名，不仅大大鼓舞了中国所有的乒乓球运动员，也推动了全国乒乓球运动的蓬勃发展，在数以千万计的青少年中掀起了“乒乓球热”。

1965年在第28届世界锦标赛中，中国男、女队共获5项冠军（男、女队双双获得团体冠军），5项第二名，6项第三名，创造了当时中国队最好成绩，国际舆论普遍认为中国是“世界头号乒乓球国家"。我国乒乓球队在这届世界锦标赛所取得的成绩，进一步推动了我国乒乓球运动的大普及。据不完全统计，当时全国有近9000万人不同程度地参加了乒乓球运动，所以有些外国朋友把乒乓球叫做中国的“国球”。

进入新时期后，中国的乒乓球运动更是长期处于世界领先，在奥运会、世乒赛上获得了巨大的荣誉，成为无可争议的“乒乓球王国”。

第二节　乒乓球的基本技术

一、握拍法

世界上流行的握拍方法主要分为直拍和横拍两种。直拍的握法，手指运用较灵活，在发球变化、处理不出台近网球和追身球方面较横握拍容易。横拍的手指、手掌接触拍柄、拍面的面积比直拍大，所以它的稳定性比直拍好。

(一) 持拍方法

(1) 直拍握法：用食指第二关节和拇指第二关节扣拍的正面，虎口贴柄。其余三指弯曲贴于拍后1/3上端（图9-1）。

（2）横拍握法：虎口贴拍肩，拇指紧捏拍面，食指斜伸在拍的另一面（图 9−2）。

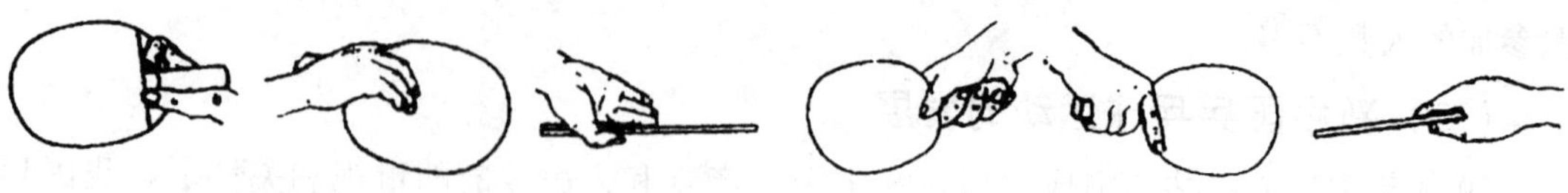

图 9−1　直拍握法　　图 9−2　横拍握法

（二）准备姿势

两脚平行站立，比肩稍宽，两膝微屈稍内扣，前脚掌内侧着地，上体略前倾，收腹、含胸，重心置于两脚之间，两眼注视来球。执拍手臂自然弯曲，置于腹前。

（三）练习方法

（1）分成 2~4 组，在老师的示范下练习准备姿势。

（2）结合步伐练习准备姿势。

二、基本步法

灵活的步伐是抢占合理击球位置、熟练运用各种手法的前提，步伐训练不能忽视。

（一）常见的移动步伐

（1）单步：以一脚前掌为轴，另一脚向各个方向移动一步。

（2）换步：以一脚向来球方向移动，另一脚随着移动一步。

（3）跳步：以一脚蹬地，两脚同时离地向前后左右跳动。

（4）侧身步：以来球同侧脚向来球方向跨出一步，另一脚跟着向后移动一步。

（5）交叉步：以来球的异侧脚向来球一侧移动并超过另一脚，接着另一脚向来球一侧移动。

（二）练习方法

（1）听口令或看手势进行步伐练习。

（2）在素质练习中进行步伐练习。

三、发球

（一）发球的技术种类

乒乓球发球技术种类较多，基本方法有正、反手发平击球，正、反手发左、右侧上（下）旋球。

（1）正手平击发球：左脚在前，身体稍右转，左手掌心托球，抛球后，待下落时前臂由后向前挥动，拍面稍前倾，击球中部。

（2）反手平击发球：右脚在前，球抛起后，右手持拍从身体左后方向前挥动，拍面稍前倾，击球中上部。

（3）正手发左侧上（下）旋球：右手持拍向右上方引拍，球下落时，手臂迅速向左下

方挥动，触球瞬间手腕向左上方转动，使球向左上侧上旋。如手腕向左下方转动，出球便向左下侧下旋。

（4）反手发右侧上（下）旋球：触球瞬间手腕向右上方转动摩擦球的中部，出球向右上旋。反之，则出球成右下旋。

（二）练习方法

（1）模仿发球动作，进行持拍摆臂练习。

（2）在球台上进行完整发球练习。

（3）用多球进行发球练习。

（4）在台上着重做第一落点的各种发球的击球练习。

四、接发球

（一）接发球判断

接发球判断的正确与否，直接影响接发球的方式和接发球的成败。为了判断发球的旋转性质、旋转强度及来球线路落点，应利用各种信息进行综合分析。

（1）站位的选择：对方在左角发球，应站在台中偏左；对方在右角发球，应站在台中偏右。

（2）旋转和落点判断：首先注意对方球拍运动方向，判准来球旋转性能、速度和落点回击球。

（3）接发球一般方法：接下旋球，用搓、拉削的方法；接上旋球，用搓或攻的方法；接不旋转球，用推或攻的方法回接球。

（二）练习方法

（1）双方对练发球并与接发球相结合练习。

（2）记分比赛，五球一换或一局一换。发球方专练发球，接发球一方专练接发球。

（3）先用固定技术接单一发球，再用不同技术接不同发球。

（4）两人一组，一人配套发球，另一人用多种技术接发球。交换进行。

注意：发球的重点与难点是发球手法、发球的力量和准确的第一落点，接发球的重点与难点是正确判断来球的旋转性能、飞行弧度和落点。

五、推挡球

推挡球的技术特点是站位近，动作小，击球早，球速快，变化多。

（一）推挡球技术的分类

推挡包括快推、加力推、减力挡等技术。

1. 挡球

（1）特点与应用：球速慢，力量轻，动作较简单，初学者容易掌握。它可以帮助初学者熟悉球性，认识乒乓球的击球规律，提高控制球的能力。

（2）要点：①挡球是推挡球技术的基础，初学者应形成正确的动作手法。②引拍时，上臂应靠近身体。③前臂前伸近球，手腕手指调节拍形，食指用力，拇指放松。

2. 快推

（1）特点与运用：快推的特点是站位近、动作小、借力还击、速度快、线路变化多。适用于回击一般的拉球、推挡球和中等力量的攻球；在相持中能发挥回球速度快的优势，推压两大角或袭击对方空档，为自己的进攻创造条件。它是推挡球最常用的一项技术。

（2）要点：击球前靠近身体，前臂适当后撤引起；在前臂向前推送的过程中，完成外旋动作；转腕动作不宜过大，关键是时机要恰当。

图 9－3 **快推**

3. 加力推

（1）特点与运用：回球力量重，速度快，击球点较高，充分发挥手臂的推压力量。比赛中运用加力推可迫使对方离台，陷于被动局面（如侧身正手攻前一板，加力推底线或大角度），与减力挡搭配使用，能有效地调动对方，获得主动。它适用于对付速度较慢、旋转较弱的上旋球或力量较轻、着台后弹起比网稍高的来球。

图 9－4 **加力推**

（2）要点：①球拍后撤上引是为了增大用力距离。②击球点适当离身体远一点。③击球时间不宜过早或过迟。④要有效地把身体各部分的力集中在击球的一瞬间。

4. 减力挡

（1）特点与运用：回球弧线低、落点低、力量轻。回接对方的大力扣杀或加力推挡时能减弱回球的力量，如与加力推结合运用，可以前后调动对方，是对付中台两面拉或两面攻打法的有效战术，它还常用于接加转弧圈球。

（2）要点：击球前身体重心略升高，稍屈前臂，球拍保持合适的前倾角度；触球瞬间，有意识地做手臂和手腕后收的动作；削弱来球反弹力的同时，借来球的力量将球挡过去，回球速度快。

图 9-5　减力挡

（二）练习方法

（1）持拍徒手模仿推挡动作。

（2）用推挡接正手平击发球，并进行左方斜线对推练习，先右脚稍前、再右脚稍后，先慢后快，先轻后重。

（3）先对推斜线，再对推直线。从一点推两点到推不同落点。

（4）一人攻球或推挡侧身攻，另一人推挡，两人轮换。

注意：先学习挡球，再学习快推、加力推、减力挡等技术；推挡球时，肘关节要贴近身体。

六、攻球

（一）主要攻球技术

攻球在比赛中是争取主动和取胜的重要技术，分正手攻球和反手攻球两类，这里只介绍正手攻球。

1. 正手快抽

左脚在前，持拍呈半横状并向前倾，当球弹起上升时，手臂和手腕向前上方挥动，同时内旋转腕击球中上部，击球后挥拍至头部。

图 9-6　正手快抽

2. 正手拉抽

左脚步在前，身体离台稍远，击球前，向右后引拍使拍稍后仰，当球下落时，上臂由后向前加速挥动提拉，同时配合手腕支作向上摩擦击球中下部，击球后挥拍至前额。

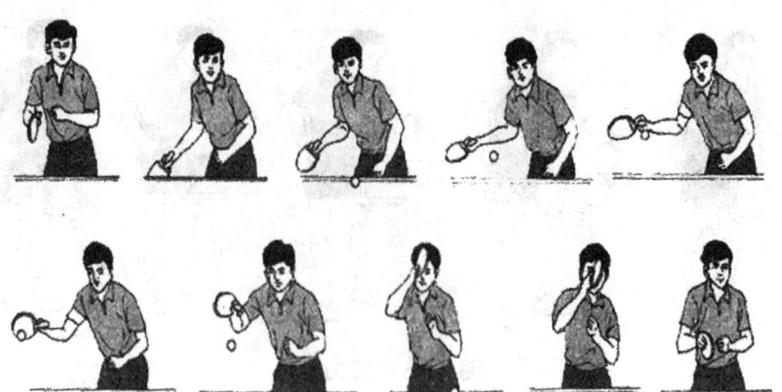

图 9－7　正手拉抽

（二）练习方法

（1）徒手模仿练习。

（2）一人发平击球，另一人进行攻球练习，反复多次。

（3）推攻练习。

（4）对攻练习。

注意：练习中注意与球台的距离，前臂的挥臂速度是动作的关键。要反复练习。

七、搓球

（一）搓球的主要种类

搓球是近台还击下旋球的一种基本技术，可分为反手搓球和正手搓球、慢搓和快搓、加转搓球和搓不转球等。

1. 慢搓

（1）特点与运用：慢搓动作幅度大，在来球的下降期击球，回球速度慢，但有利于增加搓球的旋转强度。慢搓一般适用于回接旋转较强、线路稍长的来球。在对搓中，快慢搓结合起来，可以变化击球节奏，牵制对方。

图 9－8　反手加转慢搓

（2）要点：①应根据来球的具体情况，控制好拍面的后仰角度。②击球时，前臂用力为主，转腕动作不宜过大。③搓加转球，在向下用力的同时，应增加前送的幅度。

2. 快搓

（1）特点与运用：动作幅度小，回球速度快，借来球的前进力将球搓回，常用于接发球或削过来的近网下旋球。在对搓中，利用快搓变化击球节奏，缩短对方回球的准备时间。

（2）要点：①身体重心前移，身体靠近来球。②前臂主动前伸插向球的中下部。③快

搓一般借力还击，若来球下旋弱可用力下切。

3. 搓转与不转球

（1）特点与运用：用相似的手法搓出转与不转球（相对而言），使对方判断错误而直接得分，或为抢攻创造条件。在对搓中，把旋转变化与落点变化巧妙地结合起来，可以获得更多的进攻机会，在对付削球时，能使自己从被控制的局面中解脱出来。

（2）要点：①加转是前提，转与不转间差异越大越有威力。②搓加转球时，手腕以爆发式用力为主。③搓不转球时，要注意回球的弧线。

（二）练习方法

（1）摆臂模仿练习。

（2）接下旋发球。

（3）规定左方斜线对搓。

（4）搓球变直线与正手快拉球衔接。

注意：学习按照先反手、再正手，先慢搓、再快搓的顺序；搓球动作不宜太大，要充分利用前臂和手腕转动的力量。

第三节　乒乓球的基本战术

一、发球抢攻战术

发球抢攻是我国直板快攻打法的“杀手锏”，是力争主动、先发制人的主要战术。各种类型打法的运动员都普遍采用发球抢攻来抢占每个回合的上风。发球战术运用的效果主要取决于发球的质量和第三板进攻的能力。

发球抢攻战术因打法的类型不同而有所差异。常用的发球抢攻战术，主要有以下几种：

（1）正手发转与不转。

（2）侧身正手（高抛或低抛）发左侧上（下）旋球。

（3）反手发右侧上（下）旋球。

（4）反手发急球或急下旋球。

（5）下蹲式发球。

二、接发球战术

接发球战术与发球抢攻战术同样重要，在某种意义上讲，接发球水平的高低可以反映运动员的实战能力以及各项基本技术的应用程度。事实上，接发球者只是暂时处在被控制状态，如果破坏了发球者的抢攻意图或者为他制造了障碍，减弱了对方抢攻的质量，也就意味着已经脱离被控制状态，变被动为主动了。控制与反控制是辩证的统一。

常用的接发球战术：

（1）稳健保守法。

（2）接发球抢攻。

（3）盯住对方的弱点，寻找突破口。

（4）控制接发球的落点。

（5）正手侧身接发球。

三、搓攻战术

搓攻战术是进攻型打法的辅助战术之一，主要利用搓球旋转的变化和落点的变化为抢攻创造机会。这一战术在基层比赛中被普遍采用。搓攻战术也是削球型打法争取主动的主要战术之一。常用的搓球战术有：

（1）慢搓与快搓结合。

（2）转与不转结合。

（3）搓球变线。

（4）搓球控制落点。

（5）搓中突击。

（6）搓中变推或抢攻。

四、对攻战术

对攻战术是进攻型打法在相持阶段常用的一项重要战术。快攻类打法主要依靠反手推挡（或反手攻球）和正手攻球（或正手拉弧圈球）的技术，充分发挥快速多变的特点来调动对方。常用的对攻战术有以下几种：

（1）紧逼对方反手，伺机抢攻或侧身抢攻、抢拉。

（2）压左突右。

（3）调右压左。

（4）攻两大角。

（5）攻追身球。

（6）变化击球节奏，加力推和减力挡结合，发力攻、拉与轻打轻拉结合，也可造成对手的被动局面。

（7）改变球的旋转性质，如加力推后、推下旋；正手攻球后，退至中远台削一板，对方往往来不及反应，可直接得分或创造机会球。

五、拉攻战术

拉攻战术是以攻为主的选手对付削球的主要战术。为了发挥拉攻的战术效果，首先要具备连续拉的能力，并有线路、落点、旋转、轻重等变化，其次要有拉中突击和连续扣杀的能力。常用的拉攻战术主要有：

（1）拉反手后，侧身突击斜线或中路追身球。

(2) 拉中路杀两角或拉两角杀中路。

(3) 拉一角或杀另一角。

(4) 拉吊结合，伺机突击。

(5) 拉搓结合。

(6) 稳拉为主，伺机突击。

六、削中反攻战术

我国乒坛名将陈新华以及第 43 届世乒赛男单冠军丁松成功地运用削中反攻的战术创造了辉煌，令欧洲选手手足失措，无以应对。这种战术主要靠稳健的削球限制对方的进攻能力，为自己的反攻创造有利条件。它不仅增强了削球技术的生命力，也促进了攻防之间的积极转化。常用的削中反攻战术主要有：

(1) 削转与不转球，伺机反攻。

(2) 削长短球，伺机反攻。

(3) 逼两大角，伺机反攻。

(4) 交叉削两大角，突击对方弱点。

(5) 削、挡、攻结合，伺机强攻。

七、弧圈球战术

由于弧圈球战术把速度和旋转有效地结合起来，稳定性好，适应性强，许多著名选手已用它去替代攻球或扣杀。常用的战术如下：

(1) 发球抢攻。

(2) 接发球果断上手

(3) 相持中的战术运用。

第四节　乒乓球规则与欣赏

一、乒乓球规则

图 9-9　乒乓球

图 9-10　乒乓球台

（一）球台

球台的上层表面叫做比赛台面，应为与水平面平行的长方形，长 2.74 米，宽 1.525 米，高 76 厘米。比赛台面不包括球台台面的侧面。比赛台面应呈均匀的暗色，无光泽，沿每个 2.74 米的比赛合面边缘各有一条 2 厘米宽的白色边线，沿每个 1.525 米的比赛台面边缘各有一条 2 厘米宽的白色端线。比赛台面由一个与端线平行的垂直的球网划分为两个相等的台区，各台区的整个面积应是一个整体。双打时，各台区应由一条 3 毫米宽的白色中线划分为两个相等的半区。中线与边线平行，并应视为右半区的一部分。

（二）球网装置

球网装置包括球网、悬网绳、网柱及将它们固定在球台上的夹钳部分。球网应悬挂在一根绳子上，绳子两端系在高 15.25 厘米的直立网柱上，网柱外缘离开边线外缘的距离为 15.25 厘米。整个球网的顶端距离比赛台面 15.25 厘米。整个球网的底边应尽量贴近比赛台面，其两端应尽量贴近网柱。

（三）球

球应为圆球体，直径为 40 毫米。球重 2.7 克。球应用赛璐珞或类似的材料制成，呈白色、黄色或橙色，且无光泽。

（四）球拍

球拍的大小、形状和重量不限，但底板应平整、坚硬。底板厚度至少应有 85％的天然木料，加强底板的粘合层可用诸如碳纤维、玻璃纤维或压缩纸等纤维材料，每层粘合层不超过底板总厚度的 7.5％或 0.35 毫米。用来击球的拍面应用一层颗粒向外的普通颗粒胶覆盖，连同粘合剂厚度不超过 2 毫米；或用颗粒向内或向外的海绵胶覆盖，连同粘合剂，厚度不超过 4 毫米。球拍两面不论是否有覆盖物，必须无光泽，且一面为鲜红色，另一面为黑色。拍身边缘上的包边应无光泽，不得呈白色。

（五）合法发球

发球时，球应放在不执拍手的手掌上，手掌张开和伸平。球应是静止的，在发球方的端线之后和比赛合面的水平面之上。发球员须用手把球几乎垂直地向上抛起，不得使球旋转，并使球在离开不执拍手的手掌之后上升不少于 16 厘米。当球从抛起的最高点下降时，发球员方可击球，使球首先触及本方台区，然后越过或绕过球网装置，再触及接发球员的台区。

在双打中，球应先后触及发球员和接发球员的右半区。从抛球前球静止的最后一瞬间到击球时，球和球拍应在比赛台面的水平面之上。击球时，球应在发球方的端线之后，但不能超过发球员身体（臂、头或腿除外）离端线最远的部分。运动员发球时，有责任让裁判员或副裁判员看清他是否按照合法发球的规定发球。如果裁判员怀疑发球员某个发球动作的正确性，并且他或者副裁判员都不能确信该发球动作不合法，一场比赛中此现象第一次出现时，裁判员可以警告发球员而不予判分。

在同一场比赛中，如果运动员发球动作的正确性再次受到怀疑，不管是否出于同样的原因，不再警告而判失 1 分。无论是否第一次或任何时候，只要发球员明显没有按照合法

发球的规定发球，他将被判失 1 分，无需警告。运动员因身体伤病而不能严格遵守合法发球的某些规定时，可由裁判员做出决定免予执行，但须在赛前向裁判员说明。

(六) 合法还击

对方发球或还击后，本方运动员必须击球，使球直接越过或绕过球网装置，或触及球网装置后，再触及对方台区。在单打中，首先由发球员合法发球，再由接发球员合法还击，然后两者交替合法还击。在双打中，首先由发球员合法发球，再由接发球员合法还击，然后由发球员的同伴合法还击，再由接发球员的同伴合法还击，此后，运动员按此次序轮流合法还击。

(七) 重发球

出现下列情况应判重发球：如果发球员发出的球，在越过或绕过球网装置时，触及球网装置，此后成为合法发球或被接发球员或其同伴阻挡。如果接发球员或同伴未准备好时，球已发出，而且接发球员或其同伴均没有企图击球。由于发生了运动员无法控制的干扰，而使运动员未能合法发球、合法还击或遵守规则。裁判员或副裁判员暂停比赛。在双打时，运动员错发、错接。

(八) 失分

除重发球外，下列情况均判失 1 分：未合法发球或还击；阻挡或连续击球 2 次；球连续 2 次接触本方的台区；用不合规定的拍面击球；在球处于比赛状态时，运动员或其穿戴的任何物品移动台面或触及球网装置以及不持拍手触及台面；用不执拍的手击球或球拍脱手后把手碰到球网以外的其他物体（不包括“阻挡”）；在双打中，运动员未按发球员和接发球员规定的顺序击球。

二、乒乓球欣赏

乒乓球号称“国球”，其中寄寓了丰富的民族情感，但是，真正理解并欣赏到乒乓球内在的魅力，却并不容易。这是由乒乓球项目本身的特点所致。乒乓球太小，而速度则又太快，视觉难以清晰捕捉。乒乓球的旋转是极具价值而又内涵丰富的因素，但却无法观察到，只能通过理解和想象来把握。球赛中，每一分球，都是几个回合内迅速结束，球员的技术又常常表现在手上的细微动作和球拍的晃动之中，观众很难看清，所看到的，大多是频繁的发球、失误和捡球。这样，如果缺少对乒乓球的理解，就难以领会其中的细节和奥妙。因此很多人，虽然热爱乒乓球，但观赏起球赛来，却总有兴趣索然之感。有的人，只是看个热闹，甚至连热闹都来不及看清，一场下来，其观球的印象，也仅仅胜负而已。

因此，欣赏乒乓球比赛，不仅要关注它的高强度、高对抗，而且要看到其中的门道。这就要从乒乓球的战术入手，只有了解其中的战术后，才能更加深刻的理解乒乓球这项运动。

【细节透视】

世界乒乓球锦标赛奖杯介绍

1. 男子团体冠军：斯韦思林杯。

2. 女子团体冠军：马赛尔·考比伦杯。

3. 男子单打冠军：圣·勃莱德杯。

4. 女子单打冠军：吉·盖斯特杯。

所有奖杯都是流动的。各项冠军获得者可保持该项奖杯到下届世乒赛开始前，在杯上写上自己的名字然后交给新的世乒赛争夺。唯有男女单打冠军如果连续 3 次获得勃莱德杯或连续 4 次获得盖斯特杯，则由国际乒联创作一个小于原奖杯一半的复制品，永远由获得者保存。

思考练习

1. 乒乓球的发球有几种方法？如何进行练习？
2. 乒乓球推挡技术的要领什么？
3. 正手近台快攻技术的要领是什么？
5. 课外实践活动：
(1) 基本接发球练习。
(2) 移动步伐练习。

第十章　羽毛球

通过本章的学习，学生应了解羽毛球的起源与传播、羽毛球运动的特点、羽毛球运动的技战术与练习方法，以及如何参加羽毛球比赛。

第一节　羽毛球的起源与发展

羽毛球运动是一项很受人们喜爱的运动，它的设备简单，运动员可以根据年龄的大小、运动水平的高低、场地和器材的条件等随意选择运动方式，具有很强的趣味性和观赏性。

一、羽毛球运动的起源

羽毛球运动诞生于英国，由网球派生而来。1870 年，英国一位公爵在他的领地开游园会，天公不作美，下起雨来。他为使客人们不扫兴，就改在室内进行羽毛球游戏，结果与会者兴趣盎然，此后，这项运动便风靡英国。1893 年，英国 14 个羽毛球俱乐部组成羽毛球协会。

羽毛球运动大概于 1920 年传入我国。新中国成立后，羽毛球运动得到迅速发展。如今我国羽毛球运动已达到世界先进水平。

二、羽毛球运动的发展

1877 年，第一本羽毛球比赛规则在英国出版。

1893 年，在英国成立了世界上第一个羽毛球协会，该协会在 1899 年组织举办了全英羽毛球锦标赛。

1934 年，国际羽毛球联合会成立，总部设在伦敦。

1939 年，国际羽毛球联合会通过了各会员国共同遵守的《羽毛球竞赛规则》。

1978 年，世界羽毛球联合会在香港成立。1981 年，国际羽毛球联合会和香港世界羽毛球联合会正式合并，从此揭开了国际羽坛历史上新的一页。

1992 年，羽毛球在巴塞罗那奥运会上被列为正式比赛项目。

2006 年，羽毛球新规则在试行了 3 个月后正式实施，并在该年汤姆斯杯和尤伯杯赛中首先采用。

三、开展羽毛球运动的意义

(一) 娱人娱己，享受快乐

羽毛球是一项娱乐性很强的体育活动，球的结构决定了羽毛球的飞翔有快慢、轻重、高低、远近、狠巧、飘转等千般变化。运动者通过不停的奔跑和身体动作的变化，奋力地把球击到对方的场地。每当你击出一个好球或赢得一个球时，都能使自己有一种成功的喜悦和兴奋。同时，由于动作轻盈且丰富多变，球赛节奏紧凑，羽毛球运动有很高的可观赏性。如猛虎下山的上网技术。蛟龙出水一样的跳起击球、身如满弓的扣杀、犀牛望月似的抢扑救球，一切都展示着羽毛球运动的力与美。

(二) 增强体质，提高免疫力

羽毛球运动可以全面增强体质。打满一场球赛需要练习者有较好的力量、速度、耐力、柔韧性等运动素质以及快速的反应能力。因此，经常从事这项体育运动可以发展人体的灵活性、协调性，可以提高人们上下肢及躯干的活动能力。更重要的是，它能提高呼吸系统和心血管系统的功能，促进有氧供能和无氧供能，调节神经系统，全面提高体能，使身体的免疫力加强，小病小痛自然就少了。

(三) 促进全民健康，提高生活质量

作为一项运动，羽毛球给人们带来的不仅是娱乐，更重要的是它能促进健康，全面提高人们的生活质量。

(四) 塑造性格，培养意志

羽毛球运动因其竞争性、对抗性、高强度性等诸多因素的要求，能够培养机智、果敢、积极进取的性格和在复杂情况下辨清事态的能力。任何多疑、犹豫、动摇都将导致失败。同时，比赛的紧张、竞争的激烈，能使运动者的心理素质得到很好的锻炼，从而能以良好的心态、正确的人生观去面对事业、家庭。

第二节　羽毛球的基本技术

一、握拍法

羽毛球每个技术动作都有各自相应的握拍法和指法，从不同角度击球或击出不同路线要相应地用不同握拍法。不同的运动员完成同一个技术动作，也可采用不同的握拍法和与之相配合的指法。正确而灵活多变的握拍方法，是有效的击球手法的前提条件。握拍要有利于手腕发力，能控制击球的力量的大小和击球的飞行方向。

(一) 正手握拍法

虎口对着拍柄窄面内侧的小棱边，拇指和食指贴在拍柄的两个宽面上，食指和中指稍

分开，中指、无名指和小指并拢握住拍柄，掌心不要紧贴拍柄，要留有一定空隙，拍柄端与近腕部的小鱼际肌齐平。握拍自然状态下，拍面基本与地面垂直。

正手握拍法常见错误：

(1) 拇指紧贴在拍柄内侧的宽面上。

(2) 握拍太靠上，不利于高球、杀球等技术动作的发力。

(3) 拳式握拍，各手指相互紧靠，掌心没有留出空间。

(4)“苍蝇式”握拍，虎口对着拍柄的上侧窄面而不是对着拍柄内侧的斜棱。

(二) 反手握拍法

反手握拍有两种，一种是在正手握拍的基础上，把球拍框往外转，拇指伸直贴在拍柄的宽面上，食指、中指、无名指、小指并拢。另一种是正手握拍把球拍框外转，拇指贴在球拍柄的棱上，食指、中指、无名指、小指并拢。反手握拍时，手心与球柄之间要留有空隙，这样握拍有利于手腕力量和手指力量的灵活运用。

图 10－1 正手握拍

二、发球

发球作为组织进攻的开始，其质量的好坏直接关系到比赛的主动或被动，以致得失分。发球可分为正手发球和反手发球，按发球的空中飞行弧线又可分为发网前球、平快球、平高球、高远球。除发高远球多采用正手发球外，其余用正手和反手均可。

(一) 正手发球

身体左肩对球网，两脚分立，与肩同宽。左脚在前，脚尖向网；右脚在后，脚尖稍向右侧，重心放在右脚上。准备发球时，右手握拍向右后侧举起，肘部微屈，左手拇指、食指和中指夹住球，举在腹部右前方。准备发力击球时，先放开球，然后挥拍击球。击球时，身体重心由右脚移至左脚上。用正手发不同的弧线球，击球前准备与前期动作要一致，只是击球时与其后动作有所不同。

1. 正手发后场高远球

正手发后场高远球是用正手握拍法，以正拍面将球击得又高又远，球飞行到对方的端线上空后突然改变方向，垂直落至端线（底线）附近的一种发球。由于球处于对方端线，该发球技术可有效地调动对方并削弱其进攻的威力，在单打中被普遍采用。

图 10-2 正手发球

正手发后场高远球的技术动作要领：

（1）准备姿势：发球站位视各人的习惯选择在场地中场附近。两脚自然分开，左脚在前，脚尖对网；右脚在后，脚尖稍向右侧，重心放在右脚上。用左手拇指、食指和中指夹持住羽毛球中部，自然抬举于胸前方。右手正手握拍，自然屈肘，举至身体的右后侧，成发球前的准备姿势。

（2）击球动作：持球手松开，使球自然下落。右手持拍臂自下而上沿半弧形做回环引拍动作，同时开始转体，当拍挥至身体右侧前下方击球点上的瞬间，前臂迅速内旋带动手腕闪动，展腕发力，用正拍面将球击出，身体重心随转体动作逐渐由右脚移至左脚上。

（3）击球后的动作：身体重心完全移至左脚上，持拍手随击球动作完成后的自然惯性向左上方挥动。在发球的过程中，双脚均不能离开地面或移动。

2. 正手发后场平高球

正手发后场平高球是用正手握拍法，以正拍面击出飞行弧度较发后场高远球低的球的一种发球方式。球飞行的高度以对方跳起无法拦截为佳。由于球飞行弧度不高，速度相对就快，是单打战术中具有一定进攻性的发球。双打中若与发网前小球配合使用，则可以增加对方接发球的难度。

正手发后场平高球的技术动作要领：

（1）准备姿势和击球后的动作均与正手发后场高远球相同。

（2）击球时以小臂带动手腕发力为主，拍面与地面的夹角小于 45°，向前推进击球。

3. 正手发后场平射球

正手发后场平射球是用正手握拍，以正拍面击出飞行弧度比正手发后场平高球还要低的球的一种发球方式。球几乎是擦网而过，直射对方后场。由于速度极快，故突击性很强，是单、双打中常用的一种发球抢攻战术。在比赛中，在正手发球方有准备而接发球方无准备的情况下，这种发球以它的快速、突然、多变，立即陷接发球方于被动。

正手发后场平射球的技术动作要领：

（1）准备姿势及击球后的动作均同正手发后场高远球，引拍动作比发后场高远球要小一些。

（2）正手击球时，拍面仰角较小，前臂内旋带动手腕快速闪动向前击球。击球点在规则允许的范围内可争取略高一些。

4. 正手发网前小球

正手发网前小球的技术动作是用正手握拍以正拍面击球，使球轻轻擦网而过，落在对方前发球线附近。由于球的飞行弧度低、距离短，可以有效地限制对方直接进行强有力的进攻，是羽毛球运动单、双打中较常见的一种发球。

双打由于双方在场上的移动范围较单打小，对发网前小球的质量要求更高。如球过网稍高，对方可通过扑、推而直接进行接发球抢攻。所以，专业教练建议双打中发网前小球时的站位可适当接近前发球线，引拍动作摆幅小，击球时拍面击球的摩擦力及击球的角度要控制好，在规则允许的范围内提高击球点，尽量使羽毛球贴网而过，以削弱对方接发球的威力。

正手发网前小球的技术动作要领：

（1）准备姿势、引拍动作和发球后的动作与正手发后场高远球相似。

（2）击球时握拍保持放松，靠手指控制力量。手腕收腕发力，用斜拍面往前推送击球，使羽毛球轻轻擦网而过，落入对方前发球区。

（二）反手发球

（三）发球练习方法

（1）对发练习：两人一组，隔网做对发球练习。

（2）准确性练习：在对方场区画个圈，将球发到至圈内。

三、接发球

接发球和发球一样，都是羽毛球最基本的技术，在比赛中同样起着重要的作用。如果说发球发得好是走向胜利的开始，那么接发球接得好同样是走向胜利的重要一步。发球方要利用多变的发球打乱接发球方的阵脚、争取主动，而接发球方则通过多变的接发球破坏发球方的企图。

（一）接发球的站位和姿势

1. 单打站位

单打站位一般是在离发球线 1.5 米处，右发球区靠近中线的位置。在左发球区则站在中间的位置。这样站主要是防备对方直接进攻反手部位。一般左脚在前，右脚在后，双脚微屈，收腹含胸，身体重心放在前脚上，后脚脚跟稍抬起，身体半侧向球网，球拍举在身前，双眼注视对方。

2. 双打站位

由于双打发球区比单打发球区短 0.76 米，发高远球易被对方扣杀，所以双打发球多以发网前球为主。接发球时要站在靠近前发球线的地方。双打接发球准备姿势和单打姿势基本相同，只是身体前倾较大，身体重心可前可后，球拍举得高些，在球飞行到网上最高点时击球。

（二）

四、击球技术

击球有很多技术动作，根据这些技术动作的特点，大致分为高手击球、低手击球和网前击球三大类。

（一）高手击球

一般将击球点高于头部的击球称为高手击球，可分为高远球、吊球和扣杀球等。

1. 高远球

高弧线飞行的、几乎垂直落在对方端线附近场区内的球，称为高远球。击高远球分为正手、反手、头顶三种击法。以正手击法为例进行介绍。

判断来球的方向和落点，侧身后退至球下，左肩对网，左脚在前，右脚在后，重心在右脚上，右手持拍手臂自然弯曲举至右肩上方。击球时，上臂后引，随之肘关节上提、明显高于肩部，将球拍引至头后，自然伸腕，然后在右脚蹬地、转体和腰腹协调用力下，以肩为轴，上臂带动前臂快速向前上方甩腕，在手臂伸直的最高点击球。随后球拍顺惯性往前下方缓冲并收拍于体前，与此同时，左脚后撤，左脚向前迈出。

2. 吊球

吊球技术可以分为正手、反手、头顶吊球。初学者首先要学好正手吊球技术。

正手吊球的击球前期动作和正手击高球相同。吊球时，拍面正面向内倾斜，手腕做快速切削下压动作，用力要轻。如果吊斜线球则球拍切削球托的右侧。如果吊直线球，拍面正对前方向前下方削球。

3. 杀球

把对方击来的高球全力向下扣压叫杀球。杀球的特点是力量大、速度快。它是主动进攻的重要技术。杀球分正手杀球、反手杀球和头顶杀球。

（1）正手杀球：其击球前的准备姿势和击球动作与正手击高远球基本一样。不同的是最后用力的方向朝下，而且要充分利用蹬地、转体、收腹以及手臂和手腕的爆发力全力地将球向下击出，击球的一刹那要紧握球拍。

（2）反手杀球：其准备姿势和击球动作与反手击高球一样，但最后用力的方向朝下，而且要加快手臂和手腕朝下的闪动。击球点应尽可能高些、前些，这样便于力量的发挥。反手杀球虽然力量不大，但有突发性。一般在实战中，趁对方不备，偶尔用反手杀球（因反手杀球威胁不大，对方思想放松）也会收到出奇制胜的效果。

（3）头顶杀球：准备姿势和击球动作与头顶击高球一样。不同的是击球时要充分利用腰腹力量，以大小臂带动手腕快速下扣。头顶杀球是一种重要的进攻性技术，也是我国运动员在左后场区进攻的主要手段。它弥补了反手击球力量不足的弱点。初学者如能掌握好头顶扣杀技术，便会使对方难以对付。

图 10－3　头顶杀球

（二）低位击球

击球点低于头部高度的击球，称为低位击球。低位击球主要有半蹲快打、接杀球。

1. 半蹲快打

在中场，两脚平行站立或右脚稍前站均可，两膝弯曲成半蹲，屈肘举拍于肩上。击球时，以前臂带动手腕快速挥拍，争取在身前较高部位上平击过去，要求反应敏捷、果断，控制好拍面角度，挥拍幅度小，快而有力。

2. 接杀球

把对方杀过来的球还击到对方场区去叫接杀球。接杀球击球时，两脚急速蹬伸同时转髋，采用两侧移动步法至击球位置，上体侧向击球点，同时右手侧伸，以前臂、手腕的闪动发力击球。

接杀球时应注意：

（1）击球点在身体前方或侧方附近，不是在身体后方，否则会影响手腕和手指力量的自如发挥。

（2）击球前的预摆挥拍动作要小，因杀球速度较快，若接杀球动作幅度较大，会造成接球不及，导致失误。

（三）网前击球

网前击球技术包括：放网前球、搓球、挑球、推球、勾球和扑球。

1. 放网前球

放网前球时，侧对球网，右腿跨成弓箭步，重心放在右脚。当来球至网前，球拍随着小臂向右前上方斜举。在球拍举至最高点时，小臂开始外旋转动，手腕稍后伸，左臂自然后伸。击球时，小臂稍外旋，手腕由后伸直至稍内收闪动，握拍手的食指和拇指夹住球拍，中指、无名指、小指轻握拍柄，轻击球托把球轻送过网。

图 10－4　放网前球

2. 搓球

（1）正手网前搓球：击球前，小臂稍外旋，手腕由后伸至稍内收闪动。击球时在正手放网前球动作基础上，加快挥拍速度，搓切来球的右下部，使球旋转滚过网。

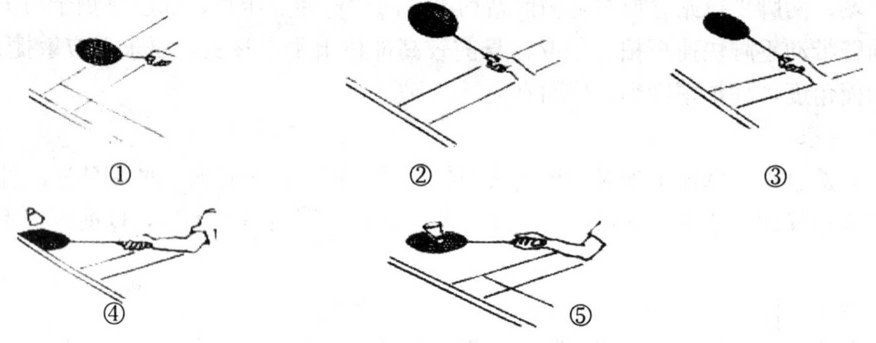

图 10－5　正手网前搓球

（2）反手网前搓球：击球前，小臂前伸外旋，手腕由内收至外展。搓击球的右侧后底部，使球侧旋滚动过网。另外还可以小臂稍伸直，手腕由外展到内收，带动球拍向前切送，击球托的后底部，使球下旋滚动过网。

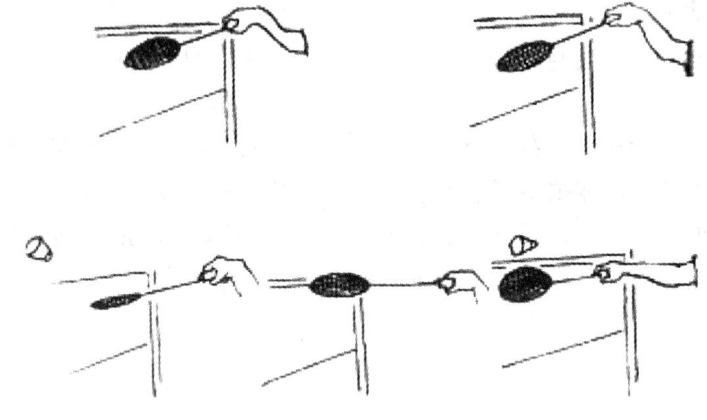

图 10－6　反手网前搓球

击球前准备姿势同上。击球时，拍面稍前倾，利用手腕和手指的力量向前切削球托底部或向后提拉，使球击出后旋转或滚动过网。搓球一般在对方来球较靠近网上时运用。正反手搓球除握拍不同外，其他要领相同。

3. 挑球

把对手击来的网前球，挑高回击到对方后场去，称为挑高球。挑球分为正手网前挑球和反手网前挑球。

（1）正手网前挑球：正手握拍举在胸前。右脚向右前跨出一大步，左脚在后，侧身向右，重心在右脚上。同时右臂向后摆，自然伸腕，使球拍后引。然后以肘关节为轴，屈臂内旋，并握紧球拍，用食指及手腕的力量，将球向前上方击出。

图 10−7　正手网前挑球

（2）反手网前挑球：反手握拍举在胸前。右脚向左前方跨出一大步，重心放在右脚上。同时右肩向网，屈肘引拍至左肩旁，然后以肘关节为轴，握拍经体前由下往上，用拇指第一指节压住拍柄的宽面，用力将球击出。

图 10−8　反手网前挑球

4. 推球

在网前较高的击球点上，用推击的方法往对方底线击出弧度较平、速度较快的球，称为推球。推球分为正手推球和反手推对角线。

（1）正手推球：站在右网前，球拍向右侧前上举。在肘关节微屈回收时，前臂稍外旋，手腕稍向后侧，球拍也随之往右下后摆，拍面正对来球。这时，小指和无名指稍松开，使拍柄稍离开鱼际肌，拇指和食指向外捻动拍柄，拍面更为后仰。推球时，身体稍往前移，右前臂往前伸并带内旋，手腕和手指控制拍面角度，手腕由后伸至伸直并闪腕，食指向前压，小指和无名指突然握紧拍柄，拍子急速地由右经前上至左挥动推球，使球沿边线飞向对方后场底角。

（2）反手推对角线球：站在左网前，以反手握拍，前臂往前上方伸举。前臂稍向左胸前收引，肘关节微屈。手腕外展时，变成反手推球的握拍法，球拍松握，反拍面迎球。当前臂前伸并带外旋，手腕由外展到伸直闪腕，中指、无名指和小指突然握紧拍柄，拇指顶压，往右前方挥拍时，推击球托的左侧后部，使球沿对角线方向飞行。击球后，手臂回收，恢复击球前的准备姿势。

5. 勾球

在网前，用屈腕（或伸腕）的动作调整拍角度，轻巧地将球回击到对方斜对角的网前区内，称为勾球。

勾球是一种技巧性较高的技术，它与搓球、推球等交替作用，常能达到声东击西的战术效果。勾球时的发力，主要是前臂、手腕和手指的力量，用力要适当。手腕要控制好角度。勾球时，要根据击球点的高低，灵活握拍，方能随球应变。

6. 扑球

对方击来的网前球刚过网，高度仍在网沿上面时，迅速上网挥击下压过去，称为扑球。扑球有正手和反手两种。

（1）正手扑球：右脚蹬步上网，身体右侧前倾，手举球拍于右肩上方。击球时，利用手腕由后伸到前屈收腕的力量，带动球拍向下扑击球。如果球离网顶较近，靠手腕从右前向左前滑动击球。

（2）反手扑球：右脚跨至左前再蹬跳上网，身体右侧前倾，反手握拍举于左前上方。击球时，前臂伸直外旋带动手腕内收至外展，拇指顶压加速挥拍扑球。若来球靠近网顶，手腕可外展由左向右拉切击球，以免触网。击球后，右脚着地屈膝缓冲，回收球拍于体前。

五、步法

步法是羽毛球运动的灵魂。如果根据场区来划分，大致可分为上网步法、后退步法、两侧移动步法。常用羽毛球步法有垫步、交叉步、小碎步、并步、蹬转步、蹬跨步、腾跨步等。

（一）上网步法

上网步法是指从场地中心位置向网前移动的步法。上网最后一步步幅要跨得大，右脚落地要缓冲和回动，要做到制动快而且自然。完成跨步和制动后，回动时必须再以并步或交叉步退回到中心位置。

（二）后退步法

后退步法是指从中心位置后退到底线的步法。右后场区后退步法主要是正手的后退步法，左后场区后退步法包括头顶后退步法和反手后退步法。不论是哪种后退步法，其移动前的准备动作和站位界皆同上网步法。

（1）正手后退步法。

正手后退步法有并步和交叉步两种，实战中可根据场上情况和个人特点灵活使用。

判断准来球后，先调整重心至右脚，然后右脚蹬地迅速向右后撤一小步，同时上体右转，左肩对网，接着左脚用并步靠近右脚（或从右脚交叉后撤一步），右脚再向后移至来球位置。在移动的同时，必须完成挥拍击球前预备动作，待球在右肩上方下落时，作正手原地或起跳击球。击球后，身体重心随右脚前移迅速用小步跑或并步回到中心位置。

（2）头顶后退步法。

头顶后退步法是对方来球向左后场区，用头顶击球技术还击时所采用的后退步法。头顶后退步法也可用并步或交叉步移动后退。

判断准来球后，右脚蹬地撤向左后方，同时，髋关节及上体向右后方转动（转动的幅度比正手后退要大些），且稍有后仰。接着，左脚用并步或交叉步后撤，右脚再退至来球位置用头顶击球技术击球。击球后，迅速回到中心位置。

（三）两侧移动步法

两侧移动步法是指从中心位置向左、右两侧边线移动的步法。移动前的准备姿势及站位基本同上网步法。

六、常见错误及纠正方法

（一）移动判断错误

球的落点在后场却往前场移动，球的落点在网前却往后移动，来球在左（右）方却向右（左）方移动。

纠正方法：这主要由于判断错误造成的。应多进行教学比赛，提高对假动作及出球路线的识别判断能力。

（二）反应慢、移动慢

纠正方法：

（1）应保持良好的准备姿势，每击完一次球后，就要回中心位置做好准备姿势，尤其要强调提踵、屈膝和全身自然协调。

（2）通过多球练习作反应起动练习。

（3）通过跳绳、跳石级等练习增强脚弓、踝关节和下肢力量。

（4）将各种步法练正确，反复练。

（三）步法与击球动作配合不好，不协调

纠正方法：最关键的是要做到最后一步正确。上网时，最后一步右脚在前，重心在右脚

上，步幅宜大。后退时，最后一步右脚在后，重心在右脚上。向右侧移动时，右脚在前，重心在右脚上。向左侧移动时，可视情况左脚在前或右脚在前，重心应在前面一只脚上。

（四）哪里打完球就在哪里停下，未养成立即回中心位置的习惯

纠正方法：

（1）依手势的指令，在羽毛球场上反复作起动、到位挥拍击球、回动的练习。以上练习也可用多球练习。

（2）进行耐力与速度耐力的训练，以加强移动能力。

第三节　羽毛球的基本战术

羽毛球比赛的战术较多，但不管采用什么战术，都要根据双方特点及场上情况合理地加以运用，才能收到较好的效果。

一、单打战术

（1）打四方球：这一战术主要是通过打落点，逼迫对方前后奔跑，被动应付，并在其回球质量下降或露出破绽时乘虚进攻。它对步法较慢、体力较差的对手十分有效。

（2）杀、吊上网：这时一种主动进攻的战术。通过高球下压迫使对方被动回网前球，这时迅速上网以扑或搓、勾等网前技术，制造在中场大力扣杀的机会。这种战术必须很好地控制杀、吊球的落点，使对方被动回网前球，为主动迅速上网创造条件。

二、双打战术

（1）攻人：集中本方力量，重点攻击对方较弱的一人，常会给对方造成巨大心理压力，使其发生失误。

（2）攻中路或攻边路：如果对方站位是左右分开，则将球攻到对方中路；当对方前后站位时，则可攻其两边线附近。这样可使对方防守时互相争抢或互让，出现失误。

第四节　羽毛球比赛规则

一、比赛的项目

男子单打、女子单打、男子双打、女子双打、混合双打、男子团体、女子团体。

二、比赛的计分方法

采用 21 分制，每球得分，分数先达 21 分者胜，3 局 2 胜。每局双方打到 20 平后，一

方领先2分即算该局获胜；双方打成29平后，一方领先1分，即算该局取胜。

三、比赛中的站位

（一）单打

（1）发球员的分数为0或双数时，双方运动员均应在各自的右发球区发球或接发球。

（2）发球员的分数为单数时，双方运动员均应在各自的左发球区发球或接发球。

（3）如再赛，发球员应以该局的总的分数来确定站位。若总分为15分（单数），双方运动员均应在各自的左发球区发球或接发球；若总分为16分（双数），双方运动员均应在各自的右发球区发球或接发球。

（4）球发出后，双方运动员就不再受发球区的限制，可自由击到对方场区的任何位置，运动员的站位也可以在自己这方场区的界内或界外。

（二）双打

（1）一局比赛开始和获得发球局的一方，都应从右发球区开始发球。

（2）只有接发球员才能接发球；如果他的同伴去接球或被球触及，发球方得一分。

①每局开始首先发球的运动员，在该局本方得分为0或双数时，都必须在右发球区发球或接发球；得分为单数时，则应在左发球区发球或接发球。

②每局开始首先接发球的运动员，在该局本方得分为0或双数时，都必须在右发球区接发球或发球；得分为单数时，则应在左发球区接发球或发球。

③上述两条相反形式的站位适用于他们的同伴。

（3）任何一局的本方发球员失去发球权后，由该局首先发球员发球，然后首先发球员的同伴发球，接着由他们的对手之一发球，然后再由另一对手发球，如此传递发球权。

（4）运动员不得有发球错误和接发球的错误，或在同一局比赛中有两次发球。

（5）一局胜方的任一运动员可在下一局先发球，负方中任一运动员可先接发球。

（6）球发出后就不再受发球区的限制了。运动员可在本方场区自由站位和将球击到对方场区的任何位置。

四、比赛规则

（一）交换场区

（1）以下情况运动员应交换场区：

①第一局结束。

②第三局开始。

③第三局中或只进行一局的比赛进行至一方达到11分时。

（2）运动员未按以上规则交换场区，已经发现立即交换，已得分数有效。

（二）合法发球

（1）发球时任何一方都不允许非法延误发球。

(2) 发球员和接发球员都必须站在斜对角线发球区内发球和接发球，脚不能触及发球区的界限；两脚必须都有一部分与地面接触，不得移动，直至将球发出。

(3) 发球员的球拍必须先击中球托，与此同时整个球必须低于发球员的腰部。

(4) 击球瞬间球杆应指向下方，从而使整个球框明显低于发球员的整个握拍手部。

(5) 发球开始后，发球员的球拍必须连续向前挥动，直至将球发出。

(6) 发出的球必须向上飞行过网，如果不受拦截，应落入接发球员的发球区。

（三）羽毛球的违例

(1) 发球不合法违例。

(2) 发球员发球时未击中球。

(3) 发球时，球过网后挂在网上或停在网顶。

(4) 比赛时：

①球落在球场边线外。

②球从网孔或从网下穿过。

③球不过网。

④球碰屋顶、天花板或四周墙壁。

⑤球碰到运动员的身体或衣服。

⑥球碰到场地外其他人或物体（由于建筑物的结构问题，必要时地方羽毛球组织可以制定羽毛球触及建筑物的临时规定，但其国组织有否决权）。

(5) 比赛时，球拍或球的最初接触点不在击球者网的这一方（击球者击球后，球拍可以随球过网）。

(6) 比赛进行中：

①运动员球拍、身体或衣服触及网或网的支持物。

②运动员的球拍或身体，以任何程度侵入对方场区。

③妨碍对手，如阻挡对方紧靠球网的合法击球。

(7) 比赛时，运动员故意分散对方注意力的任何举动，如喊叫、故作姿态等。

(8) 比赛时：

①击球时，球夹在或停滞在拍上紧接着又被拖带。

②同一运动员两次挥拍连续击中球两次。

③同一方两名运动员连续各击中球一次。

④球碰球拍继续向后场飞行。

(9) 运动员违反比赛连续性的规定。

(10) 运动员行为不端。

（四）重发球

(1) 与不能预见或意外的情况，应重发球。

(2) 除发球外，球挂在网上或停在网顶，应重发球。

(3) 发球时，发球员和接发球员同时违例，应重发球。

(4) 发球员在接发球员未做好准备时发球，应重发球。

(5) 比赛进行中，球托与球的其他部分完全分离，应重发球。

(6) 司线员未看清球的落点，裁判员也不能作出决定时，应重发球。

(7) 重发球时，最后一次发球无效，原发球员重发球。

(五) 死球

(1) 球撞网并挂在网上，或停在网顶上。

(2) 球撞网或网柱后开始在击球这一方落向地面。

(3) 球触及地面。

(4) 违例或重发球。

(六) 发球区错误

(1) 发球顺序错误。

(2) 从错误的发球区发球。

(3) 在错误的发球区准备接发球，且对方球已发出。

(七) 发球区错误的裁判方法

(1) 如果错误在下一次发球击出前发现，应重发球；只有一方错误并输了这一回合，则错误不予纠正。

(2) 如果错误在下一次发球击出前未被发现，则错误不予纠正。

(3) 如果因发球区错误而重发球，则该回合无效，纠正错误重发球。

(4) 如果发球区错误未被纠正，比赛也应继续进行，并且不改变运动员的新发球区和新发球顺序。

五、比赛用球

羽毛球应有16根羽毛固定在球托部，羽毛长64毫米至70毫米，且每一个球的羽毛从托面到羽毛尖的长度应一致。羽毛顶端围成圆形，直径为58毫米至68毫米。球托直径25毫米至28毫米，底部为圆形。羽毛球重4.60克至5.50克。而对于非羽毛制成的球，则要求制成裙状，质量、性能不得超过10%的差距。比赛用球必须经过检验才能使用，正确方法是：站在端线，低手向前上方全力击球，球的飞行方向与边线平行，一个合格的球，应落在离对方端线53~99厘米之间。

1. 羽毛球的发球方法有几种？各种发球方法的优点是什么？

2. 如何在比赛中运用羽毛球的技战术？

3. 课外实践活动：

(1) 挥拍练习：按动作要领反复做挥拍练习。

(2) 原地对打练习：两人站在各自的场区底线附近，开始先练直线对打，然后再练对角线对打。

(3) 二人前后移动练习：一人在底线固定位置击出高球，另一人则在回击高球后从底线回到中心位置，再退到底线还击对方打来的高球。

第十一章 健美操

使学生了解健美操的起源与发展、健美操的锻炼价值，以及健美操的创编、音乐选配与比赛欣赏。重点掌握健美操的基本技术与成套动作练习。

第一节 健美操概述

健美操是一项深受广大群众喜爱，普及性极强，集体操、舞蹈、音乐、健身、娱乐于一体的体育项目。

一、健美操的起源和发展

健美操的源头可追溯到两千多年前。古希腊人对人体美的崇尚举世闻名。他们认为，在世界万物之中，只有健美的人体才是最匀称、最和谐、最庄重、最有生气和最完美的。他们提出“体操锻炼身体，音乐陶冶精神”的主张，并利用跑、跳、投掷、柔软体操和健身舞蹈等各种体育项目进行人体美的锻炼。

古印度很早就流行一种瑜伽术，它把姿势、呼吸和意念紧密结合起来，通过调身（摆正姿势）、调息（调整呼吸）、调心（意守丹田入静），运用意识对肌体进行自我调节，锻炼身心，延年益寿。瑜伽健身术动作包括站立、跪、坐、卧、弓步等各种基本姿势。这些姿势与健美操常用的基本姿势是一致的。古代人对健身、健美的追求，以及提倡体操与音乐相结合的主张是现代健美操形成与发展的基础。

19 世纪末 20 世纪初，欧洲出现了许多体操流派，他们在理论和实践上的创新对健美操的诞生起到了推波助澜的作用。20 世纪 60 年代初是健美操的萌芽时期，它最早是由美国太空总署的医生库帕博士为太空人设计的体能训练内容。

20 世纪 80 年代以来，健美操以其强大的生命力风靡世界。美国是对现代健美操的发展具有较大影响的国家。

1983 年美国举行了首届健美操比赛，1984 年首届远东区健美操大赛在日本举行。由于两次大赛的成功，健美操运动在世界各地全面兴起。

每年国际上举办的健美操活动有健美操世界锦标赛、世界杯赛、世界冠军赛、世界巡回赛。健美操不仅在美、英、法等国家迅速发展，而且在一些发展中的国家和地区也得到不同程度的开展。前苏联早已把健美操列入大、中、小学的体育教学大纲。在亚洲地区，日本、菲律宾、新加坡等国家也建有许多健美操活动中心及健身俱乐部，人们都开始将健美操作为自己的主要健身方式，由此形成了世界范围内的“健美操热”。

二、我国健美操的兴起与发展

1981 年至 1983 年，在健美操传入我国的初期，不少高校教师陆续在报刊杂志上刊登了一些介绍健美操和探讨美育教育的文章，并编排了一些健美操成套动作，如“女青年健美操”、“哑铃健美操”、“形体健美操”等，从此，追求人体健与美的“健美操”一词迅速被广大体育工作者所采用。

1984 年，北京体育学院成立了健美操研究组，由其编排并推出的“青年韵律操”传遍全国各大专院校，无数青年学生投入了学习“青年韵律操”的热潮，使健美操迅速在我国各大专院校得到普及。此后，许多高校将健美操内容列入教学大纲，使其成为一项重要的体育教学内容。各种健美操教材也陆续出版，促进了健美操的理论研究。

1987 年，北京举办了首届全国健美操邀请赛，随后 1988、1989、1990、1991 年先后在北京、贵阳、昆明、北京举办了四届邀请赛。1992 年起改名为全国锦标赛，成为每年举办的传统赛事。1992 年 9 月成立了中国健美操协会，总部设在北京。1992、1995 年在北京举办了两届全国健美操冠军赛。1998 年，举办了全国锦标赛暨全国健美操运动会。随着人民生活水平的不断提高，健美操所特有的保健、医疗、健身、健美、娱乐的实用价值受到越来越多的人的重视，吸引了不同年龄的爱好者参与，形成了一定规模的运动群体。

三、健美操的概念及分类

（一）健美操的概念

健美操是在音乐伴奏下，以身体练习为基本手段，以有氧运动为基础，达到增进健康、塑造形体和娱乐的目的的一项体育运动。

健美操起源于传统的有氧健身运动，是有氧运动的一种，它通常采用徒手或轻器械进行练习，是在氧供应充足的情况下，以人体有氧系统提供能量的一种运动形式。它是一种持续一定时间的、中低强度的全身性运动，主要锻炼练习者的心肺功能，是有氧耐力素质的基础。

近年来，随着健身运动的不断发展，人们对健身的理解进一步加深，知识水平和健身的科学化程度不断提高，对健身的需求也更加多样化和个性化，因此出现了多种新的健身形式，如近年来兴起的水中健美操、利用移动器械的集体力量练习以及在特殊场地进行的固定器械的有氧练习等，这些新的健身形式使健美操运动的内容更加丰富，适合的人群更加广泛，健身的效果更好，同时降低了损伤的可能性。健美操运动正是在此大环境下得到迅速发展，呈现出更加多样化和科学化的发展趋势。

健美操运动对人体健康具有良好的作用，尤其是对于控制体重、减肥和改善体型体态、提高协调性和韵律感具有良好的效果。在长期的实践过程中，健美操已从一项单纯的健身运动逐步发展成为一项独立的体育竞赛项目，在运动形式、动作技术特征以及竞赛组织方法等方面有其自身特点。

虽然健美操运动发展历史不长，但它已深受广大群众的喜爱。健美操不仅突出动作“健”和“力”的特点，而且更强调“美”，将人体艺术和体育美学融为一体，成为一个极具观赏性的体育运动项目。随着现代物质文明的发展，人们的健康观念不断增强，健美操运动在我国越来越受欢迎，已成为人们生活不可缺少的组成部分。

（二）健美操的分类

健美操可分竞技健美操、健身健美操、表演健美操三大类。竞技健美操根据竞技健美操规则的要求进行编制、训练、比赛。健身健美操是普及性的，没有统一要求。表演健美操是在音乐伴奏下，通过动作的完美完成，展示运动者连续表演复杂和高强度动作的能力，成套动作必须通过动作、音乐和表现的完美融合体现创造性。

1. 竞技健美操

目前我国大致有三种比赛：

（1）全国健美操比赛。

（2）全国职工健美操比赛。

（3）全国大学生健美操比赛。

竞技健美操在练习场地的大小、练习人数的多少、特定动作、动作节奏快慢等方面有严格统一的标准，必须按规则进行，不得擅自更改。

作为竞技运动，竞技健美操的比赛由以下几个项目组成：男子单人、女子单人、混合双人、三人（三名运动员性别任选）、六人（现只限于国内比赛）。单人比赛时间限制在1分30秒，上下浮动5秒钟。混双、三人、六人时间限制在1分45秒，上下5秒浮动。单人比赛场地为7×7平方米（混双、三人、六人操场地为10×10平方米）。比赛服装也有专门的规定，一般为紧身的专业健美操服装。比赛有专门的竞赛规则，对每一具体细节都作出详细的说明。

竞技健美操主要体现动作的、艺术性完成、难度。动作艺术性的要求是：充满活力，有创造性，以健美操方式表现动作设计和流畅的过渡动作；成套动作必须显示身体双侧的力量和柔韧性而不重复同一动作；任何未按竞技健美操定义完成的动作都将被扣分；混双和三人（六人）成套动作中最多允许3次托举或支撑配合动作，包括开始和结束；每类难度动作至少各一个，难度分将是12个最高难度动作的总分。

2. 健身健美操

健身健美操练习的主要目的是锻炼身体，保持健康。健身健美操的动作简单实用，音乐速度也较慢。为了保证一定的运动负荷和锻炼的全面性，动作多有重复，并均以对称的形式出现。健身健美操的练习时间可长可短，练习的要求也可以根据个体情况而变化，严格遵循“健康、安全”的原则，防止运动损伤的出现，在保证安全的基础上，达到锻炼身体的目的。

健身健美操按练习形式可分为徒手健美操、轻器械健美操和特殊场地健美操三大类。徒手健美操包括传统意义上的一般健美操和为满足不同人群兴趣和需求的各种不同风格的健美操。

3. 表演健美操

表演健美操的主要练习目的是表演，它是事先编排好的、专为表演而设计的成套健美操，时间一般为 2～5 分钟。表演健美操的动作较健身健美操复杂，音乐速度可快可慢。为了保证一定的表演效果，动作较少重复，也不一定是对称性的。参与人数不限，并可在成套中加入队形变化和集体配合的动作。表演者可以利用轻器械，如花环、旗子等，还可采用一些风格化的舞蹈动作，如爵士舞等，以达到烘托气氛、感染观众、增加表演效果的目的。

因为表演健美操的动作比健身健美操复杂多变，所以它对参与者的身体素质要求较高，不仅要具备较好的协调性，还要有一定的表演和集体配合的意识。

第二节 健美操的基本动作

一、健美操基本徒手动作

健美操基本徒手动作是根据人体结构活动特点而确定的。常见的基本动作如下。

（一）头颈动作

形式：有头颈的屈、头颈的转、头颈的平移、头颈的绕及绕环。

方向：有向前的、向后的、向左的、向右的屈和平移，向左的、向右的转和绕、绕环。

要求：做各种形式头颈动作时，节奏一定要慢，上体保持正直。

（二）肩部动作

形式：有单肩的、双肩的提肩和沉肩，收肩和展肩，单肩的、双肩的绕和绕环，振肩。

方向：有向前的、向后的绕及绕环。

要求：

（1）提肩、沉肩时两肩在同一额状面尽量上下运动。

（2）收肩、展肩幅度要大，肩部要平。

（3）振肩动作要有速度、力度和弹性。

（三）上肢动作

1. 手型

健美操中手型有多种，它是从爵士舞、芭蕾舞、西班牙舞、迪斯科、武术等中吸收和发展而来的。

手型的选用可以使手臂动作更加生动活泼。常见的手型如图 11－1 所示。

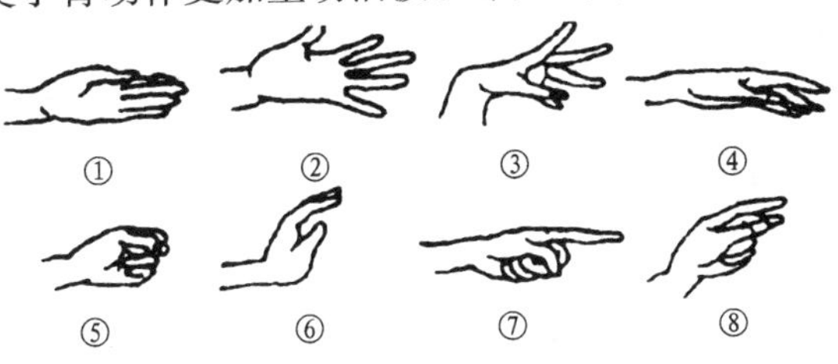

图 11－1 健美操常见手型

(1) 五指并拢式：五指伸直并拢。

(2) 五指分开式：五指用力伸直张开。

(3) 西班牙舞手式：五指用力，小指、无名指、中指自掌指关节处依次屈，拇指稍内扣。

(4) 芭蕾手式：后三指并拢，稍内收，拇指内扣。

(5) 拳式：握拳，拇指在外。

(6) 屈指掌式：手掌用力上翘，五指用力弯曲。

(7) 一指式：握拳，食指伸直或拇指伸直。

(8) 响指：拇指与中指摩擦与食指打响，无名指、小指屈指。

2. 臂动作

形式：有臂的举（直臂、屈臂，单臂和双臂），臂的屈伸（同时、依次），臂的摆动（同时、依次、交叉），臂的绕及绕环（同时，单臂和双臂，小绕、中绕、大绕），臂的振等。

方向：有向前、向后、向左、向右、向上、向下等。

要求：

(1) 做臂的举、屈伸时，肩下沉。

(2) 做臂的摆动、绕及绕环，肩拉开用力。

（四）胸部动作

形式：有含胸、展胸、振胸。

要求：练习时，收腹、立腰。

（五）腰部动作

形式：有腰的屈、腰的转、腰的绕和绕环。

方向：有向前、向后、向左、向右。

要求：

(1) 腰前屈、转时，上体立直。

(2) 腰绕和绕环时，速度放慢。

（六）髋部动作

形式：有顶髋、提髋、摆髋、绕和绕环髋、行进间正髋和反下去髋走。

方向：有向前、向后、向左、向右。

要求：髋部练习时，上体放松。

（七）躯干波浪动作

方向：有向前、向后、向左、向右。

要求：波浪时，动作协调连贯。

（八）地上基本姿态

形式：有坐（直角坐、分腿坐、跪坐、盘腿坐）、卧（仰卧、俯卧、侧卧）、撑（仰撑、俯撑、跪撑）等。

要求：

（1）做各种坐姿时，收腹、立腰、挺胸。

（2）撑时，腰背紧张。

二、健美操基本步伐

说明：

（1）种类是根据动作的特点划分的；

（2）形式是根据做动作时身体位置的变化来划分的；

（3）方向是根据身体轴面来划分的。

（一）踏步类动作

运动强度较低，要求在运动过程中至少有一只脚与地面保持接触。常见的踏步类步伐如下。

1. 踏步

种类：有脚尖不离地的踏步、脚离地的踏步、高抬腿的大幅度踏步。

形式：有原位踏步、移动踏步及转体的踏步。

方向：有向前、后、左、右走的踏步。

技术要点：落地时，由脚尖过渡到脚跟着地，屈膝时，胯微收，两臂自然前后摆动。

2. 走步

方向：有向前走、向后走、斜向走、弧形走。

技术要点：基本上同踏步。

3. “V”字步

种类：有正“V”字步、倒“V”字步。

形式：有平移的、转体的和小幅度跳的正“V”字步和倒“V”字步。

方向：有左、右腿的正和倒“V”字步。

技术要点：一脚迈出，另一脚随之迈出成一条水平线，两脚距离略比肩宽，两膝自然弯曲，然后依次收回。

4. 恰恰步（水兵步）

形式：有平移的和转体的恰恰步。

方向：有向前、向后、向侧的恰恰步。

技术要点：在2拍节奏中，快速踏步3次。

（二）并步类

1. 点地

种类：有脚尖点地、脚跟点地。

形式：有原位点地、移动点地及转体的点地。

方向：有脚尖向前、侧、后、斜方向的点地，脚跟向前、侧、斜的点地。

技术要点：点地时，要有弹性，腿自然伸直。

2. 移重心

种类：有双腿、单腿的移重心。

形式：有原位的移重心、移动的移重心、转体的移重心、跳的移重心。

方向：有向前、后、左、右的移重心。

技术要点：身体重心从一端移向另一端时，必须经过两腿之间。

3. 并步

种类：有两腿同时屈的并步、一直一屈的并步。

形式：原位的并步、移动的并步（“之”字步）、转体的并步。

方向：有向前、后、左、右的并步。

技术要点：一脚并于另一脚，重心要随之移动，两膝自然屈伸。

4. 交叉步

形式：有平移的交叉步、转方向的交叉步、小幅度跳的交叉步。

方向：有向前、向后、向侧的交叉步。

技术要点：一脚迈出，另一脚在前或在后交叉，重心随之移动。

（三）弓步类

种类：有静力性的弓步、动力性的弓步。

形式：有左右弓步移重心的弓步、移动的弓步、转体的弓步、跳的弓步。

方向：有上步弓步、后撤弓步、向侧伸弓步。

技术要点：一腿屈膝，脚尖与膝垂直，另一腿伸直，重心落于两腿之间。由于弓步的形式很多，因此在做法上有所不同。

（四）半蹲类

种类：小分腿半蹲、大分腿半蹲。

形式：向侧一次、向侧两次、转体。

方向：向侧（左右）。

技术要点：半蹲时，立腰。

（五）提膝类

形式：有原位的提膝及跳、移动的提膝及跳和转体的提膝及跳。

方向：有向侧、向前的提膝及跳。

技术要点：大腿用力上提，小腿自然下垂。

（六）弹踢类

形式：有原位的弹踢腿及跳、移动的弹踢腿及跳和转体的弹踢腿及跳。

方向：有向前的、向侧的、向后的弹踢腿及跳。

技术要点：大腿抬起至一定角度后，小腿自然弹直。

（七）开合跳

种类：双起双落的开合跳（两次开开合合、连续开合）、单起双落的开合跳。

形式：有原位的开合跳、移动的开合跳和转体的开合跳。

方向：向前的开合跳。

技术要点：分腿时，两脚自然分开，膝关节沿脚尖方向弯曲。跳起与落地时，注意屈膝缓冲。

（八）踢腿类

种类：有弹动踢腿、一般的直踢腿。

形式：有原位的（弹）踢腿及跳、移动的（弹）踢腿及跳和转体的（弹）踢腿及跳。

方向：有向前的、向侧的、向斜前的（弹）踢腿及跳。

技术要点：腿上踢时，须加速用力，立腰，上体尽量保持不动。

（九）后踢腿跳

形式：有原位的后踢腿跳、移动的后踢腿跳、转体的后踢腿跳。

方向：向后的后踢腿跳。

技术要点：髋和膝在一条线上或后提，小腿尽量叠于大腿。

（十）点跳

形式：有原位的点跳、移动的点跳、转体的点跳。

方向：有向侧、向前、向后的点跳。

技术要点：身体重心在一条腿上。

（十一）摆腿跳

形式：有原位的摆腿跳、移动的摆腿跳和转体的摆腿跳。

方向：有向侧、向前、向后的摆腿跳。

技术要点：摆腿时上体顺势前倾、后倒或侧倾。

（十二）并跳

形式：移动的并跳、转体的并跳。

方向：有向前、向后的并跳。

技术要点：一腿迈出蹬地，另一腿并上，身体重心随着跟上。

第三节　健美操竞赛规则与欣赏

一、竞赛规则

（一）竞赛性质及项目

（1）竞赛性质：健美操比赛按性质分锦标赛和冠军赛。

（2）竞赛项目：男子单人，女子单人，混合双人，三人（男三、女三、混合三人），混合六人（男三、女三）。

（二）运动员着装与仪容

（1）女运动员着一件套泳装式健美操服，前或后可有开口，但上下端要在同一处合拢，服装遮体恰当、紧身，必须着裤袜；男运动员着一件套短的连衣裤或背心、短裤，内穿紧身的三角裤。

（2）运动员必须穿旅游式运动鞋、运动线袜。

（3）服装上可有装饰（如花边、亮片等），但不得有悬垂物。

比赛中不得换衣、脱衣。运动员不得戴任何饰物（手饰）和手表（发带、发卡除外）。

（4）混合双人、三人、混合六人项目中，运动员服装应协调或一致。

（5）运动员化淡妆，发型简练，无遮脸发式。

（三）竞赛内容及时间

（1）内容：健美操比赛只进行符合规则要求的自编动作比赛。

（2）时间：成套动作时间为1分50秒～2分10秒；普及性健美操时间为2分30秒～3分。

（四）竞赛程序与计分方法

（1）竞赛程序：预赛、决赛（获预赛前六名进入决赛）。

（2）计分方法：

团体分计算：预算中各单项成绩之和为团体总分，总分多者名次列前。分数相等时，以在单项中获高分多者名次列前；再相等，名次并列，下一名为空额。

单项分计算：6组裁判员（2人以上的裁判组应先计算该组的平均分）评分之和为单项得分，预赛得分与决赛得分之和即为该运动员的最后得分，最后得分多者名次列前。得分相等时，以决赛得分高者名次列前；再相等，名次并列，下一名次为空额。

（五）评分方法

裁判员的评分精确到1分，运动员的得分精确到0.1分。

二、竞赛欣赏

健美操的比赛不同于群众性的健身活动，是根据规则的要求编排而成。在观赏健美操比赛时，主要从两方面去欣赏：成套动作的艺术性和完成情况。

（一）艺术性

动作编排设计要新颖、舒展、美观、大方，动作之间的连接要合理、巧妙，动作素材要新颖、多样化，动作类型、表现应和音乐的风格相一致，协调统一。集体项目，运动员配合要默契，相互间要有交流。队形变换要自然、流畅、清晰并且要充分利用场地。选择的音乐要动听、优美、健康。

（二）完成情况

身体姿势要正确，技术规范，动作准确到位。力度是健美操特点之一。集体动作要整齐，包括动作幅度的大小都要一致，整齐划一。完成动作时的表现力也是很重要的，运动员通过自己的表演和表情去感染观众，同时激发自己的情绪。一套好的健美操，集健身、艺术表现为一体，使人赏心悦目、精神振奋，给人以美的享受。

1. 首届健美操比赛举办哪一年?
2. 健美操的基本动作有哪些?
3. 健美操有哪些竞赛项目?
4. 课外实践活动：

(1) 徒手动作练习。

(2) 了解健美操竞赛规则。

第十二章 游　泳

通过本章的学习，学生应了解游泳运动的起源与发展、游泳运动的特点与价值，了解四种基本泳姿以及游泳运动的注意事项和救护，培养自信、果敢的意志品质。

第一节　概　述

一、游泳的起源

游泳是一种凭借自身肢体动作和水的作用力，在水中活动的技能活动。

自古至今，无论是为了捕猎、逃避猛兽还是遇上海难时得以自救，游泳都是一门重要的求生技能。远在公元前 2500 年，古埃及已有类似于游泳比赛的活动。古罗马人兴建的巨大浴池，更是上流社会人士作为闲暇时游泳及社交活动之场所。早期的游泳活动，只被视为贵族子女教育及士兵训练的一个重要部分，直至 18 世纪末期，普通民众参与游泳的时间及机会增多后，游泳才开始成为一种普及的活动。

竞技游泳源于英国及澳大利亚，后来传入其他国家，19 世纪中期至 20 世纪初，世界各国的游泳比赛开始普遍起来，游泳总会亦相继成立。英国业余游泳总会（前身为都会游泳总会）于 1869 年成立，是第一个成立的国家游泳总会。在 1850 年至 1860 年间，英国与澳大利亚已有国际游泳比赛。当第 1 届现代奥林匹克运动会于 1896 年在巴黎举办时，游泳已成为比赛项目之一。

二、游泳的分类

游泳大致可分为实用游泳、竞技游泳和花样游泳三类。

（一）实用游泳

我们把军事上、生产上、生活服务上使用价值较大的游泳方式称为实用游泳，如爬泳（自由泳）、蛙泳、侧泳、潜泳、踩水、水上救护、武装泅渡、反蛙泳（仰泳）。

（二）竞技游泳

竞技游泳是指有特定技术要求，按游泳竞赛规则规定进行竞赛的游泳项目，它由可以分为在游泳池比赛和在公开水域比赛两大类。如自由泳、蛙泳、仰泳、蝶泳和由这四种游泳组成的个人混合游泳，以及接力游泳（分为混合泳和自由泳）。竞技游泳主要是以速度

来决定名次。

（三）花样游泳

花样游泳也称为“艺术游泳”，是集舞蹈、体操、游泳等项目于一体的竞技体育项目，对运动员的身材、泳装、头饰、音乐及动作编排都有很高的要求。它分为单人、双人、集体项目。花样游泳通过运动员的肢体在水面上的运动，配合音乐，展现出各种优美动作和造型，具有很强的技巧性和艺术性，带给群众美的享受，因此有“水上芭蕾”的美誉。

三、游泳的发展

第1届现代奥林匹克运动会就把游泳列为竞赛项目之一，当时仅设有男子100米、200米、1500米自由泳三个项目。现在正式列入奥运会的比赛项目包括男、女100米和200米的蛙泳、仰泳、蝶泳，男、女50米、100米、200米、400米和女子800米、男子1500米的自由泳，男、女200米和400米个人混合泳，男、女4×100米自由泳接力和混合泳接力及男子4×200米自由泳接力，共31项，仅次于田径运动。

1908年，在英国伦敦举办第4届奥运会时，成立了国际游泳业余联合会，审定了各项游泳世界纪录，并制定了国际游泳竞赛规则。

竞技游泳于19世纪中叶，由欧美传入我国香港及沿海各省。1887年，广州沙面修建了25码室内游泳池，以后我国逐渐有了竞技游泳比赛。

1912年，菲律宾发起由中国、日本和菲律宾三国参加的远东运动会，规定每两年分别在各国举行，比赛项目中就设有游泳。

1920年，国内游泳比赛开始增设女子项目。1924年成立了“中国游泳研究会”。

1953年，在第1届国际青年友谊运动会上，我国优秀运动员吴传玉获得男子100米仰泳冠军，新中国的五星红旗第一次在国际运动场上空飘扬。

第二节 游泳基本技术与练习方法

一、熟悉水性

熟悉水性是初学游泳的一个重要环节，是初学者必须经过的阶段。其目的是让初学者体会与了解水的特性，逐步适应水的环境，消除怕水心理，掌握游泳的一些最基本的动作，如呼吸、浮体、滑行和站立等动作，为学习和掌握各种竞技游泳姿势打下基础。在熟悉水性教学时，宜在齐腰深的水里进行。

（一）水中行走练习

目的是体会水的阻力和浮力，初步掌握身体在水中维持平衡的能力，消除怕水心理。练习方法与步骤如下：

（1）扶池边向前、向后、向两边行走。

（2）集体手拉手向前、向后、向两侧行走。

（3）用两手保持平衡，进行变换方向的行走。

（4）各种方向的走、跑、转身、跃起、下沉等。

（二）呼吸练习

目的是初步掌握游泳的呼吸方法、呼吸过程、呼吸节奏，适应头浸入水的刺激，消除怕水心理。

练习方法：

（1）憋气练习。扶池槽或在同伴帮助下，用口吸气后闭气，慢慢下蹲将头浸入水中，停留片刻后起立，口鼻出水后，先呼气后吸气。

（2）同上练习，要求头浸入水中停留片刻后，用鼻慢慢将气呼完，然后起立在水面上用口吸气。

（3）换气练习。同上练习，头浸入水中稍闭气后，用口鼻开始呼气，随着缓慢地起立而逐渐加大呼气量，口接近水面时加速将气呼完，紧接着用口在水面上快而深地吸气。多次重复练习。

（4）两脚左右开立，上体前俯，将脸浸入水中，做同上练习。不同的是头逐渐向前上抬（或向侧转）时开始加大呼气量。

（三）浮体练习

目的是体会水的浮力，控制身体平衡和水中站立的方法，进一步消除怕水心理。

练习方法：

（1）抱膝浮体练习。原地站立，深吸气后闭气，下蹲、低头、抱膝、团身，用前脚掌轻轻蹬离池底，自然漂浮于水中。站立时，松手，两臂前伸下压，抬头，同时两腿下伸，脚触池底站立，然后两臂侧分拨水维持平衡。

（2）展体浮体练习。在抱膝浮体的基础上，闭气、松手，两臂两腿自然伸直，身体成流线型。站立时，收腹、屈膝、收腿，两臂向下压，抬头，两腿向下伸，脚触池底站立。

（四）滑行练习

目的是进一步体会水的浮力，掌握水中的平衡和身体的滑行姿势。

练习方法：

（1）蹬池底滑行练习。两脚前后开立，两臂前伸，两手并拢。深吸气后屈膝，重心前移，当头和肩浸入水中时，前脚掌轻轻蹬池底，随后两腿并拢伸直，使身体呈流线型向前滑行。

（2）蹬池壁滑行练习。背对池壁，一手拉池槽，一臂前伸，同时一脚站立，一脚紧贴池壁，深吸气后低头，上体在水中前倾成俯卧姿势，然后上收支撑腿，两脚贴住池壁，臀部靠向池壁，随即两臂前伸并拢，头夹于两臂之间，两脚用力蹬壁，使身体呈流线型向前滑行。

二、蛙泳

蛙泳是一种模仿青蛙游泳动作的游泳姿势，早在2000～4000年前，中国、罗马、埃及就有类似于蛙泳的古老游泳姿势。蛙泳比其他竞技游泳姿势速度慢，但动作平稳，呼吸便利，适于长距离游泳，又便于观察和掌握方向，实用价值很大，是救护、潜泳和泅渡江河湖泊的常用姿势。

竞赛规则规定：蛙泳比赛时，身体必须呈俯卧姿势，两肩须与水面平行，两腿要同时在同一水平面上弯曲，向外翻脚及做蹬腿动作。两手应在水面下收回，并需从胸前伸出。整个游程中，头的一部分要在水平面之上，不得做潜泳动作。

现代蛙泳的技术特点是：肩部高拉高起，蹬腿时借助冲力上身呈冲潜式，全身伸直滑行。

（一）蛙泳技术动作

1. 身体姿势

蛙泳在游进中，身体必须保持较好的流线型姿势，充分发挥手臂和腿的推进作用。当完成臂和腿的有效动作后，身体几乎是水平地俯卧在水面上滑行。此时两臂向前伸直，稍低头，脸的下部浸入水中，两腿向后伸直，腹部稍紧张，两眼俯视前下方，身体纵轴与水平成5°～10°角。吸气时，下颏露出水面，肩部升起，这时身体与水平面的角度较大，约15°。

2. 腿部动作

蛙泳腿部动作是推动身体前进的主要动力。腿部动作是由收腿、翻脚、蹬腿、滑行四个阶段组成。

(1) 收腿：开始收腿时，两腿随着吸气动作自然向下，两膝自然逐渐分开，小腿向前回收，脚跟向臀部靠拢，边收边分。收腿时，力量要小，放松、自然，两脚和小腿回收时要收在大腿的投影截面内，以减小回收时的阻力。收腿结束后，大腿和躯干成110°～140°角，两膝内侧与髋关节同宽。

(2) 翻脚：收腿结束时，脚仍向臀部靠拢，这时膝关节稍向里扣，同时两膝向外侧翻开，使脚和小腿内侧对着蹬水方向，加大了对水面积，并为大腿发挥更大力量做好积极准备。

(3) 蹬腿：蹬腿动作实际包含有夹水动作，由于蹬腿动作幅度较窄，在两腿并拢时，腿有向下压的动作。既可以使身体升起，又有利于向前滑行。

蹬腿动作效果的好坏，主要取决于以下三个因素：

第一，腿部关节移动路线和方向。当向后蹬水时，产生向前的作用力。因此蹬腿时应以大腿发力，先伸髋关节，其次是伸膝、伸踝关节，使蹬水的方向尽量向后。

第二，蹬水面积的大小。蹬水面积大，则能造成较大的推进力。脚掌外翻，以及小腿尽量处于垂直部位，是增大蹬水面积的重要条件。

第三，腿的蹬水速度。由于阻力与速度的平方成正比，蹬水动作速度越快，所产生的推进力也越大，游速也越快。所以蹬腿时，要充分发挥腿部肌肉的力量，同时要加速鞭水动作，使之更有力。

(4) 滑行：蹬腿结束后，腿处于略低的部位，脚距离水面约 30～40 厘米，这时人体应随着蹬水效果向前滑行，使腿保持较高的位置，减小阻力。

3. 臂部动作

现代蛙泳技术强调充分发挥臂划水的作用。因此，掌握合理的臂划水技术，是提高运动成绩的重要条件。臂部动作由开始姿势、抓水、划水、收手和向前伸臂五个阶段组成。

(1) 开始姿势：两臂自然向前伸直，并与水平面平行，掌心向下，手指自然并拢，使身体成一直线，形成较好的流线型。

(2) 抓水：从开始姿势起，手臂先前伸，并使重心向前，两臂和上臂立即内旋，掌心向外斜下方并稍勾手腕，两手分开向侧斜方压水。当手掌和前臂感到有压力时，开始划水。抓水一方面能给划水创造有利条件，另一方面还能起到使身体上浮和前进的作用。

(3) 划水：划水是产生牵引力的最有效阶段。紧接抓水动作，加速向后划水，整个划水过程肘部保持较高的位置。蛙泳划水主要是拉的力量。

蛙泳划水方向是向侧、下、后、内方。划水路线是椭圆曲线。

划水时肘部保持较高的部位，是为了臂能在最有效的角度内向后划水，因此蛙泳的划臂在任何部位，都要求肘比手高。

划水时，前臂和上臂弯曲的角度是不断变化的。一般优秀运动员在划水主要阶段，肘关节都屈成接近 90°角。因为这个角度能发挥最大的力量，同时能很好地利用胸大肌、背阔肌等大肌肉群的力量。手臂划至两臂夹角约 120°角时，即应连续过渡到向里做收手动作。划水和收手时，手走的路线应在肩的前下方。

(4) 收手：收手是划水阶段的继续，收手过程也能产生较大的推进力和上升力。动作是手掌由内向上收缩到头的前下方，继而两手掌相对，最后掌心向下并拢前伸。收手动作应当有利于手臂做快速前伸动作。在整个收手动作过程中，手的动作应积极地、快速地、圆滑地完成。收手结束时，肘关节低于手，大小臂成锐角。

(5) 伸臂：伸臂动作由伸直肘关节、肩关节来完成。掌心由朝上逐渐转向下方，同时双臂向前伸出。

现代蛙泳伸臂动作的技术特点是快速伸臂，紧密配合腿的动作。因此，在伸臂的同时，肩要向前伸，不能有停顿现象。

蛙泳臂划水动作是一个完整的动作，划水轨迹是侧→下→后→内→前，划水力量由小到大，划水速度是由慢到快。目前强调高肘划水，在划水过程的前部分，注意以肘关节为支点，发挥前臂屈肌的作用；在划水最有效部分，应注意以肩关节为支点，动作方向是两臂向后拉，并内收。要发挥肩带肌肉的作用，配合紧张有力的蹬水，使动作连贯而不间断地产生向前的牵引力。

4. 呼吸动作和呼吸及腿、臂动作的完整配合

蛙泳的呼吸方法是和手臂划水动作紧密配合的，它是用口吸气，用口或口鼻同时呼气。当前，在蛙泳呼吸技术中，有早吸气和晚吸气两种类型。早吸气是两臂划水开始时，头和口露出水面，这时运动员将气最后吐完，并迅速做深吸气动作，继而随伸臂低头闭气，当两臂开始滑下时逐渐呼气。晚吸气是随着臂的有力划水动作，在头和肩上升时吸气。

对初学者来说，采用早吸气技术较为有利，优秀运动员则适合采用晚吸气的技术。在

比赛中，一般都是一个动作周期呼吸一次。

臂腿配合技术是：臂划水时，腿保持放松或自然伸直姿势。臂内划时同时收腿，臂将伸直时开始蹬夹腿。

（二）蛙泳的教学

蛙泳的教学顺序是先学腿，后学臂（和呼吸），再学臂、腿配合和完整配合。

1. 腿部动作教学

目的是建立蛙泳腿的“收”、“翻”、“蹬”的概念，学习腿部的完整技术。

练习方法与步骤：

（1）陆上辅助练习。俯卧凳上或出发台上，做蛙泳腿的模仿练习。先由同伴帮助、自己被动做，再自己主动做、由同伴控制，最后由自己独立做。先做分解动作练习，逐渐过渡到完整动作练习。注意收腿角度、动作路线和节奏。

（2）水中腿部练习。将游泳圈套入腋下，做腿部动作练习。

（3）双臂前伸水中腿部练习。双臂前伸，做腿部动作练习。

2. 手臂动作和手臂与呼吸配合动作教学

目的是学习臂和呼吸的动作技术，提高划水效果。

练习方法与步骤：

（1）俯卧岸边划手练习。两臂向前伸直相并，掌心朝下。先按划、收、伸分三拍做蛙泳臂动作，再按划、伸分两拍练习，最后只用一拍做完整练习。

（2）陆上划手换气配合练习。两脚开立，上体前倾，做划手动作加呼吸配合。强调滑行时开始抬头，划水时吸气，收手时低头闭气，伸臂时呼气。呼与吸之间无停顿，口一出水面应顺势快而深地吸气。

（3）水中划手换气配合练习。站立齐腰深的水中，做俯卧岸边划手练习的连贯动作。划水不要用力，着重体会划水时的方向路线，收臂时动作不停，臂伸直稍停。

3. 完整配合动作教学

目的是学习正确的臂与呼吸及腿的配合技术，手、腿依次用力的相互关系。

练习方法与步骤：

（1）陆上模仿练习。站立，两臂向上伸直并拢。一腿支撑，一腿做模仿练习。①两臂向两侧划水。②收手同时收腿，收腿即将结束开始翻脚。③臂将伸直时蹬腿。④臂、腿伸直稍停。然后逐渐连贯做。

（2）水中练习。滑行后闭气做臂、腿配合的分解练习。即划一次臂后，蹬一次腿，臂腿依次交替做。闭气滑行，做划臂腿伸直、收手又收腿、臂将伸再蹬腿、臂腿伸直后滑行的配合练习。

同上练习加呼吸配合。由多次蹬腿一次划臂逐渐过渡到一次臂、一次腿、一次呼吸的完整配合。逐渐增加游距，改进技术。

三、爬泳

爬泳，俗称“自由泳”，由于两臂划水动作像爬行，故称爬泳。它是四种竞技游泳中速度最快的一种姿势。按规则要求，自由泳比赛中，可采用任何一种姿势游进，由于游爬泳时，身体俯卧在水中，身体几乎与水面平行，有较好的流线型；两腿不停地上下打水，两臂依次轮流向后划水，因此推进力均匀，动作结构简单，划水效果好；动作配合协调，既省力又能发挥最大的速度，所以在自由泳比赛中，人们都采用爬泳技术。

在游泳竞赛中，自由泳比赛项目最多（共14项，占43%）。通常衡量一个国家的游泳水平，往往以该国自由泳水平高低为标准。

在游泳教学和训练中，爬泳是基础项目，是四种竞技游泳的技术基础，学会了爬泳对掌握仰泳、蛙泳、蝶泳都是很有利的。因此普及和提高爬泳技术有很重要的意义。

现代爬泳技术的特点是：运动员身体姿势高平，采用高肘、屈臂、曲线、加速划水和晚呼吸配合技术。

（一）爬泳技术动作

1. 身体姿势

游爬泳时，身体应伸直成流线型，几乎水平地俯卧在水面。稍收腹，脸部和前额浸入水中，臀部接近于水面，身体纵轴与水面构成3°～5°角，头与身体的纵轴成20°～30°角，眼睛视线应指向斜前方。身体可围绕纵轴有节奏地转动，这种转动一般在35°～45°角。游进时的身体转动是由于划臂、转头吸气形成的自然动作，其优点是：便于手臂出水和空中向前移臂；缩短移臂的转动半径；有利于臂的抱水、划水和维持身体平衡；有利于转头吸气。身体转动的大小取决于运动员的技术、个人特点和游泳速度，转动幅度为两肩横轴与水平面构成35°～45°角。

2. 腿部动作

爬泳腿的动作，主要是起维持身体平衡的作用，使下肢抬高，保持身体流线型，协调两臂有力的划水动作，并能起一定的推进作用。

爬泳打水的技术要领是：两腿自然伸直，两脚稍向内扣，以增大打水面积。踝关节放松，髋关节先发力，以大腿带动小腿做鞭状上下交替打水。打水幅度以两脚跟的垂直距离30～40厘米为宜，脚不要打出水面，但可溅起一点浪花。打水效果取决于鞭状发力和踝关节的灵活性。

向下打水时，大腿发力开始向下，由于惯性作用，此时小腿和脚仍继续向上移动，膝关节弯曲成160°角。大腿还继续带动小腿，使小腿和脚背向后下方打水，产生了两个力量：一个是水平分力，推动身体向前进；一个是上升力，使身体上浮。当大腿开始向上打水时，小腿继续向下，直到伸直膝关节，这两个力量继续作用。开始做向上打水的动作，这时大腿带动小腿向上移，髋关节逐渐展开，腿自然伸直，脚跟接近水面，完成向上打水。由于腿受到水的反作用力，产生一部分推动身体前进的力，但也有一个下沉力，所以向上打水时，用较小的力量来完成，而向下打水时要用较大的力量和较快的速度来完成，以便产生较大的推进力和上浮力。腿从上向下完成打水动作的过程称为“下鞭动作”。从上向下打水时，踝关节的灵活性对前进的作用很大。

爬泳的两腿配合因运动员的个人特点、臂腿配合技术、两臂划水效果和游泳距离的长短而有所不同。

3. 臂的动作

游爬泳时，划臂是推动身体前进的主要力量。臂的动作由入水、抱水、划水、出水、空中移臂五个阶段组成。

（1）入水：臂入水时，肘关节略屈并高于手，手指自然伸直并拢，手指向斜下方切插入水或掌心稍向外侧切入水中，动作要自然放松。

臂的入水点应在肩的延长线上或在身体中线和肩延长线中间。当身体转动时，臂正好屈到身体下面，使划水更加有力。臂入水的顺序是手→前臂→上臂。

（2）抱水：臂入水后，积极插向前下方，并逐渐开始屈腕，屈肘对水。肘关节通过肩关节的内转而稍向外转，保持高肘。到划水开始，手臂与水平面成40°角时，手和前臂已经接近垂直于水平面，肘关节屈至150°角左右，整个手臂像抱一个大圆球一样，肩带肌群充分拉开，给划水创造有利条件。

（3）划水：划水是指自手臂与水平面成40°角起，向后划至与水面成15°～20°角止的这一动作过程，是获得推进力的主要阶段。这阶段又分两部分，整个臂部划至肩下方、与水平面垂直之前称“拉水”，过垂直面后称为“推水”。

拉水是直臂到屈臂的过程。抱水结束时，屈肘为150°角左右。拉水时前臂的速度快于上臂，继续屈肘。当臂划至肩下方时，手在体下靠近身体中线，屈肘约为90°～120°。整个拉水动作应保持高肘姿势，使手和前臂能更好地向后划水。

从拉水到推水，应连贯地加速完成，中间没有停顿。特别是经过肩下垂直线时，不要失掉手对水的支撑感觉，要使上臂与前臂同时向后划动，同时肩部后移，以加长有效的划水路线。

向后推水是通过屈臂到伸臂来完成的。为了使前臂、手掌能以最大的面积推水，在推水中肘关节要向上、向体侧靠近。

在推水过程中，为了使手掌始终与水平面保持垂直，推水时要逐渐放松腕关节，使手伸展开，与前臂构成一个约为200°～220°的角。整个划水动作，手的轨迹是向下→向后→向上。划水路线呈S形。

（4）出水：在划水结束后，臂由于惯性的作用而很快地靠近水面，运动员立即借助三角肌的收缩将臂提出水面。出水时，肩部和上臂几乎同时出水，但肩部稍微早一些，掌心朝后上方。手臂出水动作必须迅速而不停顿，同时应柔和，前臂和手掌应尽量放松。

（5）空中移臂：臂在空中前移的动作是手臂出水的继续，不能停顿。移臂时动作应放松自如，尽量不破坏身体的流线型，要和另一臂的划水动作协调一致。

在手臂提出水面前移过程的前半部分，前臂和手的动作较慢，落后于前移的肘关节。移臂完成一半时，肘部继续弯曲。

屈肘程度取决于运动员肩关节灵活性和身体绕纵轴转动的程度。

臂移至肩部时，手和前臂赶上肘部，并逐渐向前伸出，掌心也从后上方转向前下方。接着做入水准备动作。在整个移臂过程中，肘部应始终保持比肩部高的位置。

在爬泳划臂的整个周期中，动作是不停顿的，划水动作内部循环是有节奏的。随着阶段的不同，各部分所用的力量也不同，动作速度也有所区别。

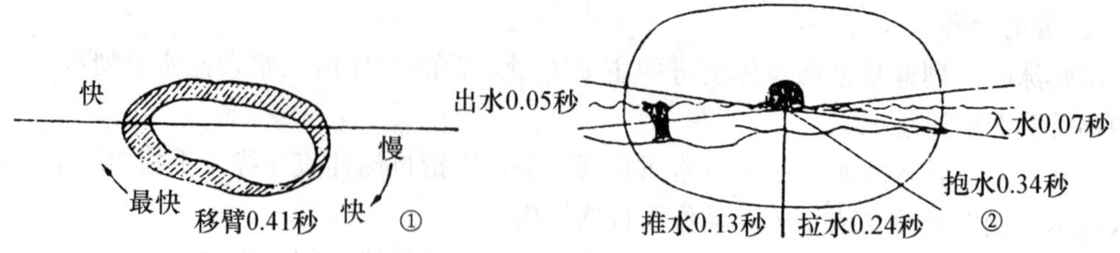

图 12—1　爬泳划臂周期

4. 两臂的配合技术

爬泳两臂的正确配合是保证前进速度均匀的最重要条件之一。划水时，依照两臂所处的位置，可以将两臂配合分为三种交叉形式：即前交叉、中交叉、后交叉。

（1）前交叉配合：一臂入水时，另一臂处于肩前方，与水平面构成 30°左右角。

（2）中交叉配合：当一臂入水时，另一臂处于肩下垂直部位，与水平面构成 90°左右角。

（3）后交叉配合：当一臂入水时，另一臂划水至腹部下方，与水平面构成 150°左右角。

以上三种配合形式都有其各自的特点，对初学者来说，可以采用第一种形式，以便掌握爬泳动作和呼吸动作。采用第二种和第三种形式，有利于发挥两臂力量和提高动作频率，加快速度，保持连续的推进力。

5. 呼吸与臂的配合

游爬泳时，呼吸动作应有节奏地进行，一般是在两臂各划一次即作一次呼吸。以右臂动作为例：右手入水后，口鼻开始逐渐呼气。在水中呼气的结束部分，呼气速度加快，同时逐渐向右转头。右臂划水结束，提肘出水，嘴出水时，把剩余的气快速呼出。这样能把嘴唇边的水吹开，以便立即吸气。右臂出水前移至肩前时吸气结束，然后闭气并将头转正，右臂随之前移入水。

6. 腿、臂和呼吸完整动作配合

完整的配合技术，是运动员匀速地、不间断地向前游进的保证。目前爬泳的完整配合动作有：两腿打水 6 次，两臂划水各 1 次，呼吸 1 次，简称 6∶2∶1 的配合技术；两腿打水 4 次，两臂划水各 1 次、呼吸 1 次，简称 4∶2∶1 的配合技术；两腿各打水 1 次，两臂各划水 1 次，呼吸 1 次，简称 2∶2∶1 的配合技术。另外还有不规则打水、交叉打水等多种形式的配合技术。

爬泳的各种配合方法各有其优势。6∶2∶1 配合技术，能保证配合的稳定性，保持臂腿协调配合和保持身体的平衡，适用于短距离项目；4∶2∶1 的配合可以减少腿的负担量，2∶2∶1 配合技术有利于发挥两臂作用，加快臂的动作频率。4∶2∶1 和 2∶2∶1 技术在中长距离项目中多见。

（二）爬泳的教学

爬泳的动作形象接近人们在陆上的行走动作，臂、腿动作较为简单易学。掌握爬泳，可为学习仰泳、蝶泳打下基础。爬泳的教学一般采用分解教学法，先教腿，后教臂和呼吸，再教配合动作。两腿鞭状动作是基础，两臂划水是主要动力，呼吸动作是关键。

1. 腿部动作教学

目的是建立打腿概念，学习、体会动作过程。

练习方法与步骤：

（1）陆上模仿练习。

①坐池边或岸边，两手后撑，眼看稍内旋的两腿的动作，做直腿打水练习。

②俯卧池边或岸边，做两髋展开、大腿带动小腿的打水动作练习。

（2）水中练习。

①手握池槽或撑池底，成俯卧水平姿势，做直腿打水练习。

②蹬边滑行，先直腿打水，再逐步过渡到膝、踝关节适度放松弯曲的鞭状打水。

2. 手臂动作和手臂与呼吸配合动作的教学

目的是学习体会动作过程，建立划水（抱水、拉水、推水）、移臂的正确概念。

练习方法与步骤：

（1）陆上模仿练习。

①原地两脚开立，上体前倾，做直臂划水模仿练习。重点体会空中移臂动作和臂入水动作。先单臂练，后两臂交替练习。

②同上练习，要求屈臂划水，着重体会划水路线。除划水阶段用力外，其他动作放松。移臂时肘高于手。

③呼吸练习。两脚开立，上体前倾，两手扶膝，做向侧转头吸气练习。

④同练习②，配合呼吸练习，在同侧臂开始划水时呼气，推水时转头吸气。

（2）水中练习。

①站立浅水中，做同陆上练习①的内容。

②站立浅水中，做同陆上练习④的内容。向侧转头吸气时，头不要抬高。

③同上练习，由原地做过渡到走动做。要求划水适当用力，手掌对水、推水时掌心向后。

④蹬边滑行，做两臂配合的划水动作。可下肢夹板，帮助身体平衡。先闭气，然后逐步增加呼吸次数。

3. 完整配合动作教学

目的是学习、体会完整配合的节奏、时机及要求。

练习方法与步骤：

（1）陆上模仿练习。

①俯卧凳上做臂、腿配合模仿练习。

②同上练习，加呼吸动作配合。

（2）水中练习。

①滑行打腿，一臂前伸，另一臂划水。

②滑行打腿，配合两臂分解练习划水。

③滑行打腿，两臂用前交叉或中交叉配合轮流划水。

④同上练习，由划臂数次呼吸一次，逐渐过渡到两臂各划一次、呼吸一次。

⑤逐渐加长游距，在练习中改进动作。

四、仰泳

仰泳是身体呈仰卧姿势的游泳。其动作结构和爬泳基本相似。它包括反蛙泳和爬式仰泳。

(一) 技术动作

1. 身体姿势

身体平直仰卧水中，自然伸展，头肩略高于臀，腰和腿保持水平部位，后脑浸入水中，颈部肌肉放松，脸部露出水面，眼看后上方。

2. 腿部动作

仰游中，腿部动作是保证身体水平姿势和维持身体平衡的主要因素，正确的踢水动作能产生较大的推进力。两腿的动作是以髋关节为轴，大腿发力，带动小腿和脚，形成有力鞭打、向后踢水的动作。

3. 臂部动作

仰泳中，臂部动作是产生推进力的主要因素。臂的一个动作周期可分为入水、抱水、划水、出水、空中移臂五个阶段。

(1) 入水：借助移臂的惯性，臂部自然伸直，小指领先入水，入水点在身体纵轴延长线与肩的延长线之间，或肩的外长线上。其顺序是：上臂先入水，然后前臂和手几乎同时入水。入水动作应自然、放松，不要用手拍击水面，以避免带入气泡。

(2) 抱水：手臂入水后，臂下滑到一定深度时直臂向内深水处积极抓水，并转腕、肩带内旋，同时开始屈臂，使整个臂处于最有利的划水部位。完成抱水动作时臂与身体纵轴构成约 40°角，肘关节开始弯曲，手掌距水面约 30 厘米。

(3) 划水：划水动作是推进身体前进的主要动力。动作包括拉水和推水两个部分。整个动作由屈臂抱水开始，以肩为中心，划至大腿侧下方为止。整个划水手掌走的路线从侧面看是先向下，再向上，再向下，呈 S 形。

(4) 出水：借助手臂内旋下压推压水的反作用力和三角肌的收缩力，手臂自然出水。出水动作是臂先压水后提肩，由肩带动上臂、前臂和手依次出水。

(5) 空中移臂：提臂出水后，手臂应迅速沿着肩的垂直面向肩前移动，手臂要自然、放松、伸直，移臂的后段肩关节要充分伸展，手垂直向头后移臂，速度要快。

4. 两臂配合

当一臂划水结束，另一臂已入水并开始划水；一臂处于移臂过程的一半，另一臂处于划水过程的中部，两臂几乎处在完全相反的位置。

5. 呼吸与臂、腿配合技术

现代仰泳采用 6∶2∶1 的配合技术，即 6 次打腿，2 次划臂，1 次呼吸。呼吸要有严格的节奏，不能用鼻子呼吸，要用口呼吸。

现代仰泳的技术特点是：身体在水中保持流线型；手臂垂直向头后移臂；手掌入水点远，划水深，高肘划水；两臂交替划水，肩左右转动较大，肩横轴与水平面约成 45°夹角；6 次踢腿，踢水很有力。

(二) 练习方法与步骤

(1) 仰卧池边或出发台上做两腿打水模仿动作。

(2) 在水中，深吸气后，头和上体慢慢后仰，在同伴的帮助下，两手反握池槽或两手

后撑池底，做漂浮踢水练习。

(3) 蹬池滑行后，做仰卧漂浮练习。

(4) 在水中仰踢水的基础上，配合两臂做划水动作，再配合有节奏的呼吸。

五、蝶泳

蝶泳是由蛙泳演变而成的一种泳势，因游进时两臂动作形似蝴蝶展翅而得名。后来，匈牙利运动员董贝克模仿海豚的躯干波浪动作，创造了海豚泳姿势，使游进速度有了很大的提高，从此产生了海豚式蝶泳。

(一) 动作结构与技术要领

蝶泳的动作结构较复杂：身体俯卧在水中，躯干和腿联合而有节奏地做上下鞭打动作，游进时两臂和两腿的动作对称，即两腿上下同时打水 2 次，两臂同时划水 1 次，并且打腿和划臂应同时进行。躯干和腿的波浪动作是蝶泳的基础。其动作要领：腰部发力，大腿带动小腿鞭状上下打水，推动身体前进。臂的技术类似爬泳：两臂同时对称经空中前摆，头入水后，两臂同时沿身体两侧经腹下做曲线向后划水。应充分利用推水的惯性力，配合低头动作，完成转肩移臂。吸气时初学者多采用早吸气技术，即向后用力划水时，顺势抬头吸气，臂出水和开始向前移臂时闭气，臂入水时呼气。当前运动员采用的是2∶1∶1的配合技术，即 2 次打腿，1 次划臂，1 次呼吸。

现代蝶泳的技术特征是：移臂趋于低、平、直；划水的发力点提前，划水路线呈钥匙洞型；上体起伏小，上下肢动作配合连贯；两臂将入水时第一次打腿，在腹下加速推水时第二次打腿，打腿幅度适中，节奏鲜明有力。

(二) 练习方法与步骤

(1) 陆地上，原地站立，两臂上举，做腰腹前后摆动练习。

(2) 水中蹬边滑行后，两腿并拢，同时做上下打水练习。

(3) 手扶泳板做蝶泳打水练习。

(4) 水中站立，上体前倾，做蝶泳两臂划水的模仿练习。

(5) 同练习 (4)，配合呼吸练习。

(6) 做 2 次打腿，1 次划水，1 次呼吸的完整配合练习。

六、游泳四种泳姿技术特点比较

表 12-1　四种泳姿技术特点比较

泳姿	身体姿势	臂部动作	打腿	呼吸	节奏
蝶泳	肩部必须保持在水平面上，臀部接近水面。头比双臂先入水，抬头要低	入水、向外划和抱水、下划、划、上划和移臂	开始时，不屈膝，双脚并拢。一旦脚后跟露出水面，弯曲双脚向下打水	在向上划动作开始时呼吸	划臂 1 次打腿 2 次

仰泳	两耳刚好放在水中，臀部刚好在水面下，双脚刚好露出水面，头保持稳定	入水、抱水、向下划、向后划，第二次下划、复位、移臂	双腿靠拢上下交替打腿，膝部可弯曲但不能露出水面	一只胳膊移动时呼气，另一只移动时吸气	划臂1次打腿6次
蛙泳	头部和臀部尽量保持高位，身体以胸部为基准	向外划、抱水、向下划、向内划、伸展	伸展、收腿、外蹬腿、下蹬腿、内蹬夹腿	在臂部做有力的内划动作时呼吸	保证蹬腿动作在双臂伸展时完成
自由泳	身体尽可能平直，打水时腿面的动作刚好露出水面	入水、伸展、抱水、向内划、向上划、移臂	双腿并拢，膝部不要弯曲过度，向下打腿	头朝肩膀出水面转动时呼吸。有轻呼吸和爆发式呼吸	打腿6次，两臂各划水1次

第三节　游泳的注意事项

（1）忌饭前饭后游泳。空腹游泳会影响食欲和消化功能，也会使人在游泳中发生头昏乏力等意外情况。饱腹游泳亦会影响消化功能，还会导致胃痉挛，甚至呕吐、腹痛。

（2）忌剧烈运动后游泳。剧烈运动后马上游泳，会使心脏负担加重。体温的急剧下降会使抵抗力减弱，引起感冒、咽喉炎等。

（3）忌月经期游泳。月经期间游泳，病菌易进入子宫、输卵管等处，引起感染，导致月经不调、经量过多、经期延长。

（4）忌在不熟悉的水域游泳。在天然水域游泳时，切忌贸然下水。凡水域周围和水下情况复杂的都不宜下水游泳，以免发生意外。

（5）忌长时间暴晒。长时间暴晒会产生晒斑，或引起急性皮炎，亦称日光灼伤。为防止晒斑的发生，上岸后最好用伞遮阳，或到有树阴的地方休息，或用浴巾在身上保护皮肤，或在身体裸露处涂防晒霜。

（6）忌不做准备活动即游泳。水温通常比体温低，因此，下水前必须做准备活动，否则易导致身体不适。

（7）忌游泳后马上进食。游泳后宜休息片刻再进食，否则会突然增加胃肠的负担，久之容易引起胃肠道疾病。

（8）忌游游时间过久。皮肤对寒冷刺激一般有三个反应期。第一期：入水后，受冷的刺激，皮肤血管收缩，肤色呈苍白色。第二期：在水中停留一定时间后，体表血流扩张，皮肤由苍白转呈浅红色，肤体由冷转暖。第三期：停留过久，体温散热大于发热，皮肤出现鸡皮疙瘩，身体出现寒颤现象。这是夏游的禁忌期，应及时出水。游泳持续时间一般不应超过1.5～2小时。

（9）有癫痫史者忌游泳。无论是大发作型还是小发作型，患者在发作时都有一瞬间意识失控，如果在游泳中突然发作，就难免“灭顶之灾”。

（10）高血压患者忌游泳。特别是顽固性的高血压，药物难于控制，游泳有诱发中风

的潜在危险，应绝对避免。

(11) 心脏病患者忌游泳。如先天性心脏病、严重冠心病、风湿性瓣膜病、较严重心律失常等患者，对游泳应“敬而远之”。

(12) 患中耳炎忌游泳。不论是慢性中耳炎还是急性中耳炎，水进入发炎的中耳，等于“雪上加霜”，使病情加重，甚至可致颅内感染等。

(13) 患急性眼结膜炎忌游泳。该病病毒在游泳池里传染速度之快、范围之广令人吃惊。在该病流行季节，即使是健康人，也应避免到游泳池内游泳。

(14) 某些皮肤病忌游泳。如各类型的癣、过敏性的皮肤病等。游泳不仅可能诱发荨麻疹、接触性皮炎，而且易加重病情。

(15) 忌酒后游泳。酒后游泳，体内储备的葡萄糖大量消耗，会出现低血糖。另外，酒精能抑制肝脏正常生理功能，妨碍体内葡萄糖转化及储备，从而导致意外发生。

(6) 忌忽视泳后卫生。泳后，应即用软质干巾擦去身上水垢，滴上氯霉素或硼酸眼药水，擤出鼻腔分泌物。如若耳部进水，可采用同侧跳的方法将水排出。之后，再做几节放松体操及肢体按摩，或在日光下小憩 15～20 分钟，以避免肌群僵化和疲劳。

第四节 游泳意外的救护

一、游泳自救

游泳中遇到意外事故时，要沉着、冷静，按照一定的方法进行自我救护，或立即呼救，以便及时得到同伴或救护员的帮助与救护。下列情况可以采用自我救护方法。

(一) 水中抽筋自救法

抽筋的部位一般是小腿和大腿，有时手指、脚趾及胃部等部位也会发生抽筋。发生抽筋主要是由于下水前没有做准备活动或准备活动不充分，身体各器官及肌肉组织没活动开，下水后突然做剧烈的蹬水和划水动作，或因水凉刺激，肌肉突然收缩。在游泳时间长、过分疲劳及体力消耗过多、肌体大量散热或精神紧张，游泳动作不协调等情况下也会出现抽筋。如脚趾抽筋，泳者可马上将腿屈起，用力将足趾拉开、扳直。小腿抽筋，先吸足一口气，仰卧在水面，用手扳住足趾，并使小腿用力向前伸蹬，让收缩的肌肉伸展和松弛。手指抽筋时，手握成拳头，然后用力张开，如此反复即可解脱。抽筋后，应改用别的游泳姿势游回岸边。如果不得不仍用同一游泳姿势时，就要提防再次抽筋。

(二) 疲劳过度自救法

过度疲劳后游泳或游泳过度，都容易造成抽筋或溺水。若你觉得寒冷或疲劳，应马上游回岸边。如果离岸甚远，或过度疲乏而不能立即回岸，就仰浮在水上以保留力气，并立即呼叫同伴前来协助你回到岸边。如果没有人来，就继续浮在水上，等到体力恢复后再游回岸边。

（三）身体不适自救法

游泳时头痛的原因可能是慢性鼻炎、呛水或身体寒冷、暂时性脑血管痉挛而引起供血不足。这时，泳者应迅速上岸，用大拇指在头顶百会穴、太阳穴及列缺穴按揉，然后用热毛巾敷头，再喝一杯热开水即可。

鼻子呛进脏水有时会导致恶心、呕吐。此时，泳者应赶快上岸，用手指压中脘、内关穴，如果有仁丹，也可以含上一粒。为预防肠炎，还可吃几瓣生大蒜。另外池水进鼻后，不可用手捏紧两鼻孔使劲擤，而应指压单侧鼻逐一轻轻擤，或内吸后自口中吐出。

刚吃过饭或空腹游泳会产生腹痛、腹胀。这时泳者应上岸仰卧，用拇指尖点压中脘穴、上脘穴或足三里穴。

出现耳痛、耳鸣，可能是耳朵里灌水或鼻子呛水，排水方法有：首先，将头歪向耳朵进水的一侧，用手拉住耳垂，用同侧腿进行单足跳；其次，手心对准耳道，用手把耳朵堵严压紧，左耳进水就把头歪向左边，然后迅速将手拔开，水即会被吸出；最后，用消毒棉签伸入耳道内将水吸出。

出现头晕脑胀，主要原因是游泳时间过长，血液聚集于下肢，脑缺血，机体能量消耗较大，身体过度疲劳。此时，泳者应立即上岸休息，全身保温，并适当喝些淡糖水或盐水。

眼睛痒痛，可能是因水不洁净引起的。上岸后，泳者应马上用清洁的淡盐水冲洗眼睛，然后用氯霉素或红霉素眼药水点眼，临睡前最好再做一下热敷。

二、怎样拯救溺水者

溺水者往往张皇失措，会死命抓住一切够得到的东西，包括拯救者。因此，只要有其他方法将溺水者拉到岸上，就不要下水去施救。当然，万不得已时，在施救者有能力的前提下，应下水施救。没有受过救生训练的施救者下水之前应该有思想准备，此时溺水者的本能反应，可能使施救力不从心，最终救人不成反而陪上性命。

（一）下水施救的常识

下水前应准备一块结实且足够长的长条布或毛巾、救生圈。如果决定下水救人，尽量不要让溺水者缠上身。如在游向溺水者时，与溺水者正面相遇，必须立刻采用仰泳姿势迅速后退。在溺水者抓不及处，将布或毛巾、救生圈递过去，让溺水者抓住一头，自己抓住另一头拖着溺水者上岸。切记，勿让溺水者抓住你的身体或四肢。若溺水者试图向你靠近，立刻松手游开。如必须用手去救，且溺水者十分惊慌，则应从背后接近溺水者，把溺水者牢牢抓住。抓住溺水者的下巴，使溺水者仰面，靠近自己的头，并用力用肘夹住溺水者的肩膀。同时安慰溺水者，尽量让溺水者情绪稳定。采取仰泳的方式将溺水者拖回岸边。若溺水者不省人事，可用手抓住溺水者的下巴，游回岸边。

（二）积极进行陆上抢救

若溺者口鼻中有淤泥、杂草和呕吐物，首先应清除，保持上呼吸道的通畅。溺者若已喝了大量的水，救护者可一腿跪着，另一腿屈膝，将溺者腹部放在屈膝的大腿上，一手扶

着溺者的头，将他的嘴向下，另一手压在背部，使水排出。若溺者已昏迷，呼吸很弱或停止呼吸，进行完上述处理后，要进行人工呼吸。可使溺者仰卧，救护者在身旁用一手捏住溺者的鼻子，另一手托着他的下颚，吸一口气，然后用嘴对着溺者的嘴将气吹入。吹完一口气后，离开溺者的嘴，同时松开捏鼻子的手，并用手压一下溺者的胸部，帮助他呼气。如此有规律地反复进行，每分钟约做 14～20 次，开始时可稍慢，以后可适当加快。

（三）被溺水者抓住怎样脱身

若被溺水者正面搂住，把头低下潜入水中，并将溺水者的双臂向上推过头顶，迅速脱身到其够不着的水域。

若被溺水者抓住一只脚，用另一只脚踹其肩膀，将溺水者踢开，迅速脱身到其够不着的水域。

若被溺水者从后面搂住头颈部，马上低下头保护咽喉，然后抓住其上面一只手腕往下拉，同时用另一只手托起其肘部。这样既能脱身，又能抓住溺水者。

若以上方法都无法脱身，千万不要慌张。此时，深深吸一口气，然后将溺水者按下水中。由于溺水者一心想浮出水面，此举使之往下沉，势必放手，趁势迅速脱身到其够不着的水域。若体力尚可，可在脱身后从后面接近溺水者施救。

1. 游泳主要有哪几种泳姿？
2. 游泳几种姿势之间的区别和联系是什么？
3. 蛙泳的基本技术动作是什么？
4. 游泳中的注意事项有哪些？

第十三章　武　术

通过本章的学习，学生应了解武术的起源、发展、特点、分类，武术的基本练习方法，以及如何参加与欣赏武术比赛。

第一节　概　述

一、武术的起源

武术在我国有悠久的历史。它起源于我国远古祖先的生产劳动。人们在狩猎的生产活动中，逐渐积累了劈、砍、刺的技能。这些原始形态的攻防技能是低级的，还没有脱离生产技能的范畴，却是武术技术形成的基础。到了氏族公社时代，经常发生部落战争，因此在战场上搏斗的经验也不断得到总结，比较成功的一击、一刺、一拳、一腿，被模仿、传授、习练着，武术逐渐形成。

武术作为独立的社会文化现象，是与中华民族文明的产生同步的。商周时期，出现了“武舞”，用来训练士兵，鼓舞士气。周代设“序”，把“射”御、“习舞干”列为教育内容之一。进入春秋战国以后，诸侯争霸，各国都很重视格斗技术在战场中的运用。齐桓公举行春秋两季的“角试”来选拔天下英雄。秦汉以来，盛行角力、击剑。随着“宴乐兴舞”的习俗兴起，手持器械的舞练时常在乐饮酒酣时出现，如《史记·项羽本纪》记载的“鸿门宴”中“项庄舞剑，意在沛公”，便是这一形式的反映。此外，还有“刀舞”、“力舞”等，虽具娱乐性，但从技术上更近于今天的武术套路。

二、近代以来武术的发展

到了近代，武术适应时代的变化，逐步成为中国近代体育的有机组成部分。民国时期，民间出现了许多拳社、武士会等武术组织。1928 年，在南京成立了中央国术馆。1936 年，中国武术队赴柏林奥运会参加表演。中华人民共和国成立后，武术得到了蓬勃发展。1956 年，中国武术协会成立，开展了空前广泛的群众性武术活动，为武术的发展开拓了广阔的道路。

1985 年，首届国际武术邀请赛在西安举行，并成立了国际武术联合会筹委会，这是武术发展历史性的突破。1987 年在横滨举行了第 1 届亚洲武术锦标赛，标志着武术走向亚洲。1999 年，国际武联被吸收为国际奥委会的正式国际体育单项联合会成员，这是武术发展中的又一历史性突破，离“把武术推向世界”的雄伟目标又近了一步。

三、武术的特点

（一）寓技击于体育之中

武术最初作为军事训练手段，与古代军事斗争紧密相连，其技击的特性是显而易见的。在实用中，其目的在于杀伤、限制对方，它常常以最有效的技击方法，迫使对方失去反抗能力。这些技击术至今仍在军队、公安队伍中被采用。武术作为体育运动，技术上仍不失其作为攻防技击的特性，它将技击寓于搏斗与套路运动之中。搏斗运动集中体现了武术攻防格斗的特点，在技术上与实用技击基本上是一致的，但是从体育观念出发，它受到竞赛规则的制约——以不伤害对方为原则。如在散手中规则对武术中有些传统的实用技击方法作了限制，而且严格规定了击打部位和保护护具，短兵中使用的器具也发生了相应的变化，而推手则是在特殊技术规定下进行竞技对抗的。因此，可以说武术的搏斗运动具有很强的攻防技击性，但又与实用技击有所区别。

套路运动是中国武术的一个特有的表现形式，不少动作在技术规格、运动幅度等方面与技击的原型动作相比有所变化，但是动作方法仍然保留了技击的特性。即使因连结贯串及演练技巧上的需要，穿插了一些不一定具有攻防技击意义的动作，然而就整套技术而言，其主要的动作仍然是以踢、打、摔、拿、击、刺诸法为主，这些技法仍是套路的技术核心。它的攻防技击特性是通过一招一式来表现的，汇集百家；它的技击方法是极其丰富的，在散手、短兵中不宜采用的技术方法，在套路运动中仍有所体现。

（二）内外合一，形神兼备的民族风格

既讲究形体规范，又讲求精神传意、内外合一的整体观，是中国武术的一大特色。所谓内，是指心、神、意等心志活动和气总的运行；所谓外，即手、眼、身、步等形体活动。内与外、形与神是相互联系统一的整体。比如五禽操就是一种模仿虎、鹿、熊、猿、鸟五种动物的的奇妙功夫，其精髓就是：“外动内静、动中求静、动静兼备、有刚有柔、刚柔并济、练内练外、内外兼练。”

武术“内外合一，形神兼备”的特点主要通过武术功法和技法来体现。“内练精气神，外练筋骨皮”是各家各派练功的准则，如太极拳主张身心合修，要求“以心行气，以气运身”，形意拳讲究“内三合，外三合”，大洪拳、少林拳也要求精、力、气、骨、神内外兼修。此外武术套路在技术上往往要求把内在精气神与外部形体动作紧密相合，完整一气，做到“心动形随”，“形断意连”，“势断气连”。以“手眼身法步，精神气力功”八法的变化来锻炼心身。这一特点表明，中国武术作为一种文化形式在长期的历史演进中备受中国古代哲学、医学、美学等的渗透和影响，形成了独具民族风格的练功方法和运动形式。

（三）广泛的适应性

武术的练习形式、内容丰富多样，有竞技对抗性的散手、推手、短兵，有适合演练的各种拳术、器械的对练，还有与其相适应的各种练功方法。不同的拳种和器械有不同的动作结构、技术要求、运动风格和运动量，分别适应人们不同年龄、性别、体质的需求，人们可以根据自己的条件和兴趣爱好进行选择练习。同时，武术对场地、器材的要求较低，

俗称“拳打卧牛之地”，练习者可以根据场地的大小变更练习内容和方式，即使一时没有器械也可以徒手练功。一般来说，它受时间、季节限制也很小，比起不少体育运动项目，具有更为广泛的适应性。武术能在民间历久不衰，与这一特点不无关系。这一特点可为现代群众性体育活动提供方便，使武术进一步社会化。

四、武术的作用

（一）提高素质，健体防身

武术套路运动，其动作包含着屈伸、回环、平衡、跳跃、翻腾、跌扑等，人体各部位几乎都要参与运动。

系统地进行武术训练，对人体速度、力量、灵巧、耐力、柔韧等身体素质要求较高，人体各部位“一动无有不动”，几乎都参加运动，这使人的身心得到全面锻炼。实践证明，武术对外能利关节，强筋骨，壮体魄；对内能理脏腑，通经脉，调精神。武术运动讲究调息行气和意念活动，对调节内环境的平衡、调养气血、改善人体机能、健体强身十分有益。

武术套路运动和搏斗运动都是以技击作为它的中心内容的。通过武术锻炼，不仅能够达到增强体质的效果，而且能够学会攻防格斗技术。特别是武术功力训练，更能发挥技击的实效性。

武术的搏斗运动，通过攻防技术练习，拳打、脚踢、快摔等动作的运用，在攻守中扬长避短，攻彼弱点、避彼锋芒，讲究得机、得时、得势，能提高人的判断力和应变能力，增强人克敌制胜和防身自卫的能力，尤其对公安、武警和部队指战员更有实际意义和作用。

（二）锻炼意志，培养品德

练武对意志品质的考验是多方面的。练习基本功，要不断克服疼痛关，“冬练三九、夏练三伏”，培养持之以恒、坚持不懈的意志品质。套路练习，要克服枯燥关，培养刻苦耐劳、砥砺精进、永不自满的品质。遇到强手，要克服消极逃避关，锻炼勇敢无畏、坚韧不屈的战斗意志。经过长期锻炼，可以培养人们勤奋、刻苦、果敢、顽强、虚心好学、勇于进取的良好习性和意志品德。

“教武育人”贯彻在武术教习全过程中，“未曾习武先学礼，未曾习武先习德”，我国传统始终把武德列为习武教武的先决条件。武术在中国传承几千年的历史中，一向重礼仪，讲道德，“尚武崇德”。诸如尊师爱友，互教互学，以武会友，切磋技艺，讲礼守信，见义勇为，不凌弱逞强等。激烈的攻防技术和人生修行结合起来，是中国武术传统道德观念的体现。在社会的发展中，武德的标准和规范也不尽相同，尚武而崇德不仅能很好地陶冶情操，还会大大有益于社会精神文明建设。

（三）竞技观赏，丰富生活

武术具有很高的观赏价值，无论是套路表演，还是散手比赛，历来为人们喜闻乐见。唐代大诗人李白的好友崔宗字赞他“起舞拂长剑，四座皆扬眉”。杜甫在《观公孙大娘弟

子舞剑器行》的著名诗篇中也有“昔有佳人公孙氏，一舞剑器动四方。观者如山色沮丧，天地为之久低昂”的描绘。汉代打擂台，“三百里内皆来观”。这些例子都说明，无论是显现武术功力与技巧的套路表演竞赛，还是斗智较勇的对抗性散手比赛，都引人入胜，给人以美的享受，都具有很高的观赏价值。

（四）交流技艺，增进友谊

武术运动内涵丰富，技理相通，入门之后会有“艺无止境”之感。群众性的武术活动，便成为人们切磋技艺，交流思想，增进友谊的良好手段。武术在全世界的广泛传播，还可促进我们与国外武术爱好者的交流。许多国家的武术爱好者喜爱武术套路，也喜爱武术散手，他们通过练武了解认识中国文化，探求东方的文明。武术通过体育竞技、文化交流等途径，在我们与世界各国人民的友好交往中发挥着越来越大的作用。

五、武术运动的分类

（一）套路

2. 对练

对练是两人或两人以上，按照预定的程序进行的攻防格斗套路。其中包括徒手对练、器械对练、徒手与器械对练三种练法。

（1）徒手对练：是运用踢、打、摔、拿等方法，按照进攻、防守、还击的运动规律编成的拳术对练套路，有对打拳、对擒拿、南拳对练、形意拳对练等。

（2）器械对练，是以器械的劈、砍、击，刺等技击方法组成的对练套路，主要有长器械对练、短器械对练、长与短对练、单与双对练、单与软对练、双与软对练等多种形式，常见的有单刀进枪、三节棍进棍、双匕首进枪、对刺剑等。

（3）徒手与器械对练，是一方徒手，另一方持器械进行的攻防对练套路，如空手夺刀、空手夺棍、空手进双枪等。

3. 集体演练

集体演练是集体进行的徒手、器械或徒手与器械的演练。在竞赛中通常要求六人以上，可变换队形、图案，也可用音乐伴奏，要求队形整齐、动作协调一致。

（二）搏斗

搏斗运动，是两人在一定条件下，按照一定的规则进行斗智较力的对抗练习形式。目前武术竞赛中正在逐步开展的搏斗运动有散手、推手、短兵三项。

（1）散手，是两人按照一定的规则使用踢、打、摔、拿等方法制胜对方的竞技项目。

（2）推手是两人遵照一定的规则，使用掤、扳、挤、按、采、捋、肘、靠等手法，双方粘连粘随，通过肌肉的感觉来判断对方的用劲，然后借劲发劲将对方推出，以此决定胜负的竞技项目。

（3）短兵：是两人手持一种用藤、皮、棉制作的短棒似的器械，在直径16市尺的圆形场地内，按照一定的规则，使用劈、砍、刺、崩、点、斩等方法决胜负的竞技项目。

第二节 武术的基本功

武术基本功是练习武术必须具备的身体活动能力、技术技巧能力以及心理素质等基础。基本功训练时，有一系列专门的综合训练人体内、外各部位功能的方法和手段，这些方法和手段，突出了武术运动的专项要求，具有鲜明的内外兼修的运动特点。基本功包括腿功、腰功、肩功和桩功等主要内容。腿功表现的是腿部的柔韧性、灵活性和力量等功夫，腰功表现的是腰部灵活性、协调控制上下肢运动的能力和身法技巧的工夫，肩功表现的是肩关节柔韧性、活动范围的大小以及力量等方面的工夫，桩功表现的是腿部力量和呼吸内息的工夫。

一、手型、手法

(一) 手型

1. 拳

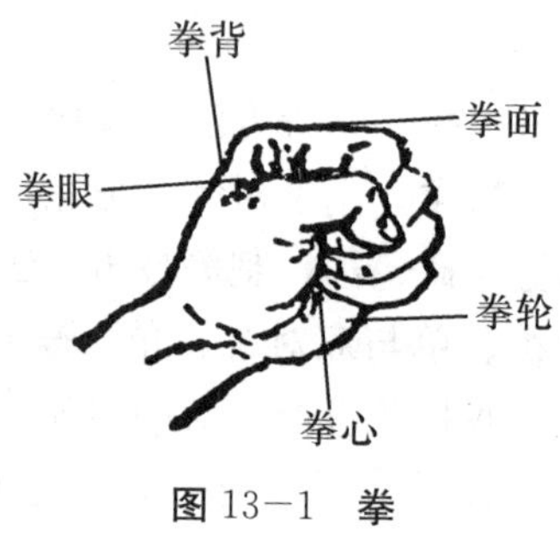

图 13-1 拳

四指并拢握紧，拇指紧扣食指和中指的第二指节。

学练要点：拳握紧，拳面平，腕平直。

2. 掌

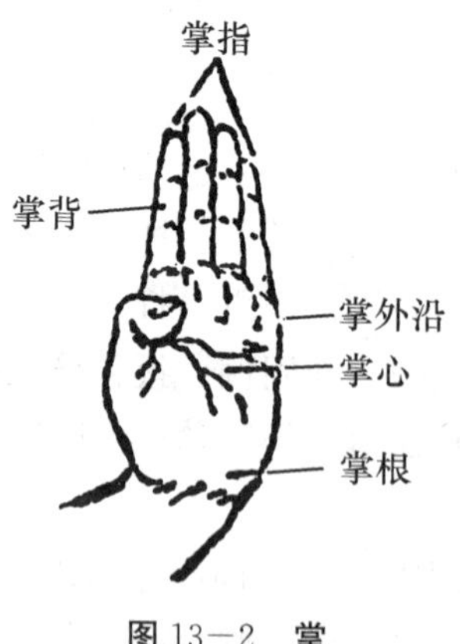

图 13-2 掌

四指并拢伸直，拇指弯曲紧扣于虎口处。

学练要点：掌面直立后翘，四指并紧。

3. 勾

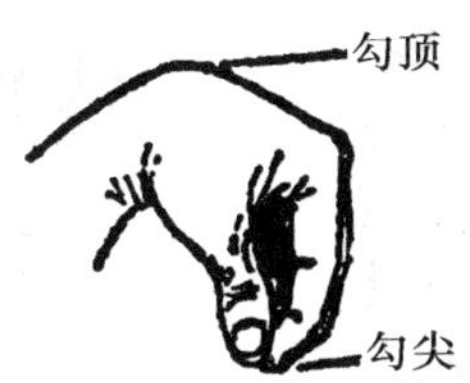

图 13-3　勾

屈腕，五指的第一指节捏拢在一起。

学练要点：五指捏紧，腕关节用力回屈。

（二）手法

1. 冲拳：

图 13-4　冲拳

开步站立，拳心向上，两拳抱于腰间。右拳从腰间向前猛力冲出，转腰，顺肩，右拳向前内旋冲出，力达拳面。拳心向下称为平冲拳，拳眼向上称为立冲拳。两拳交替练习。

学练要点：出拳快速有力，做好拧腰、顺肩和前臂内旋动作。

2. 推掌

图 13-5　推掌

开步站立，两拳拳心向上抱于腰间。右拳变掌，前臂内旋向前立掌推出，力达掌根。两掌交替进行。先屈肘，掌面要平，拇指压于食指、中指的第二指节上。

学练要点：挺胸、收腹、直腰；出掌快速有力，做好拧腰、顺肩、沉腕动作。

3. 亮掌

图 13－6 亮掌

开步站立，两拳拳心向上抱于腰间。右拳变掌，经体侧向右、向上划弧，举至头部右前方时，抖腕亮掌，臂成弧形，掌心朝上。眼睛始终随右手动作转动，抖腕亮掌时，转头注视左方。两掌交替进行。

学练要点：抖腕、亮掌与转头动作要同时完成。

4. 架拳

图 13－7 架拳

开步站立，两拳拳心朝上，抱于腰间。右拳沿下、左、上的顺序方向经头前向右上方划弧架起，拳眼向下，转头双眼注视左方。两拳交替进行。

学练要点：松肩，肘微屈，前臂内旋。

二、步型

(一) 弓步

图 13－8 弓步

两脚前后错步站立，前腿屈膝，大腿水平，膝部与脚面垂直，后脚挺直，全脚掌着

地，脚尖朝向斜前 45 度。右脚在前为右弓步，左脚在前为左弓步。持久练习，可作弓步桩训练。

学练要点：挺胸，塌腰，沉髋，前、后脚成一直线。

（二）马步

图 13－9　马步

两脚左右开立，约为本人脚长的 3 倍，脚尖内扣正对前方，屈膝半蹲，大腿接近水平，膝部不超过脚尖，全脚着地。持久练习，可作马步桩训练。

学练要点：挺胸，塌腰，两脚跟外蹬，身体重心落于两脚之间。

（三）仆步

图 13－10　仆步

右腿屈膝全蹲，大腿和小腿靠紧，臀部接近右小腿，全脚着地，脚尖和膝稍外展。左腿挺直平伸，脚尖内扣，全脚着地，成左仆步。右腿平伸成右仆步。

学练要点：挺胸，塌腰，沉髋。

（四）虚步

图 13－11　虚步

两脚前后错步站立，后腿屈蹲，大腿水平，前脚微屈，脚尖虚点地面。左脚在前为左虚步，右脚在前为右虚步。持久练习，可作虚步桩训练。

学练要点：挺胸，塌腰，虚实分明。

（五）歇步

图 13—12　歇步

两腿交叉屈膝全蹲。左脚全脚着地，脚尖外展。右脚脚跟离地，臀部坐于小腿上，接近脚跟，成左歇步。右脚在前为右歇步。

学练要点：挺胸，塌腰，两腿靠拢并贴紧。

三、腿功

（一）正压腿

图 13—13　正压腿

面对一定高度的物体，左脚跟放在物体上，脚尖勾起，两腿伸直，两手扶按在左膝上，或用两手抓握左脚，然后上体立腰向前下方振压，用头顶尽量触及脚尖。两腿交替进行。

学练要点：两腿伸直，立腰挺胸前压。

（二）侧压腿

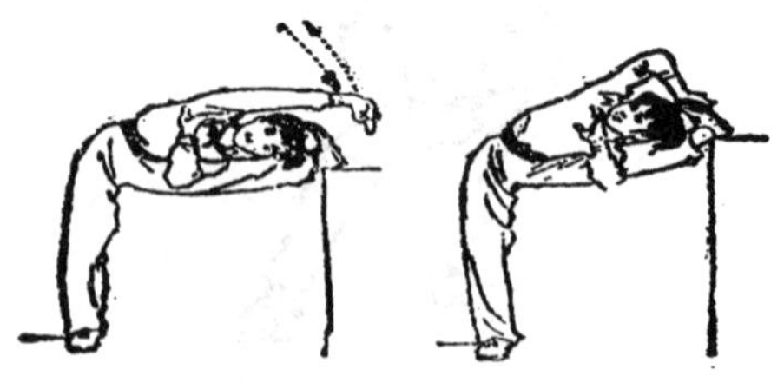

图 13—14　侧压腿

右腿支撑站立，左脚从体侧放置到一定高度的物体上，脚尖勾起，右臂上举，左掌立于胸前，两腿伸直，腰部挺立，上体向左侧下振压，振压幅度要逐渐加大，直到上体能侧倒在左腿上。两腿交替进行。

学练要点：两腿伸直，开髋立腰挺胸，上体完全侧倒。

（三）后压腿

图 13－15　后压腿

背对一定高度的物体，两手叉腰，右腿支撑站立，左腿后伸，脚背放到物体上，两腿伸直，上体向后下振压，并逐渐增大振压幅度。两腿交替进行。

学练要点：两腿伸直，立腰挺胸，头随上体后仰。

（四）仆步压腿

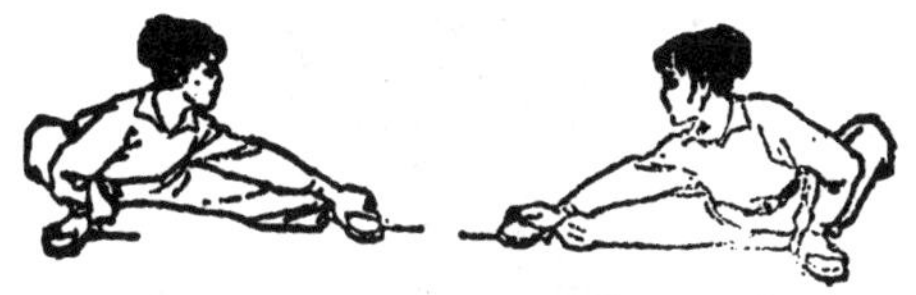

图 13－16　仆步压腿

右腿屈膝全蹲，全脚着地；左腿向左侧伸直，脚尖内扣。两手分别抓住两脚脚背，成左仆步。腰部挺直，左转前压。左右仆步交替进行。

学练要点：直腰抬头，一腿全蹲，另一腿伸直，两脚压紧地面。

（五）正搬腿

图 13－17　正搬腿

右腿伸直支撑，左腿屈膝提起，左手扶膝，右手抓住左脚，然后将左脚向前方伸出，直至膝关节挺直，左脚外侧朝前。两腿交替进行。

学练要点：两腿伸直，立腰挺胸，被搬腿的脚尖勾紧。

（六）侧搬腿

图 13－18　侧搬腿

左腿伸直支撑，右腿从体侧抬起，右手经右小腿内侧绕脚后抱住右脚跟，将右腿伸直，脚尖勾紧。两腿交替进行。

学练要点：两腿伸直，立腰挺胸，身体直立平稳。

（七）劈竖叉

图 13－19　劈竖叉

两腿伸直，前后叉开成直线。左腿后侧着地，脚尖上翘；右腿前侧着地，脚背扣在地上。两臂立掌侧平举。两腿交替进行。

学练要点：立腰挺胸，沉髋挺膝。

（八）劈横叉

图 13－20　劈横叉

两腿伸直，向左右两侧叉开，下坐成直线，两腿内侧着地。两臂立掌侧平举。

学练要点：髋关节完全打开，立腰挺胸。

四、腰功

（一）前俯腰

图 13－21 前俯腰

并步站立，两手十指交叉，直臂上举，手心向上；上体前俯，挺胸，塌腰，两手尽力触地。然后两手松开，用两手绕过双腿，抱住两脚跟部，尽量使自己的上体、脸部贴紧双腿。

学练要点：两腿挺膝伸直，上体前俯时，挺胸、塌腰、收髋。

（二）甩腰

图 13－22 甩腰

开步站立，两臂伸直前举，以腰为轴，上体做前后屈和甩腰动作，两臂也随之甩动。

学练要点：两腿伸直，腰部放松，后甩时抬头挺胸，甩腰动作紧凑而有弹性。

（三）涮腰

图 13－23 涮腰

两脚开立，略宽于肩，上体前俯，以髋关节为轴，两臂向左前下方伸出。然后挥动两臂，随上体向前、向右、向后、再向左作翻转绕环。左右涮腰交替进行。

学练要点：两腿伸直，以腰为轴，翻转绕环圆活、和顺。

（四）下腰

图 13－24　下腰

两脚开立同肩宽，两臂伸直上举，腰向后弯，抬头，挺腰，双手撑地身体成桥形。

学练要点：两脚支撑站稳，膝关节尽量挺直，腰部后弯上顶，脚跟不能离地。

五、肩功

（一）压肩

图 13－25　压肩

面对一定高度的物体，两脚开立同肩宽，上体前俯，两手抓住横杆，抬头挺胸，塌腰，用力向下振压。

学练要点：两腿伸直，肩部松沉，用力震压，力点集中于肩部。

（二）单臂绕环

图 13－26　单臂绕环

左弓步站立，左手扶按左膝，右臂以肩为轴作直臂的顺、逆时针绕环。两臂交替进行。

学练要点：臂伸直，肩放松，绕立圆。

(三) 双臂绕环

图 13－27　双臂绕环

开步站立，以肩关节为轴，两臂分别向前和向后作直臂绕环。顺、逆时针绕环交替进行。

学练要点：身体正直，臂伸直，肩放松，绕环协调和顺。

(四) 两臂交叉绕环

图 13－28　两臂交叉绕环

开步站立，两臂直臂上举，左臂以左肩关节为轴，向前下作顺时针绕环，同时，右臂以右肩关节为轴，向后下做逆时针绕环。两臂顺、逆时针交替进行。

学练要点：身体正直，两臂伸直，绕环协调和顺。

六、平衡

(一) 提膝平衡

图 13－29　提膝平衡

右腿伸直支撑，上体保持正直。左腿屈膝提起过腰，小腿斜垂里扣，左脚面绷平内扣。右臂上举于头顶上方，亮掌，左臂内旋伸直，置于身体后侧成勾手，勾尖向上。

学练要点：平稳，挺胸，塌腰，收腹，提膝过腰，绷脚面，脚内扣。

（二）燕式平衡

图 13－30　燕式平衡

左腿伸直支撑，右腿屈膝提起，两掌在胸前交叉；然后两掌向两侧分开平举，上体前俯略高于水平面，挺胸展腹，右腿向后上方蹬伸，脚面绷平，高于水平面。

学练要点：两腿伸直，抬头，挺胸展腹，腰后屈，后举腿的脚要高于头顶。

七、跳跃

（一）腾空飞脚

图 13－31　腾空飞脚

右脚上步，左脚向前、向上摆踢，右脚蹬地跃起，身体腾空，两臂向头上摆起，右手背迎击左手掌。在空中，右腿向上弹踢，脚面绷平，脚高过肩，右手迎击右脚面，同时，左腿屈膝，脚面绷平，脚尖向下，左手摆至左侧上方变勾手，略高于肩，上体略前倾。

学练要点：右手拍击右脚时，左腿屈膝收控于右腿侧；在空中，上体微前倾，不坐臀。

（二）旋风脚

图 13－32　旋风脚

从高虚步亮掌开始，左脚向左侧上步，同时左手掌前推，右手掌向右后摆动。右脚随即上步，脚尖内扣，准备蹬地起跳；左掌摆至右胸前，右掌自右向左直臂摆动。重心右移，右腿屈膝蹬地跳起，左腿提起向左后上方摆动；同时，两臂向下、向左后上方抡摆，上体向左上方翻转，右腿作里合腿摆动，左手在面前迎击右脚掌，左腿自然下垂。空中旋转一周落地。

学练要点：抡臂、踏跳、转体、里合腿击响协调连贯，身体旋转不少于 270°。

第三节　长　拳

一、长拳的源流、特点和内容

“长拳”一词，最早记载于明朝戚继光《纪效新书》中：“古今拳家，宋太祖有三十二式长拳。”今天的长拳是根据传统的查拳、华拳、炮捶、洪拳、弹腿、少林拳等拳种的风格特点，综合整理创编的。它主要有各种适应普及需要的初级、中级套路，以及适应竞赛的规定套路和自选套路。它既适合基础武术训练，又适合于进行竞赛和技术水平的提高。长拳各套路共同特点是：动作舒展大方、快速有力、节奏鲜明，并多起伏转折；在技术上强调长击快打，主动出击，以快制慢，以刚为主。

长拳的内容，包括拳、掌、勾三种手型，弓、马、仆、虚、歇（步）五种步型和一定数量的拳法、掌法、肘法，不同组别的腿法，及平衡、跳跃等动作，在武术套路的动作结构、布局和难度、速度、腾空跳跃等方面都有创新和突破。长拳类的套路（包括器械）是武术竞赛的主要内容。

随着武术运动的发展，长拳运动日益强调动作规格化，注重功力，加强攻防意识，向“高、难、美、新”的方向发展。长拳运动是广受人民喜爱的一个拳种，并逐步走向国际体坛。

二、长拳基本技法

（一）手要快捷

长拳的手法，须“拳如流星”，要快速、敏捷、有力。它不仅要求在拳、臂挥舞时如此，也要求在掌、腕的细小动作上如此。

上肢动作要达到“拳如流星”这种要求，在练习时就要松肩活肘，使关节运动松活顺畅，这才能以迅雷不及掩耳之势，先声夺人。

（二）眼要明锐

长拳的眼法，须“眼似电”，要明快、锐利。在长拳运动中，讲究“眼随手动，目随势注”。所以眼法在长拳运动中不是单独活动的。这种眼到手到的眼法变化，不仅和手法有密切的关系，也和颈部的活动有关。眼法要左顾右盼、上瞻下视，颈部的灵活是十分必要的。另外，眼法还涉及动作的意向。一般来说，长拳的动作都有它的意向，即使是静止的姿势，也含有伺机而动的意向。眼法是表现动作意向和传神的关键。因此眼法必须做到“眼随手动，目随势注”，明锐似电。

（三）身要灵活

长拳的身法，须“腰如蛇行”，要柔韧、灵活、自如。身法在长拳运动中，可概括为闪、转、展、折、弯、俯、仰等。这些身法的变化多主宰于腰。因此，“腰如蛇行”一方面要求身体在运动的时候要像蛇那样灵活，富于曲折变化；另一方面要求胸椎和腰椎有较好的柔韧性，使动作做得既柔又坚韧。柔韧则灵活，坚韧则有力。动作灵活、有力，又富于曲折变化，才能协调而生动。

身法包括胸、背、腰、腹、臀五个部分。在长拳运动中，由活动性动作进入静止性动作时，多讲挺胸、直背、塌腰、收腹、敛臀等方法。在活动时则要灵活自如，体随势变，根据不同的动作采取不同的身法，与眼、步、腿协调配合。

（四）步要稳固

长拳的步法，须“步赛粘”，要轻快、稳固。“先看一步走，再看一伸手”、“打拳容易，走步难”、“步不稳则拳乱，步不快则拳慢”，可见步法在长拳套路中的重要作用。因此，步法在运动时要轻快，站定时要像粘黏在地上一样稳固，不掀脚，不拔跟。步法不能受上肢、躯干的活动影响，而且要给上肢、躯干的活动提供必要的稳固条件。这样，才能动而不乱，使下盘扎实有力。

（五）精要充沛

长拳的精神，需要充沛、饱满。要像雷霆万钧，像江河的怒潮，显示出鼓荡的“怒”之气魄。这种鼓荡的“怒”气，要贯注在动静的运动之中。精神饱满，气宇轩昂，拳势才能雄健威武。“怒”，绝不是立眉横目、龇牙咧嘴的凶狠。要有“怒”的气魄，必须具有武术的战斗意识，把自己融入战斗场合之中，这样才能使长拳气如雷霆，势如浪涛。

（六）气要下沉

长拳的呼吸，“气宜沉”，要气沉丹田。这是因为呼吸在长拳运动中关系着运动的持久性，也关系着劲力的催动，即所谓“以气催力”。长拳运动一般都结构复杂，起伏转折，快速有力，这一特点决定了长拳运动强度大，身体对氧的需求量也大。如果不善于掌握和运用“气沉丹田”的腹式呼吸方法，就易使气血上升，使气息在胸间游动，不能持久运动，而头晕、恶心、面色发白、动作紊乱，运动的平衡性也遭到破坏。所以在运动时必须

用腹式呼吸，善于“蓄气”，才能保持持久运动，保持运动的平衡。

长拳的呼吸方法，除了沉之外还有提、托、聚三法。这些呼吸方法随着动作变化而变化的时候，始终遵循着“气宜沉”的基本要求。同时，运用也要顺其自然，不要故意做作。

（七）力要顺达

长拳的劲力要顺达。如果发力不顺，会使动作僵硬、死板。长拳运动最忌“僵劲硬力”。力要顺达，要从“三节”、“六合”着手。

“三节”，以上肢来说，手是梢节，肘是中节，肩是根节；以下肢来说，脚是梢节，膝是中节，胯是根节。“六合”，是手、肘、肩、脚、膝、胯六个部位的配合。掌握好“三节”、“六合”，运用顺力，动作才能豁达。

（八）功要纯青

长拳的技术，“功宜纯”。这里，“功”指的是力量、速度、耐力、灵敏、柔韧等身体素质和运动的各种技巧。所谓“纯”，即“纯一不杂”、“炉火纯青”。“功宜纯”是对长拳技术质量提出的要求。要使技术质量达到炉火纯青的地步，最重要的就是在技术规范化的前提下加强实践锻炼。“功夫是练出来的”，只有坚持不懈，持之以恒，才能使身体素质和运动技术不断地提高，才能使功力长进，技术质量由不纯逐渐到纯。

（九）四击合法

“四击”即武术中的踢、打、摔、拿四种技击法则。凡是由技击动作组成的拳术，在内容方面一般都离不开这四种技击法则的范畴。这四种法则各有各的具体内容和运动方法。踢的法则，具体内容有蹬、踹、弹、点、缠、摆、扫、挂等；打的法则，具体内容有冲、撞、挤、靠、崩、劈、挑、砸、撑、搂、拦、采、抄等；摔的法则，具体内容有掤、巩、揣、倒、爬、拿、捋、捣、勾等；拿的法则，具体内容有刁、拿、锁、扣、封、闭、错、截等。这些内容都有它们的运动方法。

长拳对踢、打、摔、拿四种技击法则具体内容的运用要求非常严格。如果不严格地遵循这些运动法则，就不可能表达出它们不同的实际意义，这就失去了长拳技击动作的意向。

（十）以形喻势

长拳在运动时有动势、静势、起势、落势、立势、站势、转势、折势、轻势、重势、缓势、快势十二种动静之势，并以自然事物中的十二种形象来比喻这十二种动静之势，以此来要求技术。传统的十二型是：动如涛，静如岳，起如猿，落如鹊，立如鸡，站如松，转如轮，折如弓，轻如叶，重如铁，缓如鹰，快如风。

四、初级长拳（第三路）套路动作

预备动作

（1）虚步亮掌　①～④

（2）并步对拳　⑤～⑧

第一段

（1）弓步冲拳　⑨～⑩

（2）弹腿冲拳　⑪
（3）马步冲拳　⑫
（4）弓步冲拳　⑬～⑭
（5）弹腿冲拳　⑮
（6）大跃步前穿　⑯～⑱
（7）弓步击掌　⑲～⑳
（8）马步架掌　㉑～㉒

第二段

（1）虚步栽拳　㉓～㉔
（2）提膝穿掌　㉕～㉖
（3）仆步穿掌　㉗
（4）虚步挑掌　㉘～㉙
（5）马步击掌　㉚～㉛
（6）叉步双摆撑　㉜～㉝
（7）弓步击掌　㉞～㉟
（8）转身踢腿马步盘肘　㊱～㊵

第三段

（1）歇步抡砸拳　㊶～㊸
（2）仆步亮掌　㊹～㊻
（3）弓步劈拳　㊼～㊾
（4）换跳步弓步冲拳　㊿～(53)
（5）马步冲拳　(54)
（6）弓步下冲拳　(55)
（7）叉步亮掌侧踹腿　(56)～(58)
（8）虚步挑拳　(59)～(61)

第四段

（1）弓步顶肘　(62)～(66)
（2）转身左拍脚　(67)～(68)
（3）右拍脚　(69)～(70)
（4）腾空飞脚　(71)～(73)
（5）歇步下冲拳　(74)～(75)
（6）仆步抡劈拳　(76)～(78)
（7）提膝挑掌　(79)～(80)
（8）提膝劈掌弓步冲拳　(81)～(83)

结束动作

（1）虚步亮掌　(84)～(89)
（2）并步对拳　(87)～(89)

图 13—33　初级长拳（第三路）套路动作图例

预备动作

①　②　③　④

⑤　⑥　⑦　⑧

第一段

⑨　⑩　⑪　⑫　⑬

⑭　⑮　⑯　⑰　⑱

⑲ ⑳ ㉑ ㉒

第二段

㉓ ㉔ ㉕ ㉖ ㉗

㉘ ㉙ ㉚ ㉛

㉜ ㉝ ㉞ ㉟

㊱ ㊲ ㊳ ㊴ ㊵

第三段

㊶ ㊷ ㊸ ㊹ ㊺

㊻ ㊼ ㊽ ㊾

㊿ 51 52 53 54

55 56 57 58 59 60

第四段

61 62 63 64 65 66

⑥⑦  ⑥⑧  ⑥⑨  ⑦⓪

⑦①  ⑦②  ⑦③  ⑦④  ⑦⑤

⑦⑥  ⑦⑦  ⑦⑧  ⑦⑨  ⑧⓪

⑧①  ⑧②  ⑧③

结束动作

⑧④  ⑧⑤  ⑧⑥  ⑧⑦  ⑧⑧  ⑧⑨

第四节　武术竞赛的组织与裁判

武术竞赛是检查武术教学效果与训练水平的有效手段。通过竞赛，可以广泛地交流技

艺，拓宽视野，达到相互学习、增进友谊、共同提高的目的。

一、竞赛组织机构

（一）竞赛委员会

由负责竞赛业务的行政人员组成，负责整个大会的竞赛组织工作。可设立竞赛委员会、竞赛部或竞赛处。

（二）竞赛监督委员会

（1）由主任、副主任、委员 3 或 5 人组成。

（2）职责：

①竞赛监督委员会为竞赛的监督机构；

②监督、检查仲裁委员会的工作；

③监督、检查裁判人员的工作；

④监督、检查参赛运动队的比赛行为；

⑤有权对违纪的仲裁人员、裁判人员和运动队的相关人员作出处罚。不直接参与仲裁委员会和裁判人员职责范围内的工作；不干涉仲裁委员会、裁判人员正确履行自己的职责；不介入裁决结果的纠纷；不改变裁判人员、仲裁委员会的裁决结果。

（三）仲裁委员会

（1）由主任、副主任、委员 3 或 5 人组成。

（2）职责：

①接受运动队的申诉，并及时作出裁决，但不改变裁判结果（即只有裁决权，无改判权）。

②仲裁委员会会议出席人员必须超过半数，表决时超过半数以上作出的决定方为有效。表决投票相等时，仲裁委员会主任有决定权。仲裁委员会成员不参加与本人所在单位有牵连问题的讨论与表决；

③仲裁委员会的裁决为最终裁决。

（四）裁判人员的组成

1. 执行裁判人员的组成

（1）总裁判长 1 人、副总裁判长 12 人；

（2）裁判组：设裁判长 1 人、副裁判长 2 人；A 组评分裁判员 2～3 人；B 组评分裁判员 3 人；C 组评分裁判员 2～3 人；

（3）编排记录长 1 人；

（4）检录长 1 人。

2. 辅助工作人员的组成

（1）编排记录员 3～5 人；

（2）检录员 3～6 人；

（3）宣告员 1～2 人；

（4）放音员 1～2 人；

（5）摄像员 2～4 人。

（五）执行裁判人员的职责

1. 总裁判长的职责

（1）组织领导各裁判组的工作，保证竞赛规则的执行，检查落实赛前各项准备工作；

（2）解释规则，但无权修改规则；

（3）在比赛过程中，根据比赛需要可调动裁判人员工作，裁判人员发生严重错误时，有权处理；

（4）审核并宣布成绩，做好裁判工作总结。

2. 副总裁判长的职责

（1）协助总裁判长的工作；

（2）在总裁判长缺席时，代行其职责。

3. 裁判长的职责

（1）组织本裁判组的业务学习和实施裁判工作；

（2）参与 B 组裁判的评分，并负责运动员比赛套路创新难度的加分；

（3）执行比赛中对套路时间不足或超出规定的扣分；

（4）裁判员发生严重的评判错误时，可向总裁判长建议给予相应的处理。

4. 副裁判长的职责

（1）协助裁判长进行工作；

（2）第一副裁判长参与 A 组裁判的评分；

（3）第二副裁判长参与 C 组裁判的评分。

5. 裁判员的职责

（1）服从裁判长的领导，参加裁判学习，做好准备工作；

（2）认真执行规则，独立进行评分，并作详细记录；

（3）A 组裁判员负责运动员整套动作质量的评分；

（4）B 组裁判员负责运动员整套演练水平的评分；

（5）C 组裁判员负责运动员整套难度的评分；

6. 编排记录长的职责

（1）负责编排记录组的全部工作，审查报名表、套路难度登记表，并根据大会要求编排秩序册；

（2）准备比赛所需表格，审查核实比赛成绩及排列名次；

（3）编排成绩册。

7. 检录长的职责

负责检录组的全部工作，如有变化及时报告总裁判长和宣告员。

（六）辅助工作人员职责

1. 编排记录员的职责

根据编排记录长分配的任务进行工作。

2. 检录员的职责

按照比赛顺序及时进行检录，并检查运动员器械、服装，将比赛运动员带入场后，向裁判长递交检录表。

3. 宣告员的职责

向观众介绍上场运动员，报告比赛成绩，介绍有关竞赛规程、规则和比赛规模、项目的特点及武术套路运动的知识。

4. 放音员的职责

（1）配乐项目比赛第一次检录时，负责收取音乐带或光碟，根据比赛出场顺序进行编号；

（2）运动员站在比赛场地 3 秒钟后，开始放音；

（3）比赛时不得将音乐带或光碟转借他人或复制。比赛结束后及时将音乐带归还运动队，不得丢失。

5. 摄像员的职责

（1）对全部竞赛项目进行现场摄像；

（2）遵照仲裁委员会、竞赛监督委员会的要求，负责播放相关项目录像；

（3）全部录像均应按大会规定予以保留。

二、竞赛通则

（一）竞赛性质

按竞赛类型分为：个人赛、团体赛、个人及团体赛；

按年龄可分为：成年赛、青少年赛、儿童赛。

（二）竞赛项目

14 类：长拳、太极拳、南拳、剑术、刀术、枪术、棍术、太极剑、南刀、南棍、传统拳术、传统器械、对练项目、集体项目。

（三）竞赛年龄分组

成年组：18 周岁（含 18 周岁）以上；

青少年组：12 周岁至 17 周岁；

儿童组：不满 12 周岁。

（四）申诉

（1）仲裁委员会受理比赛过程中对执行规程、规则有争议的申诉；

（2）范围仅限于对难度评分和裁判长扣分；

（3）申诉程序：

参赛队如果对裁判评判本队结果有异议，必须在该场该项比赛结束后 15 分钟内，由该队领队或教练向仲裁委员会以书面的形式提出申诉，同时交付 1000 元申诉费。一次申诉仅限一个内容。

（五）比赛顺序的确定

在竞赛监督委员会和总裁判长的监督下，由编排记录组抽签决定比赛顺序。

（六）检录

运动员须在赛前 40 分钟到达指定地点报到，参加第一次检录，并检查服装和器械；赛前 20 分钟进行第二次检录；赛前 10 分钟进行第三次检录。

（七）礼仪

运动员听到上场点名时和完成比赛套路后，应向裁判长行抱拳礼。

（八）计时

运动员由静止姿势开始动作，计时开始；运动员结束全套动作后并步站立，计时结束。

（九）示分

运动员的比赛结果，公开示分。

（十）弃权

运动员不能按时参加检录与比赛，则按弃权论处。

（十一）兴奋剂检测

根据国际奥林匹克宪章的规定和国际奥委会的有关要求，进行兴奋剂检测。

（十二）名次评定

（1）个人单项（含对练）名次：按比赛的成绩高低排列名次。

（2）个人全能名次：按各单项得分总和的多少进行评定。

（3）集体项目名次：得分最多者为该项的第一名。

（4）团体名次：根据竞赛规程确定的办法。

（5）得分相等的处理。

分四种情况：

①个人项目（含对练）得分相等的处理：

以难度分高者列前；

以完成高等级难度数量多者列前；

如仍相等，以演练水平分高者列前；

如仍相等，以演练水平扣分少者列前；

如仍相等，以动作质量扣分少者列前；

如仍相等，名次并列；

如有预赛、决赛成绩相等时，以预赛成绩高者列前。若再相等，则以决赛成绩按上述几条区分名次。

②个人全能得分相等的处理：

个人全能得分相等时，以比赛中获单项第一名多者列前；如仍相等，则以获得第二名多者列前，依次类推；如获得所有名次均相等，则并列。

③集体项目得分相等的处理：

集体项目得分相等时，按个人项目第三、四、五、六条办法确定名次。

④团体总分相等的处理：

团体总分相等时，以全队获得单项第一名多者列前；如仍相等，则以获得第二名多者列前，依次类推；如获得单项名次均相等，则并列。

(十三) 创新难度的申报

分以下四个方面：

(1) 创新原则。

必须符合武术运动的本质属性和运动规律，必须是“自选项目动作难度等级内容及分值确定表”中未出现的B级（含B级）以上的动作难度。

(2) 申报程序。

每次竞赛每个套路限报一个创新动作难度（含连接难度）。申报单位必须以书面并配以技术图解和本人演练的录像带在赛前50天报至国家体育总局武术运动管理中心套路部（以到达邮戳为准）。

(3) 鉴定机构。

由国家体育总局武术运动管理中心聘请有关专家57人组成“全国武术套路创新技术鉴定委员会”，负责此项工作。

(4) 鉴定程序。

全国武术套路创新技术鉴定委员会将依据创新原则讨论（须三分之二以上的委员投票通过）后，确认创新动作难度的等级，加分分值，命名和错误扣分标准，并及时通知申报单位，赛前还应以书面形式通知仲裁委员会和裁判组。

(十四) 竞赛有关规定

1. 难度填报

参赛的运动员必须根据竞赛规则和规程要求选择难度和必须主要动作，于赛前20天在规定网站填报“武术套路难度及必选动作申报表”，并确认打印，签字、盖章后寄往赛会（以到达邮戳为准）。

2. 套路完成时间

(1) 长拳、南拳、刀术、剑术、棍术、枪术、南刀、南棍套路：成年不少于1分20秒；青少年（含儿童）不得少于1分10秒。

(2) 太极拳、太极剑自选套路为3～4分钟；太极拳规定套路为5～6分钟；

(3) 对练不得少于50秒；

(4) 集体项目为3～4分钟；

(5) 传统项目，单练不得少于1分钟。

3. 比赛音乐

规程规定的配乐项目必须在音乐（不带歌词）伴奏下进行，音乐可以根据套路的编排自行选择。

4. 比赛服装

(1) 裁判员应穿统一的服装，佩戴裁判等级标志；

（2）运动员应穿武术比赛服装。

5. 竞赛场地

个人项目的场地：长 14 米、宽 8 米，其周围至少有 2 米宽的安全区；

集体项目的场地：长 16 米、宽 14 米，其周围至少有 1 米宽的安全区；

场地四周内沿，应标明 5 厘米宽的白色边线；场地的地面空间高度不少于 8 米；两个比赛场地之间的距离 6 米以上。

6. 比赛器械

必须使用国家体育总局武术运动管理中心指定的器械。

7. 比赛设备

大型比赛必须配备：

摄像机 4 台；放像设备 3 台；电视机 3 台；全套电子评分系统和音响系统。

＊本规则适用于全国任何级别的武术套路比赛。

三、评分方法与标准

（一）自选项目的评分方法与标准

1. 评分方法

（1）评分裁判员的组成：

A 组：评判动作质量的裁判 3～4 名（含第一副裁判长）；

B 组：评判演练水平的裁判 4 名（含裁判长）。

C 组：评判难度的裁判 3～4 名（含第二副裁判长）；

（2）各项比赛的满分为 10 分，其中：

动作质量的分值为 5 分；

演练水平的分值为 3 分；

难度的分值为 2 分。

（3）A 组裁判员：根据运动员现场完成动作的质量，按照各项目动作规格和其他错误内容扣分标准的规定，用动作质量的分值减去各种动作规格错误和其他错误的扣分，即为运动员的动作质量分。

（4）B 组 3 名裁判员和 1 名裁判长共 4 人对运动员演练套路的劲力、节奏、音乐进行评分，取中间两个分数的平均值为演练水平的等级分。

（5）B 组 3 名裁判员和 1 名裁判长共 4 人中至少 2 人对运动员演练套路时的编排错误确认一致即为有效，经确认的编排错误的分数之和为编排错误的扣分。

（6）C 组裁判员：根据运动员现场整套难度完成的情况，按照各项目动作难度和连接难度的加分标准，确定运动员现场完成动作难度、连接难度的累计分，即为运动员的难度分。

2. 评分标准

（1）动作质量的评分标准：

①运动员现场完成套路动作的规格与要求不符，每出现一次扣 0.1 分；

②其他错误每出现一次扣0.1～0.3分。

(2) 演练水平的评分标准。

①劲力、节奏、音乐的评分标准

分为三档9个分数段，其中：

很好：3.00分～2.70分；

一般：2.60分～2.30分；

较差：2.10分～1.80分。(注意：中间有的分数值没有，打分时不能用)

②编排的评分标准

运动员现场完成套路时，必选的主要动作每缺少一个扣0.2分；

套路的结构、布局与要求不符，每出现一次扣0.1分。

(3) 难度的评分标准。

①动作难度（1.4分）

根据各项目“动作难度等级内容及分值确定表”，

每完成一个A级动作可获得0.2的加分；

每完成一个B级动作可获得0.3的加分；

每完成一个C级动作可获得0.4的加分；

每种动作难度的加分只计算一次，动作难度加分的累计中，如超过了1.4分，则按1.4分计算。

运动员现场所做的动作难度不符合规定要求，则不计算动作难度加分。

②连接难度（0.6分）

根据各项目“连接难度等级内容及分值确定表”，

每完成一个A级连接可获得0.05的加分；

每完成一个B级连接可获得0.1的加分；

每完成一个C级连接可获得0.15的加分；

每完成一个D级连接可获得0.2的加分；

每种连接难度的加分只计算一次，连接难度加分的累计中，如超出了0.6分，则按0.6分计算。

③创新难度加分

现场成功完成被确认的创新难度，则由裁判长按加分标准给予加分。其标准为：

完成一个创新的B级动作难度（含连接难度）加0.2分；

完成一个创新的C级动作难度（含连接难度）加0.3分；

完成一个创新的超C级动作难度加0.4分。

由于失败或与鉴定确认动作难度不符，不予加分。

现场完成的连接难度不符合规定要求，则不计算连接难度加分。

（二）对练、传统拳术、传统器械、集体项目、无难度组别要求的竞赛项目评分方法与标准

1. 评分方法

(1) 评分裁判员的组成：

A组：评判动作质量分的裁判3～4名；

B组：评判演练水平分的裁判3～4名。

（2）各项比赛的满分为10分，其中：

动作质量的分值为5分；

演练水平的分值为5分。

（3）A组裁判员：根据运动员现场完成动作的质量，按照各项目动作规格及其他错误内容扣分标准的要求，用动作质量的分值减去各种动作错误和其他错误的扣分，即为运动员的动作质量分。

（4）B组裁判员：根据运动员整套的现场演练，按照劲力、节奏、编排以及音乐的要求整体评判后确定示出的分数，即为运动员的演练水平分。

2. 评分标准

（1）动作质量的评分标准。

运动员现场完成套路时，动作规格与要求不符，每出现一次扣0.1分；其他错误每出现一次扣0.1～0.3分。

（2）演练水平的评分标准。

分为三档9个分数段，其中：

很好：5.00分～4.10分；

一般：4.00分～3.10分；

较差：3.00分～2.10分。

（三）裁判员的示分

1. 自选项目

A组裁判所示分数可到小数点后1位数；

B组、C组裁判所示分数可到小数点后2位数。

2. 对练、传统拳术、传统器械、集体项目、无难度组别要求项目

A组裁判所示分数可到小数点后1位数；

B组裁判所示分数可到小数点后2位数，第3位数不作四舍五入。

（四）应得分数的确定

1. 自选项目

（1）动作质量应得分的确定：

（2）演练水平应得分的确定：

演练水平的等级分减去编排错误的扣分为运动员演练水平的应得分。应得分可取到小数点后两位数，第三位数不作四舍五入。

（3）难度应得分的确定：

①C组2名裁判员，1名副裁判长评分时，2名以上对运动员同一个动作难度和连接难度确认分数的累计之和为运动员的难度应得分。

②C组3名裁判员和1名副裁判长共4人中至少3人对运动员同一动作难度和连接难度的完成情况确认一致即为有效。经确认的动作难度和连接难度的分数之和为运动员的难

度应得分。

2. 对练、传统拳术、传统器械、集体项目

(1) 动作质量应得分的确定:

(2) 演练水平应得分的确定:

(五) 最后得分的确定

①裁判长从运动员的应得分中减去裁判长的扣分，加上创新难度的加分，即为运动员自选项目的最后得分。

②裁判长从运动员的应得分中减去裁判长的扣分，即为运动员对练、传统拳术、传统器械、集体项目、无难度组别要求的竞赛项目最后得分。

(六) 无电脑系统评分的操作

当竞赛中无电脑计分系统时，裁判员评分则采用笔录方式进行。

(七) 裁判长的加分与扣分

(1) 裁判长执行对比赛中被确认完成的创新难度的加分。

(2) 裁判长执行对比赛中套路时间不足或超出规定的扣分。

①完成集体项目、太极拳、太极剑套路不足或超出规定时间:

在5秒以内者 (含5秒)，扣0.1分;

在5秒以上至10秒以内者 (含10秒)，扣0.2分，以此类推。

②自选长拳、南拳、剑术、刀术、枪术、棍术、南刀、南棍、对练、传统拳术、传统器械套路不足规定时间:

在2秒以内者 (含2秒)，扣0.1分;

在2秒以上至4秒以内者 (含4秒)，扣0.2分;以此类推。

1. 武术运动具备哪些特点?

2. 武术的基本手型和步型有哪些?

第十四章 休闲体育

教学目标

学习了解健美、轮滑、台球、保龄球、攀岩等休闲运动发展概况及其规律，掌握休闲体育的基本技战术及其练习方法，在欢悦和谐的气氛中，参与自己感兴趣的运动，从而达到增强体质，增进健康，调节心理，陶冶情操，激发生活热情的目的。

第一节 健 美

健美运动是一项通过徒手和各种器械，运用专门的动作方式和方法来发展肌肉、发展力量、使身体变得强壮和健美的运动。

一、健美运动简介

近代健美运动于19世纪末由德国人山道首创，20世纪初风行美国，不久传入中国。1946年上海举行首届健美比赛。健美运动发展至今，已不仅是单纯地发展肌肉，还包含了与塑造形体美有关的健美操与健身形体运动。

二、健美的标准

骨骼发育正常，人体各部比例匀称、适度，脊柱无后突、胸骨无前突，肘、膝部无内翻或外翻。

头顶隆起，五官端正，与头部配合协调。

双肩平正对称，男宽女圆。

肌肉均衡发达，皮下脂肪适当。

胸廓隆起，正、背面呈V形，女性胸部丰满而有明显曲线。

腰细而结实，微呈圆柱形。

腹部扁平，男子有腹肌块垒隐现。

臀部圆翘，球形上收。

大腿线条柔和，小腿修长而腓部突出。踝细，足弓高。

图 14—1

表 14-1　男子一般健美体围标准表

身高（厘米）	体重（千克）	胸围（厘米）	扩展胸围（厘米）	上臂围（厘米）	大腿围（厘米）	腰围（厘米）
153~155	50	94	97	32	48	65
155~157	52	94	98	32	49	65
157~160	54	95	99	33	50	66
160~163	56	95	101	33	51	66
163~166	59	98	102	34	52	68
166~169	61	99	103	34	53	69
169~171	63	100	104	35	53	69
171~174	65	100	105	35	54	70
174~177	67	102	107	36	55	71
177~180	70	103	108	36	55	72
180~183	72	103	109	37	56	73

表 14-2　女子一般健美体围标准表

身高（厘米）	体重（千克）	胸围（厘米）	臀围（厘米）	腰围（厘米）
152~154	47.5	88	88	58
154~158	48.5	88	88	58
158~161	50	89	89	59
161~163	51.5	89	89	60
163~166	53	90	90	60
166~169	54.5	90	90	61
169~171	56	92	92	61
171~174	58	92	92	62
174~176	60	94	93	64
176~178	62.5	98	96	66

三、锻炼的方式方法

（一）发展胸部肌肉

胸部肌肉指胸大肌。发展胸大肌，可扩大胸廓容积，为心肺器官创造良好的工作条件。

（1）颈上卧推。仰卧于卧推架上，两手正握杠铃，先屈臂将其放于颈根部，两肘尽量外展将杠铃推至两臂完全伸直。反复进行。主要发展胸大肌上部。

(2) 斜板卧推。宽握杠铃仰卧于斜板上，脚高于头。向胸中部慢慢放下杠铃，肘关节外展与身体成 90°然后迅速用力向上举起杠铃。反复练习。主要发展胸大肌下部。

(3) 仰卧扩胸（飞鸟）仰卧于练习凳上，两手各持一哑铃作向体侧放低与上举动作。放低时可稍屈肘，充分扩胸。主要发展胸大肌外上侧肌肉。

(4) 仰卧头后拉。仰卧于长凳上，两脚固定，两臂伸直或稍屈，然后将杠铃从头后向上拉起。主要发展胸大肌内上侧肌肉。

(5) 负重俯卧撑。两臂伸直俯卧，两手撑地，稍宽于肩，肘部外屈与身体成 90°。背部负重杠铃片或沙袋，反复撑起。主要发展胸大肌外侧肌肉。

(6) 宽撑双杠。两手宽握双杠，屈臂使身体下降，然后再伸臂把身体撑起，反复进行。主要发展胸大肌下部、外部肌肉。

(7) 注意事项：每次练习做 3～4 个动作，每个动作做 3～5 组，每组做 8～10 次。

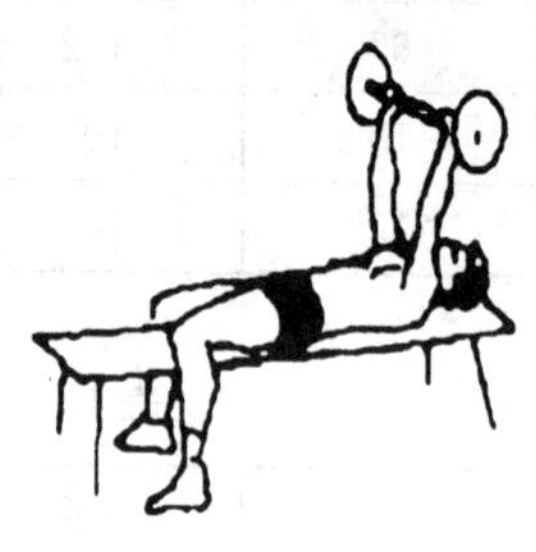

图 14－2　发展胸部肌肉

(二) 发展背部肌肉

背肌是人体承受大重量的最重要部位。背部主要肌群有背阔肌、斜方肌和背长肌。

(1) 宽、中握距引体向上。用宽、中握距正握单杠悬空，然后迅猛将身体拉起，直到横杆靠近胸部。反复进行。主要发展背阔肌。

(2) 颈后宽引体向上。宽握距正握横杆悬空，然后迅猛将身体拉起，直到颈背部高过横杆。反复练习。主要发展背阔肌、斜方肌。

(3) 坐姿皮筋腹前拉。坐下，两脚微屈，脚蹬固定物上，两臂前平举，两手握皮筋手柄，上体直立，将皮筋从上体拉向腹前。反复进行。主要发展背阔肌。

(4) 皮筋或滑轮锤拉力器前下拉。身体直立，两脚开立与肩宽，两手窄握皮筋手柄，两臂前平举，将皮筋向前下拉。反复进行。主要发展背阔肌、斜方肌。

(5) 杠铃负重肩环绕。身体直立，正握杠铃以肩部斜方肌的收缩力使两肩胛向上耸起，直至不能再高时为止。还原后反复练习。主要发展斜方肌、肩胛提肌。

(6) 俯立划船。两脚开立，上体前屈与地面平行，两臂下垂，两手正握杠铃，屈臂将杠铃拉近小腹后还原，反复练习。主要发展背阔肌上、中部以及斜方肌。

图 14－3 发展背部肌肉

（7）注意事项：每次练习 4～5 个动作，每个动作做 3～5 组，每组 8～12 次。

（三）发展肩部肌肉

肩部肌肉训练主要是指肩部肌群，特别是锁骨末端的三角肌训练。肩部三角肌有三束肌肉，分为前部、侧部和后部，合起来围绕肩部形成一个圆球。

（1）胸前推举。两手持铃将杠铃翻起至胸部，然后立刻上推过头顶，再屈臂将杠铃放下置胸部，再上推过头顶，反复练习。主要发展三角肌侧前部肌肉。

（2）颈后推举。身体直立，挺胸别腰，握距稍宽于肩将杠铃高翻至颈后，然后将杠铃从颈后推起至两臂完全伸直，反复练习。主要发展肩部中、后束肌肉。

（3）两臂前上举。两手正握杠铃，与肩同宽。向上提起杠铃至头顶高度，上提时肘关节外展，杠铃始终保持距脸部 30 厘米处，反复练习。主要发展三角肌侧部力量。

（4）两臂交替前举。两手持哑铃于体侧，肘关节微屈，先向前举起一侧哑铃，还原同时举起另一侧哑铃，反复交替进行。主要发展三角肌前、后部肌肉力量。

（5）坐姿侧上举。坐凳上，上体前倾，两手握哑铃于体侧，然后将哑铃侧举至头高，然后缓慢还原，重复进行。主要发展三角肌侧后部力量。

（6）俯卧飞鸟。俯卧于练习凳上，两臂稍屈，向外侧举哑铃成飞鸟姿势，两臂还原时放松，反复练习。主要发展三角肌后部肌肉。

（7）注意事项：每次练习 4～5 个动作，每个动作做 3～5 组，每组 8～12 次。重量不宜过大，以免受伤。

（四）发展臂部肌肉

臂部肌肉训练主要指上臂肱二头肌、肱三头肌，以及前臂肌群力量训练。通过科学训练能很快提高上肢力量。

（1）窄握距卧推。仰卧于卧推架上，窄握杠铃（握距不超过 30 厘米），两臂伸直，举杠铃于胸前并下放至胸部，同时肘关节外展，然后推起杠铃。尽量使用肱三头肌力量，并反复练习。主要发展肱三头肌外侧头力量。

（2）仰卧颈后臂屈伸。仰卧，头伸出凳端数厘米，两手分开 30 厘米握杠铃，举在胸前，然后屈肘将杠铃慢慢放下，降至头顶处，再伸肘举杠铃于胸前，反复进行。主要发展肱三头肌力量。

（3）皮筋肘下压。两脚开立与肩同宽，两臂体侧屈成直角，两上臂紧贴体侧，两手心向下握皮筋横杆，两上臂保持不动，做两小臂屈伸。主要发展肱三头肌。

（4）杠铃弯举。两脚开立与肩同宽，两臂伸直，两手持杠铃，握距稍宽于肩，手心向前，两肘固定于体侧，做杠铃上屈下伸的动作。主要发展肱二头肌。

（5）斜板坐哑铃弯举。背靠斜板凳坐，头和肩离开板面，两臂在体侧伸直，手心向前，两手握哑铃，做弯举动作（也可做两臂交替弯举动作）。主要发展肱二头肌外侧头力量。

（6）负重单杠引体向上。手握单杠悬垂，可正握也可反握，握距稍窄于肩，腰部系重物做引体向上，向上时颈部触及横杆。整个动作要有节奏，反复进行。主要发展肱二头肌、肱肌力量。

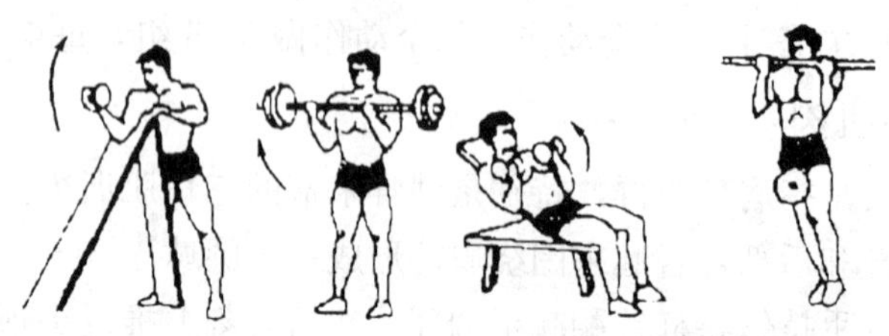

图 14—4 发展臂部肌肉

（7）注意事项：每次做 4～5 个动作，每个动作完成 3～5 组，每组 8～12 次。注意保护好腕关节和肘关节。

（五）腰腹部力量训练

腰腹部力量训练主要包括发展腹直肌、腹内外斜肌，以及使躯干伸展、侧倾和屈曲的肌群的力量。

（1）仰卧起坐。仰卧凳上或斜板上，两脚固定，两手抱头，然后屈上体坐起，再还原，反复进行。可持杠铃片或其他重物于颈后负重练习。主要发展腹直肌、髂腰肌力量。

（2）屈膝举腿。屈膝，两踝交叉，两掌心朝下放在臀侧，仰卧垫上。然后朝胸的方向举腿。直到两膝收至胸上方，还原后重新开始。主要发展腹直肌下部力量。

（3）举腿绕环。背靠肋木，两手上举正握肋木悬垂，两腿并拢向左右两侧轮换举腿绕环，反复进行。主要发展腹直肌、腹内外斜肌力量。

（4）山羊挺身。俯卧在山羊或鞍马上，两脚固定在肋木间，两手抱头做体前屈与挺身起。前屈时慢，挺起要充分，身体成反弓形。主要发展伸展躯干和伸髋的肌肉力量。

（5）负重体侧屈。身体直立，两腿开立与肩宽，肩负杠铃做左右体侧屈。练习时速度不宜太快，反复进行。主要发展腹内外斜肌，腹直肌等使躯干侧屈的肌肉力量。

（6）负重体回环。两腿伸直开立，两手握杠铃片或重物，两臂伸直以腰为轴做体回环动作。练习时速度要慢，反复进行。主要发展躯干伸展，侧倾和屈曲肌群的力量。

（7）注意事项：负重练习时，动作速度不宜过快，要有节奏。

（六）腿部力量训练

腿部肌肉主要由股四头肌、股二头肌、臀大肌和小腿肌等肌群组成。

（1）颈后深蹲。上体正直，挺胸别腰，抬头，两手握杠，将杠铃放置颈后肩上。做动作时保持腰背挺直，抬头收腹，平稳屈膝下蹲。根据不同的任务和要求，可采用不同的站距（宽、中、窄）和不同的速度（快速、中速、慢速）来做。下蹲和起立时膝与脚尖方向应一致。主要发展股四头肌、股二头肌、臀大肌力量，还能有效发展伸髋肌群力量。

(2) 半蹲。正握杠铃于颈后肩上，挺胸别腰，屈膝下蹲近水平位置时，随即伸腿起立。其余要领同颈后深蹲。主要发展伸膝肌群力量与躯干支撑力量，特别是股四头肌的外、内侧肌，股后肌群和小腿三头肌。

(3) 腿举。仰卧于升降练习架下，两脚蹬住练习架做腿屈伸动作。练习时可采用不同的速度（快、中、慢）和两脚间距（可膝脚靠拢，也可分开）进行。主要发展股四头肌、臀大肌、股二头肌、半腱肌、半膜肌、大收肌、小腿三头肌、屈足肌群力量。

(4) 负铃弓箭步走。肩负杠铃弓箭步向前迈进，弓箭步幅度逐渐加大，蹬地腿蹬直，摆动腿积极带髋向前。主要发展股四头肌、股二头肌、小腿三头肌力量。

(5) 负重登台阶。肩负杠铃，左腿屈膝踏在高 30～50 厘米的台阶上，右脚支撑于地面。左腿迅速蹬直。与此同时，右脚提起踏上台阶。还原后反复进行。两腿交换练习。也可踝关节缚橡皮带做登台阶练习。主要发展股四头肌、股二头肌、小腿三头肌力量。

(6) 练习架提踵。站在练习架下，肩负练习架，两脚平行站立，间隔 10 厘米，锁住膝部。用力向上踮起，停留两秒钟，然后还原重新开始。主要发展小腿三头肌上部及屈足肌群力量。

(7) 注意事项：每个动作可做 5～6 组，每组 5～10 次。下蹲练习负荷大，要加强保护与帮助，练习动作一定要正确。

四、健美竞赛规则简介

健美竞赛按运动员体重分级比赛，按性别分为男子个人、女子个人和男女混双比赛。比赛均按预赛（淘汰赛）、复赛（半决赛）和决赛三个程序进行。以得分少者名次列前。男子、女子“全场冠军”按决赛程序进行。

（一）运动员服饰

(1) 男运动员必须穿规定式样的比赛三角裤。

(2) 女运动员必须穿牢固的比基尼泳装，必须使腹部肌肉和下背部肌肉都能显露。

(3) 比赛服装必须是单色的，不能带有花纹、图案、商标和任何附加的装饰品，也不能带有金、银闪光色。

(4) 男女混双运动员的比赛服颜色，必须是一致单色。

(5) 运动员的号码牌，须牢固地挂在或缝在比赛裤的左裤。

(6) 运动员在比赛进程中不准穿袜，不准戴手表、戒指、手镯、脚镯、项链、耳环、假发和其他装饰品；不准吃糖或吸烟；身上不准贴胶布或裹绷带；身上不准有人工刺花。女运动员的头发不能披下越过肩部。

（二）比赛动作

1. 放松地自然站立

在自然站立时，运动员要保持放松的自然直立状态，头部正直、两眼正直、两眼平视、两臂下垂体侧，两脚并立或稍分开站立。运动员根据裁判长的口令，顺序向右转体。在预赛中，一般做向右转体的 4 个转向动作。在复赛中，做向右转体的前、后转向动作。

2. 规定动作的造型

规则规定男子有 7 个规定动作，女子和男女混双都是 5 个规定动作。

（1）男子的 7 个规定动作：前双肱二头肌、前双背阔肌、侧胸部、后双肱二头肌和小腿、后双背阔肌、侧肱三头肌、腹部和大腿。

（2）女子和男女混双 5 个规定动作：前双肱二头肌、侧胸部、后双肱二头肌和小腿、侧肱三头肌、腹部和大腿。

（3）自由造型。应从前、后、左、右四个面来展示体型和动作，男子 1 分钟，不得少于 15 个动作；女子 1 分 30 秒，不得少于 20 个动作。

第二节　轮　滑

一、轮滑的起源与发展

最早的轮滑运动组织是 1866 年在美国成立的“纽约轮滑运动协会”。后来由德国、法国、英国和瑞士 4 个国家发起，于 1924 年成立了国际轮滑联合会。目前，全世界已有 60 多个国家和地区加入该协会。

轮滑作为一种娱乐项目在 19 世纪末传入我国，而作为一种体育项目来发展还是在 20 世纪 80 年代初。作为体育项目，轮滑在我国还处于发展阶段，但作为一种休闲运动，早已在全国各地普及了。轮滑是借助半机械性轮滑鞋在路面上展示自己体能与风采的运动，深受青少年的喜爱。

二、轮滑的基本技术

（一）站立与平衡

学习轮滑，首先要从站立、维持身体的平衡开始。初学者在第一次穿上轮滑鞋之后，往往急于滑动，这不免要摔跤。因为轮滑鞋是由几个小轮组成，穿上轮滑鞋站立时，人常常会因为脚下活动的轮子前后滚动，难以维持平衡而摔倒。所以穿好轮滑鞋之后，要克服害怕心理，手扶栏杆或在同伴扶持下，慢慢站起，上体前倾，两膝自然弯曲，让身体重心尽量落在两腿间，做好站立姿势，然后放开扶栏杆的手，逐渐体会身体在滚动的轮子上如何维持平衡，从而开始轮滑的学习进程。

（二）向前滑行

在学习和掌握了穿上轮滑鞋原地站立与踏步之后，就可以进一步学习向前滑行了。穿轮滑鞋在原地站稳，这容易做到。但在平坦、光滑的地面上滑行，身体会因为脚下的轮子滚动而难以控制平衡，导致摔倒。这是因为穿上轮滑鞋后，如果按照走路习惯用前脚掌直接向后蹬地，脚下的轮子就会前后滚动，身体就无法获得一个稳定的支点，也无法获得向前滑行的动力。因此只有把向后蹬地改为向侧后方蹬地，才能得到一个稳定的支点，使身体向前滑动。

1. 双脚滑行

（1）两脚平行站立，把身体重心移到左脚上，用右脚内刃向侧后方蹬地，蹬地后的右脚迅速收回，与左脚平行成双脚向前滑行。当向前滑行将要停止时，再用左脚内刃向侧后方蹬地，重心移向右腿，左脚蹬地后迅速收回，与右脚平行成双脚向前滑行。两脚依次交替蹬地，连续向前滑行。

（2）原地两脚分成八字形站立，先做左脚内刃向侧后方蹬地的双脚滑行。两臂向侧前方伸出，上体前倾，以便维持身体平衡。开始时，左脚内刃蹬地的力量要小些，蹬地时步幅小一些，逐渐加大。当左脚蹬地双脚滑行有一定技术后，应换右脚蹬地的双脚滑行。

（3）在上述练习较熟练后，即进行两脚轮换蹬地的双脚滑行。

2. 前葫芦步

（1）开始以双脚内刃站立，起滑时上体稍前倾，两膝弯曲用力，两脚尖向外，两臂左右展开帮助维持身体平衡。当双脚向前外滑行至最大弧线时（两脚稍宽于肩），两脚尖迅速向内靠拢，恢复至开始姿势。连续做双脚的分开与靠拢，就能够不断向前滑进。

（2）在完成滑行练习后，从原地站立开始，向前滑行，两脚尖外展，两膝稍屈，两脚跟用力下压滑至最大弧线时，两脚尖向内靠拢，恢复至开始姿势。

（3）从静止原地站立开始，做双脚向滑行前，体会惯性前滑，脚和膝的协调配合动作。

3. 双脚曲线滑行

两脚平行站立，身体重心放在右脚上，左脚以内刃向侧后蹬地，向右滑双脚曲线，然后右脚用内刃向侧后方蹬地，身体重心移动到左脚，向左滑双脚曲线，依次连续进行。

4. 单脚向前直线滑行

原地两脚成八字站立，身体前倾，两腿稍弯曲（大腿与小腿夹角约90°～110°），用右脚内刃蹬地，重心慢慢移至左腿，右腿蹬直后离开地面，成左脚平刃向前滑行。然后收右脚在左滑足侧面落地后，左脚蹬地重复上述动作，成右脚单脚向前滑行。两脚替向前直线滑行。整个滑行中，两手向侧分开帮助维持身体平衡。

（三）向后滑行

向后滑行有向后葫芦滑行和蛇形向后滑行两种方法。一般来讲，向后葫芦滑行容易学习，蛇形向后滑行难一些。

1. 向后葫芦滑行

两脚稍稍分开，平行站立，开始脚尖稍向内，两腿弯曲，重心稍向后移，用两脚内刃向前蹬地，同时两脚跟向两边分开，向后外滑至最大弧线（两脚稍宽于肩）时，两脚跟内收，两膝用力撑直，恢复至开始姿势，随后重复上述滑行动作，这样就能连续向后滑行了。

练习方法：

（1）开始练习时，可以在同伴帮助下（对面手拉手），体会两脚用力和扭转脚踝动作的协调配合。

（2）做小幅度的向后葫芦滑行动作，体会向后滑行的感觉。滑行时两臂可侧举以维持平衡。

2. 蛇形向后滑行

从站立开始，两脚分开（约一脚距离），两腿弯曲，脚尖稍向内转。身体重心移向左侧，用右脚内刃蹬地，成左脚向后滑行。右腿在体前伸直，随即右脚放在左脚侧面，恢复开始的姿势。然后再用左脚蹬地，身体重心移向右侧，成右脚的向后滑行。左腿在体前伸直，随即左脚放在右脚的侧面。

练习方法：

(1) 在练习向后葫芦滑行获得一定速度后，即可接做蛇形向后滑行。

(2) 蛇形向后滑行，在左右各做一次后，做双脚平行向后滑行，然后再左右各做一次蛇形向后滑行。反复进行。

(四) 停止方法

在掌握了一定的滑行方法、获得一定的滑行速度后，就应该着手学习停止滑行的动作，以免发生冲撞，出现伤害事故。停止方法多种多样，这里仅介绍内八字停止法、T形停止法、双脚急停法和向后滑行中的停止方法。

1. 内八字停止法

在获得一定的向前滑行的速度后，两脚平行站立滑行，随后脚尖内转，两脚以内刃柔和地压紧地面，两腿弯曲，上体稍前倾、臀部下坐，身体重心下降，两臂前伸维持身体平衡，就会逐渐减速至停止。

练习方法：

(1) 在较慢的向前滑行中，做内八字停止法练习。

(2) 练习中，速度由快到慢，循序渐进，不要急于求成。

2. T形停止法

单脚支撑向前滑行开始，浮足在滑行脚的后跟处成T形放好后，将浮足慢慢放在地面上以内刃柔和地压紧地面，减缓向前滑行速度，直到停下来为止。

练习方法：

(1) 原地练习T形停止动作。站立，然后滑脚慢慢滑行，随后浮脚着地做T形停止动作。

(2) 在动作掌握后，可逐渐加快滑行速度，做T形停止动作练习。

3. 双脚急停法

在向前滑行时，两脚同时顺时针（或逆时针）方向急转，左脚以内刃、右脚以外刃与滑行方向成90°角压紧地面，同时身体向右急转，重心移到右腿上，两膝弯曲，两臂前侧伸，即可使身体停止下来。

练习方法：

(1) 原地体会动作，然后慢速向前滑行，做双脚急停动作练习。

(2) 保持一定速度向前滑行，做双脚急停动作练习。

4. 向后滑行中的停止方法

由于花样轮滑鞋的前端装有制动器，所以在向后滑行的过程中，只要抬起两脚脚跟，用两脚的制动器摩擦地面，就可立即停止下来。停止时，身体稍前倾，两臂侧举维持平衡。如果不是花样轮滑鞋，向后滑行时想停下来，可采取内八字停止法停下来。

第三节　台　球

一、台球的起源和发展

台球运动起源于法国。最早的台球，桌面上只有两个白球，之后法国人觉得缺少挑战性，就增添了一个红球并改进打法。再往后英国人又将其发展成为落袋台球。经过几百年的发展和创新，台球形成了很多种类，主要分球台上有袋和无袋的两大类。有袋的又分落袋台球、斯诺克台球和美式台球，其中美式台球有二十多种比赛打法；无袋的台球有开仑台球、三岸开仑台球和四岸开仑台球等。大家最常见的两种台球运动，第一种是花色号码台球，也叫九球台球、美式台球（Pool）；第二种是斯诺克台球（Snooker），它已被官方认可，成为一项比赛项目。

台球于100多年前传入我国，现在各大娱乐场所似乎都少不了它。21世纪初，中国人将当时较为主流的美式台球、英式台球及花式九球各自的优势特点融合为一体，将球台的尺寸、进球开口、台球的数量、规格、构造及台球比赛规则等进行了改进。由于其结合了世界各国的文化，很快就发展成为今天流行的中式斯诺克台球。

二、台球的基本技术

（一）击点和安全击球区

台球打法和其他球类打法不同，比如足球、篮球、网球和排球等，都是直接把球踢进球门、投入篮框、打过球网等，而台球则是先打白色主球，再由主球把目标球撞进球袋，或主球连续碰撞两个目标球。而且，台球不但要求把球打进球袋，还必须考虑打进一个球后，主球能否停留在理想位置，以便接着打下一个球，如此反复才能连连取得高分。这点正说明台球的绝技就是控制主球的停留位置，也就是我们常说的“走位”。

所以，学打台球首先必须了解用球杆怎样打，打主球各个不同部位球将会产生什么样的旋转变化，当主球主动撞击被动的目标球后两个球将会产生什么样的旋转变化、会向什么方向行进等。为了学好台球，一定要弄明白球的运动状态与球性，不然，对着球胡乱击打，违反击球的科学规律，是很难学好打台球的，也就达不到提高技术水平的目的了。

球杆击打主球上的点叫击点，也称撞点。面对主球平视，是个圆形面，这个圆形面上到处都是可以打的击点。为了方便分析研究和学习，我们在圆形面上以圆心为基点设中心点，并根据点位与旋转的相应关系，在中心点周围选定8个点，一共9个点。

球和球杆上的撞头都是球面，如果球杆上的撞头击在圆球的边缘部位，由于角度过斜，便要发生打滑现象（称滑杆）。这说明主球的球面上，不都是可以用球杆击打的点位，击点是有一定范围限制的。可以撞击而不至于打滑的范围称安全击球区。把主球视平面直径划分为10等分，取其中6等分为半径，以球中心为圆心画个圆，称其为十分之六的同心圆，在这个范围内击球，就不会发生滑杆现象。如果击球技术达到高超水平，还可以超过安全区击球，击点向球体边缘延伸，安全击球区扩展到主球直径的十分之七或十分之八范围。

当球技达到相当高超的水平后，由于击球范围也自然随之扩大，9 个基本点就可以扩展为 17 个、33 个直到 49 个。

（二）基本击球姿势和手法

1. 基本击球姿势

以右手持杆为例。

（1）站立姿势：左脚在前，腰部向前微屈，右脚在后自然伸直，身体前俯，重心在两脚之间。

（2）瞄准姿势：左臂伸向台面，右臂约与肩平，右手握杆。身体前俯，下颌接近球杆，以杆头为瞄准点，双眼注视目标球，手腕放松，准备击球。

（3）击球姿势：手腕自然下垂，由拇指和食指、中指握紧球杆，其他两指虚握。根据台面球势变化，可有几种击球方法。

①抖腕法：拇指和食指握球杆后端，其余三指虚握，抖腕击球。

图 14－5　抖腕法

②屈伸法：一手把稳托架，持杆重心向前，用拇指、食指和中指握住球杆后端，无名指和小指自然翘起，利用小臂屈伸摆动，使球杆在托架上直线推送。

图 14－6　屈伸法

③冲击法：用拇指、中指和食指握住球杆后端，使之约与胸前成 30°～40°角，向内摆动击球。

④戳杆法：以球杆与桌面成垂直或接近垂直的角度击球。

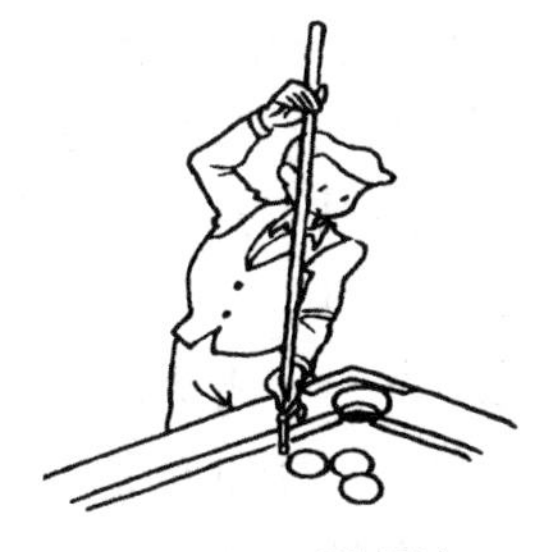

图 14－7　戳杆法

2. 架杆方式

以右手持杆为例。左手架杆叫架台，通常有两种最基本的手法：

（1）凤眼式：左手掌心向下平放台面，弯曲食指与拇指扣成一个环形支点，其余手指自然弯曲，手掌、中指、无名指和小指构成稳定支架。

（2）平背式：左手掌心向下紧按台面上，拇指翘起紧靠食指根部形成一个“V”形支点，其余手指尽量分开，掌根、小指、食指和拇指的大鱼际肌贴住台面。

3. 基本杆法

（1）拨球：击球中心部位，使其直线运行。

（2）缩球：击球中下部，使球前冲略带逆向旋转，撞击目标球后，主球向反向运行。

（3）冲球：击球中上部，使球前冲略带顺向旋转，撞击目标球后，主球继续向前运行。

（4）点球：击球中心点稍低部位，撞击目标球后，主球静止不动。

（5）戳球：球杆与球面垂直或接近垂直，击球后使主球弧线撞击目标球。

（6）弹球：主球撞击第一目标球，按预定方向经台沿反弹，撞击第二目标球。

（7）定球：撞击第一目标球后，主球停在原地或原定位置，让第一目标球撞击第二目标球，使第二目标球经反弹台沿再撞击主球。

（8）开局：用近似点球的杆法，使主球撞击第一目标球后，第一目标球利用它撞击前方台沿的反弹力回撞主球，使主球二次受力后再撞击第二目标球。

（9）擦球：主球撞击第一目标球后，再以极薄方式轻碰过第二目标球，使第二目球产生位移。

（10）抹球：利用顺旋转主球，先撞击台沿借反射角，抹碰第一目标球，再向第二目标球运行。

三、斯诺克基本玩法和规则

斯诺克共用球 22 个，其中 15 个红球，6 个彩球（黑、粉、蓝、棕、绿、黄各 1 个）和 1 个白球。红球和彩球用来得分，白球是主球，用来击打红球和彩球。

每次开始之前，将球摆成一定形式。开球前，双方可以通过抛硬币来决定谁先开球。在开球时，开球一方，可将白球摆在开球区的任何位置，去打击红球。其后，白球停在什么位置，就必须接着由什么位置打起。每一方必须先打入一个红球，然后任选一个有利的彩球打。打入彩球后，需将彩球取出重新摆回其自己的原位点上（即开球前其所在的位置上）。如此反复，直到所有红球入袋。之后，就必须按照一定顺序打彩球。先打黄球，再打绿球、棕球、蓝球、粉球和黑球。此时，进一个彩球，台面上就少一个彩球（不再需要将入袋彩球取出摆回自己的原位点上），直到所有彩球入袋，台面上只剩下白球，就宣告结束。从开始到所有彩球和红球被击打入袋的过程称为一局。在整个过程中，一方如果没有能够成功进球，或者打了一个坏球，此时他就得让位于另一方打。连续成功进球的过程叫“一杆”。

每局的胜负由双方积分多寡决定，得分多者为胜方。得分有两种途径：一是靠进球得分，二是通过对方失误罚分而得分。打入一个红球得 1 分（又可称“1 度”），打入一次黄球得 2 分，绿球得 3 分，棕球得 4 分，蓝球得 5 分，粉球得 6 分，黑球得 7 分。因此，双方都会尽最大努力，多将黑球打入袋内。在打红球时，如果白球未能碰到任何红球，则要罚 4 分；如果误碰了彩球，则按照该彩球的分数罚分，最少罚 4 分。就是说，如果碰到了黑球罚 7 分，碰到了黄球罚 4 分。同样，在打彩球时，如果未能打到要打的彩球，则按照此彩球的分数罚分；如果误撞了更高分的彩球，按照高分罚分，最少罚 4 分。因此在进了红球后打彩球前，理论上，打球方都要先声明他将要打哪个彩球。而实践上，如果要打的彩球很明显看得出，则无需声明，但是如果不明显，则一定要声明，否则自动罚 7 分。如果误将白球击入袋，最少罚 4 分，或者按照白球进袋前最先碰到的更高分数球罚分。如果白球入袋，接着打的一方可将白球摆在开球区的任何位置击球。罚分不从受罚方的分中扣减，而是加入对方的得分中。

正因为可以通过对方的失误而得分，所以场上一方如果觉得自己没有进球机会，则会试图制造“斯诺克”。所谓“斯诺克”，就是造成一个局面，使接着打的一方无法直接打到要打的球，而不得不采取反弹或弧线等高难度球，因而很容易失误而导致罚分。一场比赛可约定打一局或三局、五局、七局来决定最后胜负。

四、九球台球竞赛规则简介

（一）球的摆放

9 个目标球呈菱形，且 1 号必须放置在置球区的顶角，9 号球必须放在菱形的中心。其他目标球随意放置，并互相贴紧。

（二）开球

（1）主球置于开球线后任意点上。

（2）主球必须击中 1 号球，并使四球碰岸或使一个目标球进袋，此为合法开杆。

（3）开球后，开球方在获得继续击球权时，可以向裁判声明下一杆要“空杆”，运用“空杆”时，主球不能碰任何目标球。对方上场球员可以击球，也可以让对方继续击球。

（三）犯规及处罚

（1）错击目标球。

（2）击中目标球，但目标球未进袋，又未使任何一个球碰到岸边

（3）主球击贴岸的目标球后，没有任何目标球进袋，同时原来贴岸目标球没有碰其他岸。

（4）低杆击成跳球越过障碍。

（5）出现以上犯规时，一般任置自由球，选手可将主球放置任何位置，并向任何方向

击球。如果选手在一局比赛中连续 3 次犯规，应判输局。

（四）胜负判定

当选手将 9 号球合法击入袋中，即获胜。

第四节　保龄球

一、保龄球的起源

保龄球最早起源于公元 3 至 4 世纪的德国。最初，天主教徒在教堂走廊里安放木柱，用石头滚地击之。他们认为击倒木柱可以为自己赎罪、消灾，击不中就应该更加虔诚地信仰“天主”。直到 14 世纪初，这种活动才逐渐演变成为一项德国民间普遍爱好的体育运动。后来，荷兰人和德国人的后裔移居美国，便把保龄球传到了美国。在 16 世纪时，保龄球是 9 个瓶的游戏，数年后，演变成 10 个木瓶，瓶的摆设形状也从钻石形变成三角形。1895 年，美国保龄球总会正式成立。

二、场地和器材

（1）场地：保龄球运动在室内进行，球道规格为长 19.169 米，宽 1.04～1.07 米，从起投线至球瓶区 1 号木瓶中心点为 18.28 米。

（2）球：保龄球用塑料和硬塑胶制成，球上有 3 个洞孔，为手指拿球位置；球内部有一个特种木料制成的核。正式比赛用球的重量为 10～16 磅。

（3）木瓶：木瓶以枫木为主要材料粘合而成，瓶的高度为 38.85 厘米，瓶重在 1531～1645 克之间。正式比赛用瓶数为 10 个，排列成边长为 91.4 厘米的倒正三角形，瓶与瓶之间的中心间距为 30.48 厘米

（4）自动送瓶装置：保龄球运动硬件设施包括由程序控制箱控制的扫瓶、送瓶、竖瓶、夹瓶、升瓶、回瓶、瓶位信号显示和犯规仪等装置。

三、保龄球基本技术

保龄球运动是一项技术性很强的运动，在操练之前首先要做好投球前的准备姿势：身体保持自然站立，自然放松，膝盖要伸直或稍有弯曲，目视目标。具体说来，其主要技术包括以下几个方面。

（1）持球方法：双手抱球至于身体的左上腹，左手托球，以右手的中指和无名指插入指孔，大拇指深插入拇指孔，掌心贴在球面。抓住球，然后将球移至身体右前侧。

（2）确定助跑点：助跑有三步、四步和五步助跑法，助跑前应先找到助跑点。以四步助跑为例，确定助跑点的方法是：站在第 17 块板上，离犯规线 7 厘米外，面向底线，向前走 4

个自然步，再加上半步，然后转身180°，面向球道，多次比对后，即可确定助跑的起点。

（3）向前推球：双脚平直，微微分开，右脚置于左脚后约10厘米。进行投球时，双腿微蹲，上体稍前倾，重心移至左脚，两手将球向前推出要充分。手臂力求自然，手腕伸直，并有弹性。同时右脚向前迈出一步，步幅稍小，速度稍慢，注意球推出动作和迈出右脚要一致，并保持身体平衡。

（4）垂直下摆：球推出后，右臂在球的重力作用下向前下方下摆，同时左脚迈出一步，步幅比第一步稍大，左臂自然外展，右臂下摆到与肩部成垂直方向时，完成第二步。手臂下摆时要以肩为支点，不做任何附加动作。

（5）后摆：在惯性作用下，球自然后摆，后摆高度与肩平。同时，右脚以较大幅度迈出，速度加快，并使右肩、球、右脚几乎在同一垂直面上。左臂继续顺势外展，并保持身体平衡。在做后摆动作时，肩部肌肉要放松，并利用球的重量进行钟摆式运动。

（6）向前垂直回摆、放球：球在重力作用下向前回摆，身体自然前倾同时迈出左脚，速度加快，并使左脚以惯性力向前滑行半步，至离犯规线7厘米处，以脚跟制动。左膝深屈，形成屈俯状，此时球已回摆至左脚内侧。在力量积累到最大时瞬间将球放出。球推出时，大拇指先行脱出指孔，中指、无名指紧接着向上钩提后脱出指孔。

三、保龄球的练习方法

（一）打法

随着保龄球运动不断地发展，其技术打法也不断变化。保龄球的打法主要有直线球、斜线球、旋转球、钩球和曲线球等等。目前国际上最为流行的打法有三种：直线球、飞碟球和曲线球。

1. 直线球

直线球是指从投球到球击中球瓶始终沿一直线前进的球。投球时，拇指要置于正上方，即球的12点钟的方向，正对目标；中指和无名指置于正后方，即球的正后方6点钟的方向；手掌心正对球瓶区。出球点一般在球道的中间，以中心箭标为引导性依据，使球产生往前的旋转力直线滚出。直线球对球瓶的撞击效果一般，因此多适用于补中残局球。

直线球是各种球路的基础，这种打法比较适合初学者，如果直线球学不好就去学别的球，会非常的不稳，所以对于初学者来说，应该先学好直线球，然后再练习其他的打法。

2. 飞碟球

飞碟球是近些年来比较流行的一种打法。由于这种打法不受球道限制，对球瓶的撞击力很大，而且容易学，目前广为保龄球爱好者采用。

打飞碟球时，握球时拇指朝向球2点钟的方向，中指和无名指朝向7～8点钟的方向。手臂向前摆动时，手腕和手臂同时逆时针方向转动，使手臂向上，手心向下，以拇指为轴向下压，中指和无名指顺势带推并朝前推球。中指和无名指脱离指穴时，拇指朝向6点钟的方向，中指和无名指朝向12点钟左右的方向，球会产生高速度的横向旋转的杀伤力。飞碟球在球道上行进时，球本身呈逆时针旋转，在击中目标时入1、2号位或1、3号位，球瓶会横向翻倒，互相撞击或弹跳，形成连锁反应，从而容易形成全倒。

3. 曲线球

曲线球又称为弧线球，指球进入球道后便开始向左方大弧度弯曲。

打曲线球时，手臂向前摆动时拇指朝向 12 点或 1 点钟的位置，在球向前下摆的后半段，手腕向内侧旋转。出手时拇指朝向 9 点钟方向旋转，而中指和无名指则在 3 点钟方向，提拉，使球发生侧向旋转。这种侧旋使球滑落球道油区时会沿曲线滚动，进入球道后段三分之一的无油区开始旋转，产生更大角度，切入 1、3 号瓶之间。曲线球的弧度大，球路难以控制，最好在打直线球达到一定水平后，再练习打曲线球。曲线球不仅球路更具美感，而且由于球以较大角度切入瓶袋，全中机会大大增加。即使未击全中，也会减少大分瓶出现的可能。

（二）练习方法

1. 助跑（助走）练习

以四步助跑为例：站在离犯规线 7 厘米处，面向助跑道底部，直线行走 4 个半自然步，转身 180°，面向球道，这时站立的位置就是四步助跑的起点。然后再练习助跑。以右手投球者为例：迈出右脚为第一步，要慢而小；第二、三步要快而大；第四步为滑步，要更快一点，步幅为一步半；滑步终止时，脚尖到达离犯规线 7 厘米处制动。

图 14－8　助跑练习

2. 握球摆臂练习

右手握球，左手助握，前臂弯曲 90°，球与肩轴成一直线。左右手同时把球向前推出至手臂伸直 45°，右手在球的重力作用下向前下方下摆（左手离球）、后摆、向前回摆，最后左手协助接球，回到原来状态。

3. 放球练习

14－9　放球练习

两人在助跑道上相对而跪，左腿屈蹲，左臂支于左腿上；右膝跪地，右手手腕伸直，处垂直位置握球，自然放松。然后垂直前摆、垂直后摆、垂直回摆放球，对方接球后以同样方法滚回。

4. 原地平衡投球练习

左脚脚尖在离犯规线 7 厘米处与膝盖、肩垂直成一线，身体成屈俯状态，右脚向左后方伸出，脚尖作支点。左手向外侧展平。右手握球，手腕挺直，手臂自然放松不要用力，球处在垂直线上，眼睛盯住 2 号▲目标箭头。球通过起动，开始垂直前摆、垂直后摆，后摆高度尽量与肩同高。以球的惯性回摆到距球道约 15～20 厘米高度时，把球向 2 号▲目标箭头送出。

5. 滑步投球练习

站在第三步的位置上，省略正常投球中的前三步助跑，将上面的几个练习中学到的技术，加上一个滑步，连贯起来一次完成。

四、保龄球记分规则

保龄球比赛以局为单位，1 局（game）分 10 格，1 格（frame）分 2 节（block）。

（1）保龄球按顺序每格允许投 2 个球（第 10 格例外），投完 10 格为 1 局。每击倒 1 个木瓶得 1 分，投完一格将两个球的所得分相加，记为该格的应得分，10 格依次累计为全局的总分。

（2）保龄球运动有统一格式的记分表。每一格的第一球将全部木瓶击倒时，称为全中（strike），应在记分表上部的左边小格内用符号“×”表示，该格所得分为 10 分；第二球不得再投，但按规则应奖励下两个球的所得分。以上所得分之和记为该轮的应得分。

（3）连续两次全中计分器将显示“double”，连续三次全中计分器将显示“triple”。

（4）每一格的第一球击倒部分木瓶时，应在记分表上部的左边小格内记上被击倒的木瓶数，作为第一球的所得分。如果第二球将剩余木瓶全部击倒，则称为补中（spare），应在记分表上部的右边小格内用符号“/”表示。该轮所得分亦为 10 分，且按规则应奖励下一个球的所得分。以上所得分之和记为该轮的应得分。

（5）在每一格的第一球击倒部分木瓶的情况下，如果第二球投完后还剩下几只木瓶未被击倒，叫做失误（error）或失球（miss），记为“—”。

（6）如果每一格的第一球投完后剩余的木瓶不是紧挨着放置而是分离（split）的，那么第二球想补中就有一定难度，俗称“技术球”，记为“S”。

（7）第 10 格有特别规定。投成失误时，仅可投两球；打出全中时，应在同一条球道上继续投完最后两个球结束全局，这两个球的所得分应累计在该局总分内；打出补中时，应在同一条球道上继续投完最后一个球结束全局，这一个球的所得分应累计在该局总分内。

（8）如果投出去的球滚进边沟，则计分器将显示“gutter”。

（9）当记分表上部的小格内出现 F 时，表明该球犯规（foul）。

第五节　攀　岩

一、攀岩的起源和特点

攀岩运动是从登山运动中派生出来的现代竞技项目。20 世纪 50 年代才正式出现攀岩运动，但攀岩技术的出现，迄今已有近 140 年历史。

攀岩是人类利用原始的攀爬本能及后天的技术训练，并以各种装备作安全保护，攀登一些岩石所构成的峭壁、裂缝、岩角、斜面、仰角、海触崖、大圆石以及人工制作的岩壁。如今，攀岩已经是与蹦极、跳伞、滑翔等齐名的冒险运动，但攀岩运动有十分完善的安全保护措施，这使该运动成为名副其实的有惊无险的极限运动。

攀岩运动是一项深受人们欢迎的运动项目，它集健身、娱乐和竞技于一体。它要求运动员身体素质全面，具备勇敢、顽强和坚韧不拔的精神，能够在各种不同的高度及角度的岩壁上轻松、舒展、准确地完成腾挪、转身、跳跃、引体等惊险动作。攀岩运动给人们以优美、惊险的享受，故又被称为“岩壁上的芭蕾”。攀岩充分表达了人们要求回归自然、挑战自我的愿望。那在岩壁上稳如壁虎、矫若雄鹰的腾挪窜移，韵律与力度中透着的美会让所有的人由衷感叹“岩壁芭蕾”的无尽魅力。

二、攀岩的基本要领

（1）抓：用手抓住岩石的凸起部分。

（2）抠：用手抠住岩石的棱角、缝隙和边缘。

（3）拉：在抓住前上方牢固支点的前提下，小臂贴于岩壁，抠住石缝，用力下拉引体向上。

（4）撑：利用台阶、缝隙或其他地形，以手臂和小臂使身体向上或左右移动。

（5）推：利用侧面、下面的岩体或物体，以手臂的力量使身体移动。

（6）张：将手伸进缝隙里，用手掌或手指曲屈张开，以此抓住岩石的缝隙作为支点，移动身体。

（7）蹬：用前脚掌内侧或脚趾的蹬力把身体支撑起来，减轻上肢的负担。

（8）跨：利用自身的柔韧性，避开难点，以寻求有利的支撑点。

（9）挂：用脚尖或脚跟挂住岩石，维持身体平衡使身体移动。

（10）踏：利用脚前部踏在较大的支点上，减轻上肢的负担，移动身体。

三、攀岩基本技术

攀岩要有良好的身体条件，但更重要的是要有熟练的技术。学习攀岩技术实践性很强，必须在不断攀登中练习，如果能有技术熟练者在旁指导，将能收到事半功倍的效果。

（一）手法

攀登中用手的根本目的是使身体向上运动和贴近岩壁。岩壁上的支点形状很多，常见的也有几十种。攀登者对这些支点的形状要熟悉，知道对不同支点手应抓握何处，如何用力。

根据支点上突出（凹陷）的位置和方向，有抠、捏、拉、攥、握、推等抓握方法。但也不要拘泥于此，同一支点可以有多种抓握方法，像有种支点是一个圆疙瘩上面有个小平台，一般情况是把手指搭在上面垂直下拉，但为了使身体贴近岩壁，完全可以整个捏住，平拉。又如有时要两只手抓同一支点时，前手可先放弃最好抓握处，让给后手，以免换手的麻烦。抓握支点时，尤其是水平用力时，手臂位置要低，靠向下的拉力加大水平摩擦力。

要充分使用拇指的力量，尽量把拇指搭在支点上。对于常见的水平浅槽的支点，可把拇指扭过来，把指肚一侧扣进平槽，或横搭在食指和中指指背上，都可增加很大力量。

攀登中手指的力量十分重要，平常可用指卧撑、引体向上、指挂引体向上、提捏重物等方法练习。现在国外一些高手已能达到单指引体向上的力量水平。

在攀登较长路线时，可选择容易地段两只手轮换休息。休息地段要选择没有仰角或仰角较小、且手上有较大支点处。休息时双脚踩稳支点，手臂拉直（弯曲时很难得到休息），上体后仰，但腰部一定要向前顶出，使下身贴近岩壁，把体重压到脚上，以减小手臂负担，同时活动手指、做抖手动作放松，并擦些镁粉，以免打滑。

（二）脚法

攀岩要想达到一定水平，必须学会腿脚的运用。腿的负重能力和爆发力都很大，而且耐力强，攀登中要充分利用腿脚力量。

攀岩一般都穿特制的攀岩鞋，这种鞋鞋底由硬橡胶制成，前掌稍厚，鞋身由坚韧的皮革制作，鞋头较尖，鞋底摩擦力大。穿上这种鞋，脚踩在不到一厘米宽的支点上都可以稳固地支撑全身重量。在选购这种鞋时，大家一定要注意，千万不能买大了。只要能穿进去就行，大脚趾在里面是抠着的，不能伸直。鞋越紧脚，发力时越稳固。一些选手比赛时甚至要用快挂钩在鞋后帮上硬把脚塞进去的。新手买鞋往往太大，一段时间后就会觉得脚上松松垮垮踩不上劲。

一只脚，能接触支点的只有四处：鞋正前尖、鞋尖内侧边（拇趾）、鞋尖外侧边（四趾趾尖）和鞋后跟尖（主要是翻屋檐时用来挂脚），而且只能踩进一指左右的宽度，不能太多，比如把整个脚掌放上去，为的是使脚在承力的情况下能够左右旋转移动，进行换脚、转体等动作。

换脚是一项基本的技术动作，攀登中经常使用。常见到一些初学的朋友换脚时是前脚使劲一蹬，跃起，后脚准确地落在前脚原在的支点上，看起来十分利落，但实际上是错的，因为这样一方面使手指吃劲较大，另一方面造成身体失衡，更重要的是在脚点较高时无法用这种方法换脚。正确方法要保证平稳，不增加手上的负担。以从右脚换到左脚为例：先把左脚提到右脚上方，右脚以脚在支点上最右侧为轴逆时针（向下看）转动，把支点左侧空出来，体重还在右脚上，左脚从上方切入，踩点，右脚须势抽出，体重过渡到左脚。动作连贯起来，就像脚底抹了油一样，右脚从支点滑出，左脚同时滑入，体重一直由双脚负担，手只用来调节平衡。

双脚在攀登过程中除了支承体重外，还常用来维持身体平衡。脚并不是总要踩在支点上，有时要把一条腿悬空伸出，来调身体重心的位置，使体重稳定地传到另一只脚上。

（三）重心

攀登中，应明确地意识到自己重心的位置，灵活地控制重心的移动。移动重心的主要目的是在动作中减轻双手负荷，保持身体平衡。

一开始学时动作大都十分盲目，不知道体会动作，一心只想升高度。其实初学者最好不要急于爬高，先做一段时间的平移练习，即水平地从岩壁一侧移到另一侧，体会重心、平衡、手脚的运用等基本技术。

在最基本的三点固定、单手换点时，一般把重心向对侧移动，使手在离开原支点之前就已经没有负荷，可以轻松地出手。横向移动时，要把重心向下沉，使双手吊在支点上而不是费力地抠拉支点。一般情况下，应把双脚踩实，再伸手够下一支点，而不要脚下虚踩，靠手上拉使身体上移。一定要注意用腿的力量使重心上移，手只是在上移时维持平衡。

一般认为身体要尽量贴近岩壁，这是对的，但常见一些高手身体离岩壁很远，这是因为他们常用的侧拉、手脚同点、平衡身体等技术动作的准备动作需要身体与岩壁间有一定空间，只是身体上升的一刻，身体贴向岩面。

通常重心调节主要由推拉腰胯和腿平衡来达到。腰是人体中心，它的移动直接移动重心，较大的移动往往形成一些很漂亮的动作。把腿横向伸出，利用腿脚的重量来平衡身体也是常见的做法。

（四）侧拉

侧拉是一项很重要的技术动作，它能极大地节省上肢力量，使一些原本困难的支点可以轻易达到，在过仰角地段时尤其被大量采用。其基本技术要点是身体侧向岩壁，以身体对侧手脚接触岩壁，另一只腿伸直用来调节身体平衡，靠单腿力量把身体顶起，抓握上方支点。以左手抓握支点不动为例：身体朝左，右腿弯曲踩在支点上，左腿用来保持平衡，右腿蹬支点发力，右手伸出抓握上方支点。

由于人的膝盖是向前弯的，若面对岩壁，抬腿踩点必然要把身体顶出来，改为身体侧向岩壁就可以很好地解决这一问题。身体更靠壁，可把更多体重传到脚上，而且可利用上全身的高度，达到更高的支点。

侧拉动作有以下方面应当注意：身体侧向岩壁，踩点脚应以脚尖外侧踩点，不要踩得过多，以利换脚或转身。若此点较高，可侧身后双手拉牢支点，臀部向后坠，加大腰前空间，抬脚踩点，再双手使劲把重心拉回到这只脚上。另一条腿抬起，不踩点，用于保持平衡。固定手只负责把身体拉向岩壁，身体完全由单腿发力顶起，不靠手拉。以节省手臂力量。发力前把腰肋顶向岩壁，体重传到脚上，千万不能松垮垮地坠着，这点在攀仰角时尤应注意。移动手应在发力前就向上举起，把肋部贴向岩面，否则蹬起后再把手从下划到头上，中间必会把身体顶离岩壁，加大固定手的负担。一次侧拉结束后，视支点位置可做第二个连续侧拉。双手抓稳后，以发力脚为轴转体，脸转向对侧，平衡腿在发力、腿前交叉而过，以脚尖外侧踩下一支点，这时平衡腿变成了发力腿，移动手变成了固定手，做下一次侧拉动作。其间发力脚踩点一定要少，否则不易做转体动作。侧拉主要在过仰角及支点排列近于直线时使用。

（五）手脚同点

手脚同点是指当一些手点高度在腰部附近时，把同侧脚也踩到此点。身体向上向前压，把重心移到脚上，发力蹬起，手伸出抓握下一支点，这期间另一手用来保持平衡。手脚同点需要的岩壁支点较少，且身体上升幅度大。

做此动作时有以下几点需要注意：若支点较高，身体应稍侧转，面向支点，腰胯贴墙向后坠，腾出空间抬腿，不要面向岩壁直接抬腿。脚踩实后，另一脚和双手发力，把重心前送，压到前脚上，单腿发力顶起身体。同点手放开原支点，从侧面滑上，抓所握下一支点，另一手固定不动，调整身体平衡。手脚同点技术主要用在支点比较稀少的线路上。

（六）节奏

攀岩讲究节奏，讲究动作的快慢和衔接。每个动作做完，身体都有一定的惯性，而且如果上一动作正确到位，身体平衡也不成问题，这时可以利用这一惯性直接冲击下一支点，两个动作间不作停顿。这样你经常可以发现原来很困难的一些点，不知不觉间就通过了。否则过分求稳，一动一停，每个动作前都要先移动重心、调节平衡，然后从零开始发力，必然导致体力消耗过大。

动作要连贯但不能毛燥，各个细节要到位。上升时一定要由脚发力，不能为快而手拉脚蹬。手主要用于保持平衡和把身体拉向岩壁。动作不要求太快，要连贯。每个动作做实，一般做一两个连贯动作应稍稍停顿一下，调整重心，观察、选择路线，困难地段快速通过，容易地段稳定、调整。连贯——停顿——连贯——停顿，间歇进行。连贯动作时手脚、重心调整一定要到位，冲击到支点后要尽快恢复身体平衡。有必要时，可选好地段稍事休息，放松双手。

进行练习时可以干脆把各个动作分解成几个步骤，细细体味各处细节，分析如何才能节省体力。这样做熟了，实际攀登时根本不用考虑，条件反射似的就能做出正确动作。

（七）线路规划

一面岩壁安装着众多的支点，选择不同支点可以形成多条攀登线路，各人身体条件不同，都有各自不同的最优路线。练习时可以先看别人的攀登路线，根据自己的身体条件选择一条最优路线，并锻炼自己的眼力发现、规划新的线路。在正式比赛时，是不能观看别人路线的，必须自己规划。这就要对自己的身高臂长、抬腿高度、手指力量等有较好的了解。在练习当中，一面岩壁，在已经能够登顶后，往往还有不尽的利用价值。可以通过规划不同的线路来增加难度，一般是自觉地限制自己，放弃一些支点，如放弃某几个大点，或故意绕开原线路上的某个关键点，或只使用岩壁一侧或中间的支点，或从一条线路过渡到另一条线路。

攀岩是一项令人着迷的运动，现在喜爱它的人还较少，但这些人都是因为相同的爱好聚到一起来的。走进这个圈子，你会发现这里的人都是友好的、乐于互助的，他们相互保护、相互学习，乐于指点入门新手，也会因为一些技术问题而争论。学习攀岩最好的办法就是加入他们当中去，和他们一起分享那一份快乐。人在岩壁上是完全自由的，会成为束缚的只有你的体力和想象力。到实际中去锻炼，去体会那像舞蹈一样的韵味吧。